**이슬람 마케팅과 할랄 비즈니스**

문화코드를 알면 이슬람 시장이 열린다

이 책은 2011년도 정부(교육과학기술부)의 재원으로 한국연구재단의 지원을 받아 연구되었습니다.
(NRF-2011-812-A00071)

이 도서의 국립중앙도서관 출판예정도서목록(CIP)은 서지정보유통지원시스템 홈페이지(http://seoji.nl.go.kr)와
국가자료공동목록시스템(http://www.nl.go.kr/kolisnet)에서 이용하실 수 있습니다.
(CIP제어번호 : CIP2014021656)

# 이슬람 마케팅과
# 할랄 비즈니스

: 문화코드를 알면
이슬람 시장이 열린다

I 엄익란 지음 I

한울

**Contents**

현실에의 적용
: 아랍 시장의 메가트랜드

## 문화적 소통
: 아랍인의 문화코드와 할랄 비즈니스

# 21세기, 왜 아랍 무슬림 시장인가

## 아랍 시장 진출, 어떤 애로 사항이 있나

2008년 글로벌 경제위기를 계기로 신흥 시장에 대한 세계인의 관심이 집중되었다. 일명 '브릭스BRICs(브라질, 러시아, 인도, 중국)'로 불리는 아시아와 남미 시장이 경제 성장, 인구 증가, 안정적인 정치 상황으로 세계의 이목을 사로잡는 상황에서, 아랍 시장은 진출 가치가 충분한데도 여전히 우리에게 접근하기 어려운 관심 배제 지역으로 남아 있다. 세계적 투자가들은 이 지역에 접근하기 어려운 이유로 정치적 불안정과 시장의 파편화를 들고 있다. 팔레스타인과 이스라엘 간의 고질적인 문제와 이란의 핵 문제는 차치하더라도 2011년 아랍 지역을 휩쓴 '아랍의 봄Arab Spring'을 계기로 이 지역의 정치 상황은 더욱 불안정해졌다. 그뿐만이 아니다. 다양한 소수민족으로 구성된 이 지역 거주민들의 다문화와 다종교, 이러한 요소가 시장에 미치는 파편성, 그리고 결정적으로 이슬람의 폐쇄성은 이 지역 진출에 큰 걸림돌로 작용하고 있다. 게다가 많은 아랍 국가에는 외국 기업과 비즈니스 거래를 활성화할 만한 제도도 체계적으로 마련되지 않았다. 이 때문에 비즈니스 거래는 경제 논리에 좌우되기보다 정치적인 혹은 지도자의 개인적인 친분과 이해관계에 좌우되는 경향이 있었고, 이것이 이 지역 진출에 부정적인 요소로 작용해왔다. 그렇다고 아랍 시장 진출을 외면하기에 그곳은 여전히 경제적으로 가치 있는 시장이다.

## 그럼에도 왜 아랍 시장인가

아랍 시장이 지닌 가치로 우선 경제력을 들 수 있다. 2012년 『아랍 파워
Arab World Unbound』라는 책에서 아랍 시장의 가치를 분석한 인도 출신 경
영학자 비제이 마하잔Vijay Mahajan 교수는 아랍 시장의 규모와 관련해 흥
미로운 통계를 산출한 바 있다. 그는 비록 아랍 시장에 파편성과 다양성
이 존재하지만 언어적·문화적·종교적 동질성을 고려해 22개 아랍연맹
Arab League 국가를 한 블록의 단일 시장으로 묶을 경우 이 지역의 경제 규
모가 1조 9,900억 달러로 전 세계 9대 경제 규모에 해당한다고 주장했다.
즉, 아랍 시장의 경제 규모는 브릭스의 경제 규모를 능가한다. 또한 마하
잔 교수는 2009년 기준 아랍 세계의 1인당 가계지출이 2,307달러로, 이
는 중국(1,378달러)보다 3분의 2 정도 많고, 인도(639달러)보다 3배 더 많
은 것이라고 밝혔다. 즉, 통계 면에서 아랍 소비자는 우리가 생각하는 것
보다 훨씬 큰 소비력을 지니고 있다는 것이다. 아랍의 경제력과 함께 이
지역의 인구 증가, 그리고 교육수준과 경제수준의 향상에 따른 중산층
증가로 향후 이 시장 소비자의 잠재적 소비력은 크게 늘어날 것으로 예
상된다. 특히 이른바 오일머니를 기반으로 한 아라비아반도 산유국들의
경제수준은 이미 선진국을 넘어선 점을 감안할 때 이 시장은 진출할 가
치가 충분하다.

## 아랍 시장, 우리에게 부족했던 것은 '문화적 소통'

2010년 제2차 한-UAE 공동위원회 만찬장에서 있었던 일이다. 당시 재정
기획부 장관이었던 윤증현은 만찬사에 참석한 인사들에게 다음의 슬라
이드를 보여주며 연설을 시작했다.

주: 당시 만찬장에서 사용된 본 이미지는 원래 코카콜라가 아랍 시장 진출에 애로를 겪는 상황을 희화적으로 묘사한 것이다.
© blog.asiantown.net(원자료 출처 미상)

"스크린을 봐주십시오. 한 음료 회사의 포스터인데, 아랍에서는 이 포스터가 소개된 뒤 음료가 팔리지 않았습니다. 왜 그랬을까요?"

좌중은 답을 찾으려고 수군거렸다. 과연 이 음료는 왜 팔리지 않았을까? 답은 두 문화권이 글자를 쓰는 방식이 달라서였다. 아랍어 표기와 읽기 방식은 모두 오른쪽에서 시작해 왼쪽으로 끝난다. 즉, 영미나 우리와는 쓰는 방식이 정반대인 것이다. 이러한 문화적 차이를 고려해 이 이미지를 보면 아랍인의 시선이 머무는 곳도, 그리고 그림을 읽고 해석하는 방식도 우리와는 정반대인 것이다. 우리는 이 이미지를 보고 사막에 지쳐 누워 있는 사람이 이 음료를 마시면 힘과 에너지를 얻어 벌떡 일어나 달릴 수 있다고 해석한다. 반면에 우리와 반대로 오른쪽에서 왼쪽으로 글을 쓰고 읽는 아랍인들은 슬라이드를 보면서 사막을 뛰어다니던 사람이 이 음료를 마시면 쓰러지는 것으로 이해한다. 즉, 우리에게 음료는 생명을 상징하지만, 아랍인에게 이 음료는 죽음을 의미하는 것이다. 이러한 일화를 소개하면서 윤증현 전 재정기획부 장관은 1980년 6월 수교 이래 양국 정부가 상대의 문화적 속성과 문화코드를 무시한 채 겉만 보고 교류해 서로를 이해하는 데 시행착오가 있었음을 지적했다.

물론 아랍인의 금기에 관해 조금이라도 아는 사람이라면 이 이미지를 보고 이슬람 문화권의 금기 사항인 왼손 사용도 지적했을 것이다. 아랍 무슬림들은 전통적으로 오른손을 신성하게 여기고 왼손은 불결한 것으로 간주했다. 그래서 음식 섭취와 악수와 같은 행위는 신성한 손인 오른손으로, 그리고 화장실과 관련된 행위는 왼손으로 처리했다. 더 나아가 근대 이후 서구로부터 식민 지배를 받아온 아랍 무슬림들의 서구에 대한 트라우마, 그리고 최근에 벌어진 9·11 사태의 결과로 무슬림을 대하는 서구인들의 태도 등을 떠올리는 사람이라면 음료수를 마시는 사람의 서구식 스타일과 의상도 지적했을 것이다. 어쨌든 그날의 재치 있는 만찬사는 참석한 좌중의 시선을 사로잡았으며, 만찬장에서는 기립박수와 감탄사가 터져 나왔다고 한다(≪중앙일보≫, 2010년 5월 13일 자).

재미있는 여담으로만 그칠 수 있는 이 일화는 우리에게 시사하는 바가 크다. 우리와 아랍은 지리적 거리감만큼 문화적 거리감 또한 멀다는 것이다. 이를 반영하듯 최근 출판된 책을 소개하는 한 일간지에 실린 다음 글 역시 아랍에 대한 우리의 문화적 거리감을 잘 보여준다.

서방의 이슬람 공포증을 치료하기 위해선 문명의 충돌이 아닌 '다름'의 시각에서 세계사를 이해할 필요가 있다. 사진은 베일로 얼굴을 가린 가운데 두 눈만 드러낸 무슬림 여성. 이슬람에 대

© Hani Amir(Flickr.com)

한 우리의 이해도 이토록 협소했던 것은 아닌지(≪중앙일보≫, 2011년 8월 27일 자).

그런데 반대로 한번 생각해보면 아랍이건 무슬림이건 그들에 대한 우리의 몰이해는 비단 우리 탓만은 아닌 것 같다. 베일로 전신을 가린 채 최소한만 드러내면서 자신에 대한 세계인의 냉대와 차별에 불편을 느끼는 그들에게도 책임은 있다. 진정한 소통을 위해서라도 아랍인들 역시

자신의 마음을 드러내야 한다. 이러한 이유에서 이 책에서는 양 문화가 서로 이해하며 협상할 수 있는 시장과 소비문화라는 주제를 통해 교류의 접점을 찾으려 한다. 소비문화를 통해 우리는 한 문화권의 전통적 가치와 문화 혹은 그들의 사고를 가로지르는 문화코드, 정치적·경제적 상황, 그리고 세계화와 지역화의 패러다임을 읽을 수 있기 때문이다.

### 아랍 시장의 문화적 소비자, 무슬림 '블루슈머'

21세기 이슬람 시장이 부상하고 있다. 세계적으로 무슬림 인구수 또한 급증하는 추세다. 글로벌 경영컨설팅 전문 업체 에이티커니**A.T. Kearney**에서 발표한 통계에 따르면, 향후 15년 내에 무슬림 인구는 전 세계 인구의 약 30%를 차지할 것으로 예상된다.* 서구의 주요 연구소들은 증가하는 무슬림 인구와 그들의 소비 잠재력을 고려할 때 이슬람 시장이 향후 주요 시장으로 부상할 것으로 예측하고 있다. 그리고 이슬람 소비시장의 중심에는 '블루슈머bluesumer'**로 불리는 무슬림 젊은이들이 있다.

신흥 이슬람 시장은 주로 20~30대 젊은 아랍인들이 주도하고 있다. 이들의 특징은 전 세대와는 달리 경제력을 갖추고 신기술에도 능해 서로 연결되어connected 있다는 것이다. 그래서 이들은 향후 글로벌 소비시장의 판도를 바꿀 수 있는 경쟁력 있는 집단으로 부상하고 있다. 그런데 흥미로운 점은 이들이 자신들의 일차적인 정체성을 한 국가에 예속된 국민으로만 정의하지 않는다는 것이다. 오히려 이들은 국경을 넘어 이슬람이라는 종교적인 정체성을 우선시하고 있다. 이는 무슬림 소비자가 중동이

---

• 현재 무슬림 인구는 전 세계 인구의 약 20%를 차지하는 것으로 추정되며, 적게는 약 13억 명에서 많게는 약 16억 명까지로 보고 있다.

•• 블루슈머는 블루오션(blue ocean)과 컨슈머(consumer)의 합성어로, 아직 기업 경쟁이 치열하지는 않지만 성장 가능성이 높은 소비자군을 뜻한다.

나 아랍 국가에만 국한되지 않음을 시사한다.

젊은 아랍 소비자의 성향은 무슬림 소비패턴에도 큰 변화를 불러일으키고 있다. 일례로 구매력 있고 종교적으로도 신실한 신세대 젊은 무슬림들은 전 세계인이 즐기는 음료인 코카콜라 대신 메카콜라Mecca Cola(이슬람의 성지인 메카를 모티브로 한 콜라)를 소비하며, 자녀를 위해 전형적인 서구 여성의 상징인 금발의 바비 인형 대신 이슬람 여성의 상징인 히잡hijab을 착용한 인형 풀라Fulla와 라잔Razanne을 구매한다. 또한 미국 만화 산업의 대표적인 캐릭터인 스파이더맨이나 슈퍼맨 대신 무슬림의 유일신 알라의 99가지 성향을 지닌 캐릭터를 주인공으로 한 만화 〈THE 99〉을 제작해 전 세계 무슬림 어린이 시청자의 마음을 사로잡고 있다.

부상하는 이슬람 시장을 타깃으로 한 다국적기업의 마케팅도 만만치 않다. 신세대 무슬림 젊은이들의 마음을 사로잡기 위해 코카콜라는 이슬람 최대의 종교 행사 기간인 라마단 달에 자비와 관용을 콘셉트로 한 캠페인을 광고하는 한편, 버거킹은 이슬람 율법에 맞는 할랄halal 치킨 너겟을 출시했다. 과거에 노키아는 이슬람의 기도 시간과 방향, 이슬람력과 영어판 코란을 내장한 '일콘ilkon'폰을 출시해 중동의 휴대전화 시장을 점령하기도 했으며, 호주의 한 기업은 전신에 착용하는 무슬림 여성 전용 수영복을 판매해 큰 성공을 거둔 바 있다.

## 문화, 왜 중요한가

이러한 사례에서 볼 수 있듯이 이슬람의 가치를 겨냥한 마케팅 전략은 세계화된 상품을 자신에게 맞게 소비하려는 구매력 있는 무슬림 신흥 중산층의 마음을 사로잡았다. 그렇다면 우리는 틈새시장을 공략하기 위해 이슬람 소비시장에서 무엇을 보아야 할 것인가? 이슬람 시장에서 성패를 가르는 요인은 무엇인가? 그리고 무슬림의 소비를 결정하는 기제는 과연 무엇인가?

이 책에서는 그 해답을 문화에서 찾는다. 여기에서 문화란 바로 정치, 경제, 종교, 역사에 기반을 둔 '사회 구성원들의 행위의 밑바닥을 가로지르는 공통의 사고방식'● 또는 '한 지역에 사는 사람들이 일정 대상에 무의식적으로 부여하는 의미'●●로, 한 문화권의 구성원에게 잠재되어 무의식적으로 작용하는, 그렇기 때문에 쉽게 변하지 않는 기층문화를 의미한다. 이 책에서는 인간의 소비행위를 결정하는 근본적인 원동력을 특정 문화권의 기층문화 차원에서 탐구하고, 소비를 통해 표면화되는 무슬림들의 문화적 무의식을 소개하고자 한다. 겉으로 드러나는 문화만을 인식하고 저변을 이루는 기층문화에 대한 이해를 간과한다면 타 문화에 대한 올바른 이해와 분석은 더욱 요원해질 것이다. 또한 성공적인 마케팅 전략을 수립하기도 불가능할 것이다.

이 책은 크게 3부로 나뉘어 있다. 제1부에서는 아랍 지역을 중심으로 무슬림 소비문화의 이론적 배경을 심층 해부한다. 근대 이후 나타난 무슬림 소비문화의 역사와 발달 과정, 그리고 아랍 시장의 특징을 세 장에 걸쳐 소개한다. 제2부에서는 소비이론이 아랍 시장에서 실제로 어떻게 적용되는지 분석한다. 이슬람교의 가치가 시장에 나타나는 방식, 그리고 새로운 소비 트렌드를 주도하는 아랍의 젊은이와 여성에 대해 집중 조명하면서 전통적 시장이 디지털 시대에 어떻게 변화했는지 소개한다. 제3부에서는 아랍인의 문화코드와 할랄 비즈니스에 대해 분석한다. 다양한 할랄 비즈니스 영역을 소개하면서 이 시장에 맞는 광고와 마케팅 방식, 그리고 아랍 비즈니스맨과 관계 맺기 방식을 일례로 다룬다.

---

● 정수복(2007)은 이를 '문화적 문법'으로 지칭한다.
●● 클로테르 라파이유(2007)는 이를 '문화코드'로 일컫는다.

이제 이슬람 시장은 우리에게 더 이상 틈새시장이 아니라 주요 전략시장으로 떠오르고 있다. 이들의 문화코드를 읽으면 블루오션 시장도 선점할 수 있다.

**일러두기**

_ 이 책에서 사용한 아랍어의 한국어 음가 표기는 현대 표준 아랍어 원음과 최대한 비슷하게 표현한 것이다.

_ 이 책에서 영어로 아랍어 음가를 표기할 때는 ALA-LC 로마자표기법을 적용했다. 그러나 '아인'을 제외한 모든 음성기호는 생략했으며, 장모음의 경우 모음을 두 번 표기했다.

_ 일부 내용은 필자의 기존 논저에서 일부분을 발췌해 수정한 것이다.

# Part 1

# 이론적 심층 해부

: 아랍의 소비문화와 무슬림 소비자

명품 마케팅은 체면과 명예를 중시하는 아랍 무슬림의 문화코드에 적중했으며, 아랍 시장 진출에 성공할 수 있었다. 한국 기업도 이러한 기류를 타고 아랍 상류층을 대상으로 금장이 둘러진 명품 TV, 다이아몬드가 박힌 고급 신용카드, 크리스털로 장식된 명품 냉장고와 세탁기를 출시하는 등 이른바 고급화 마케팅을 펼치기도 했다. 그런데 명품 TV와 신용카드의 마케팅은 성공을 거둔 반면, 명품 냉장고와 세탁기의 마케팅은 실패로 돌아갔다. 그렇다면 아랍 시장에서 성패를 가르는 요인은 무엇일까? 이들의 소비를 결정하는 기제는 과연 무엇일까?

# Chapter 1

# 문화와 소비, 무슬림 소비문화에 관한 이론적 고찰

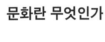

## 문화란 무엇인가

흔히 21세기를 '문화의 시대'라고들 한다. 세계문화와 지역문화, 서구문화와 동양문화, 남성문화와 여성문화, 성인문화와 어린이문화, 일상문화와 레저문화, 고급문화와 대중문화, 그리고 음식문화, 방송문화, 소비문화 등등⋯⋯.

문화라는 단어는 이처럼 우리 일상생활에서 남발될 정도로 수많은 영역에서 자주 사용된다. 그래서 우리는 문화의 의미를 잘 알고 있다고 여기지만, 실제로 그 개념을 정의하기란 꽤 어렵다. 웨일스 출신의 저명한 문화분석가이자 문학비평가인 레이먼드 윌리엄스Raymond Williams 역시 '문화'가 개념화하기 까다로운 단어라고 지적한 바 있다. 윌리엄스는 『키워드Keywords: A Vocabulary of Culture and Society』(1983)에서 '문화' 정의의 난해

성과 다양성의 원인을 여러 학문 분야에서 서로 달리 정의되어왔던 단어의 발전 단계에서 찾았다. '문화'라는 단어가 어떤 단어와도 자연스럽게 잘 조합된다는 점은 이러한 사실을 잘 반영한다. 그는 문화의 개념을 밝히기 위해 15세기까지 거슬러 올라간다. 당시 문화는 '제약을 가하다 inhibit', '경작하다 또는 기르다cultivate', '보호하다protect', '경외하다honour with worship'라는 의미에서 출발했다. 이후 문화는 사회 발달과 함께 나타나는 복잡성과 다양성을 모두 포괄하기 위해 그 의미 역시 확장되었다.

우선, 윌리엄스는 문화를 '18세기 이후 진행된 지적·정신적·미적 발전 과정'으로 정의했다. 우리가 한 시대의 위대한 철학자나 화가, 시인에 대해서 말하는 것은 문화의 이러한 측면을 의미하는 것이다. 둘째, 문화란 '특정 시대, 특정 집단과 계층이 향유한 특정 생활방식, 그리고 음악, 문학, 회화, 조각, 연극이나 영화와 같이 지적인 작품 또는 실천 행위, 특히 예술적인 활동을 일컫는다. 여기에서 문화는 학식 있고 교양을 갖춘 사람들이 참여하는 세련된 활동으로 표현할 수 있다. 그러나 문화는 특정인의 예술 활동으로 규정되는 협소한 방식의 정의와 달리 좀 더 포괄적인 맥락에서 정의할 수도 있다. 이때 문화란 일반인의 '삶의 방식'으로 정의할 수 있다. 이러한 방식은 주로 문화 인류학에서 정의하는 방식으로, 이때 문화는 모든 인간 활동의 산물, 혹은 그 양식을 지칭한다. 19세기 문화인류학의 선구자인 에드워드 타일러Edward B. Tyler에 따르면, 문화는 "지식, 믿음, 예술, 도덕, 법, 관습, 그리고 사회 구성원으로서 인간이 획득한 기타 능력과 습관을 포함한 복합적 전체"로 인간의 삶의 방식을 포괄적으로 지칭하는 것이다(볼드윈 외, 2008: 25).

문화가 '삶의 방식'으로 광의의 차원에서 정의된다면 사람들의 소비행위는 문화에서 어떻게 자리매김하고 있는가? 다른 말로, 인간은 왜 문화권마다 다른 소비행태를 보이는가?

## 소비는 왜 문화인가

소비란 사람들이 자신의 욕망과 필요를 충족시키는 가장 기본적인 경제활동이다. 1980년대 이전까지 인간의 소비행위에 대한 연구는 경제학의 틀에서 주로 진행되었다. 경제학적 관점에서 보는 인간은 합리적인 소비자다. 즉, 인간은 최소 투자로 최대 만족을 창출하는 실용적인 목적을 충족하는 소비자다. 그러나 우리의 소비패턴을 자세히 분석하면 인간은 그리 합리적인 소비자가 아니라는 것을 금방 알 수 있다. 예컨대 우리는 점심값보다 더 비싼 커피와 케이크 한 조각을 디저트로 먹고, 몇 달 수입에 해당하는 액수를 투자해 명품을 사고 허덕이기도 한다. 마이너스 통장을 쓰면서 저축을 하며, 또 가끔은 경제적 여유가 없으면서도 체면 때문에 친구들에게 '한턱'을 쓰기도 하며, 미래를 위한 투자의 의미를 담아 지인에게 형편 이상의 과도한 선물을 하기도 한다.

이처럼 문화에서 바라보는 인간의 소비행위는 합리적인 소비자로서의 인간관을 전제로 하는 경제학자의 입장에서는 설명하기 어렵다. 이는 인간의 소비행위가 생존이라는 실용적인 목적을 충족하는 수준을 넘어서기 때문이다. 오히려 소비행위는 밖으로 표출되는 경제적 액수보다 행위 속에 담긴 문화적·사회적 의미의 분석과 해석을 통해 이해될 수 있다. 이러한 맥락에서 소비는 경제행위 당사자 간의 거래 관계만을 의미하지 않고 사회 총체적인 문화행위로서 이해할 수 있다. 사람들이 소비하는 다양한 소비재의 속성과 생산방식, 사용방법에는 한 사회의 문화적 가치관, 제도, 규범이 모두 녹아 있기 때문이다.

소비에는 다음과 같은 속성이 내포되어 있다. 첫째, 인간은 자신의 정체성을 표현하기 위해 소비한다. "우리가 소비한 것이 실제로 우리다we are indeed what we consume"(Miles, 2000)라는 표현은 소비재와 소비자의 정체성 관계를 함축한다. 인간은 재화나 서비스의 소비 및 이용 방식을 통해 자신의 취향과 가치관, 사회적 지위, 그리고 정치와 종교 성향 등을 암묵적으로 나타낸다. 이처럼 개인 소비자들이 소비재를 통해 자아를 드러내듯이 소비문화는 한 문화권의 이데올로기, 가치관, 역사와 전통을 포함한 생활양식의 총체로 확대해 해석할 수 있다.

둘째, 인간은 타인과의 관계를 보여주기 위해 소비한다. 인간은 상호 교환하는 재화와 물품, 그것에 담긴 의미를 통해 서로의 관계를 공고히 하거나 단절의 의사를 전달하기도 한다. 장 보드리야르Jean Baudrillard에 따르면, 소비자는 단순히 상품을 사서 쓰는 것이 아니라 상품이 지닌 '기호가치'를 소비한다. 일례로 사람들이 서로 교환하는 선물의 종류와 품질에는 물건 선택자의 메시지가 암묵적으로 그 상품에 반영되고, 이를 매개로 사람들은 서로의 관계를 정의 또는 재설정하게 된다.

셋째, 인간은 타인과의 동질성 또는 차별성을 나타내기 위해 소비한다. 인간은 소비를 통해 타인과 같거나 구별되는 자신의 소속감이나 감정을 표현한다. 이러한 소비패턴의 배경에는 바로 타인과 '구별' 지으려는 욕구와 이를 '모방'하려는 욕구가 소비의 동인으로서 동시에 존재한다. 예컨대 하위계층은 상위계층의 소비패턴을 따라하면서 그들과 같아지려는 욕구를 표출하며, 반대로 상위계층은 하위계층과 '구분 짓기' 위해 좀 더 섬세하고 값나가는 상품군을 소비한다. 또한 젊은이들은 사회에 대한 반항심을 표출하고자 자신들만의 독특한 소비문화를 공유함으로써 주류문화에 반하는 그들만의 하위문화를 형성한다. 결국 소비의 장은 인간이 서로 무언無言의 메시지를 교환하는 대화의 장으로 간주할 수 있다.

# ☾ 다양한 소비문화이론

현대식 소비사회의 탄생은 18세기로 거슬러 올라간다. 이 시기는 광고와 인쇄 산업이 등장한 때이며, 유럽의 코즈모폴리턴 도시에 백화점과 조직화된 시장이 들어서 사람들의 소비를 부추겼던 시대다(Stearns, 2001: 15). 중동 지역에서 현대식 소비 시대는 19세기에 개막했다. 1890년대는 이스탄불에 서구식 백화점이 처음으로 개점하고 광고 산업이 도입된 시기이기도 하다(Stearns, 2001: 114).

카를 마르크스Karl Marx, 애덤 스미스Adam Smith, 막스 베버Max Weber의 이론에 기초한 전통적인 경제학자들은 소비를 매우 부정적으로 인식했다. 그들에게 소비란 '파괴하는 것to destroy', '써서 없애는 것to use up', '낭비하는 것to waste', '고갈시키는 것to exhaust'을 의미했다. 부정적인 의미를 지닌 소비의 개념은 20세기 중반까지 이어졌다(Williams, 1983: 78~79). 그러나 1980년대 초반부터 포스트모던 소비이론가들은 기존의 부정적인 소비의 의미를 재해석하기 시작했다. 즉, 포스트모던 소비이론가들은 소비를 생산행위의 결과로 보는 대신 오히려 반대로 생산활동을 재창조하고 자극하는 또 다른 차원의 생산활동으로 간주했다. 이러한 맥락에서 소비는 기존의 '파괴하는 것, 써서 없애는 것, 낭비하는 것, 고갈시키는 것' 이상의 창조적이고 동시에 생산적인 행위로 재해석된 것이다. 대표적인 현대 소비이론가들의 이론을 살펴보면 다음과 같다.

## 매크래켄: 문화가 소비를 결정한다

포스트모던 소비학자들은 소비행위에 대해 기존의 경제학적 해석에서 벗어나 심리학과 문화의 관점에서 확장해 해석했다. 예컨대 그랜트 매크래켄Grant McCracken(1990)은 문화와 소비가 상호의존적이 된 역사적인 과정에 주목하면서 소비를 전적으로 문화 현상의 틀에서 이해했다. 매크래켄은 소비와 문화의 상관관계에 대해 다음과 같이 주장했다.

> 소비는 모든 측면에서 문화에 의해 형성되고, 만들어지며, 강요된다. …… 서구 선진국에서 문화는 소비와 완전히 연결되어 있으며 결정된다. 현대의 선진사회에서 소비재 없이 문화를 재생산하고, 표현하고, 형성하기란 불가능하다(McCracken, 1990: xi).

매크래켄은 한 사람이 자라온 문화적 배경이 그가 특정 물품을 왜, 그리고 어떻게 소비하는지, 즉 소비재 선택의 동기와 과정, 그리고 결정에 중요한 영향을 미치므로 소비에서 문화가 중요하다고 강조했다.

아랍 무슬림의 결혼문화를 매크래켄의 소비문화 관점에서 해석하면 이슬람 사회에서는 성에 따라 결혼 시 물품 구매 영역이 확연히 구별된다. 일반적으로 신랑이 집을 장만하면 신부는 부엌 가구, 그릇, 침구 등 집 안의 인테리어를 책임진다. 결혼과 관련한 아랍 무슬림의 이러한 소비패턴을 자세히 들여다보면 그들의 젠더에 대한 의식구조를 읽을 수 있다. 이슬람 문화권에서 남성은 집 밖에서 활동하며 생계비를 버는 '가장breadwinner'으로 인식되는 반면, 여성은 집 안에서 남성의 수입으로 가정을 이끄는 '살림꾼house manager'으로 간주된다. 즉, 무슬림의 소비행태를 통해 우리는 그것이 이슬람 사회의 '공적 공간은 남성의 영역', '사적 공간은 여성의 영역'이라는, 성에 따라 달라지는 사회공간에 대한 이분법적 의식구조와 연장선상에 있음을 확인할 수 있으며, 매크래켄에 따르면 이러한 소비패턴은 굳이 말로 설명하지 않아도 사회 구성원 간에 암묵적으로 규칙이 된 '문화적 공식'이라는 것이다.

## 더글러스와 이셔우드: 소비는 사람들 간의 관계를 형성한다

문화와 소비의 상관관계를 설명한 또 다른 이론가로 매리 더글러스Mary Douglas와 배런 이셔우드Baron Isherwood가 있다. 그들은 소비를 삶을 지탱하기 위한 방법(경제적 접근)뿐만 아니라 사회관계를 만들고 유지하면서 문화를 표면적으로 드러내며 계승시키는 원동력(인류학적 접근)으로 보았다. 또한 그들은 소비를 '대화의 장'으로 인식했는데, 이때 상품은 상징의 의미가 담긴 '깃발'과 같은 역할을 하며, 사람들은 상품에 담긴 상징적 가치와 기호를 소비한다는 것이다. 그들은 또한 소비가 "문화를 가시적이고 안정적으로 만드는 데 필요"하다고 주장했다. 즉, 사람들이 어떤 선택을 하건 상품에 대한 결정은 문화의 결과이며, 이는 순환적으로 또다시 문화를 굳건히 하는 데 기여한다(Douglas and Isherwood, 1996: 52).

다시 말해, 사람들이 축제 때 특정 음식을 소비하고 특정 물품을 선물하는 것은 한 문화권의 보이지 않는 문화적 특징을 물건을 통해 명시화하는 동시에 그 문화권에 속한 사람들 간의 관계를 더욱 공고히 하고 안정시키는 기능을 한다. 왜냐하면 특정 소비재는 특정 사회에서 어떠한 문화적 의미를 내포하고 있으며 이를 통해 사람들의 관계는 재형성된다. 이는 결국 문화의 가치와 의미를 더욱 견고하게 하는 결과를 낳는다.

좀 더 구체적으로, 최근 떠오르는 이슬람 소비시장의 예를 들어보면, 무슬림 소비자들이 글로벌 소비문화를 상징하는 코카콜라 대신 이슬람교의 성지인 메카를 모티브로 생산한 메카콜라를 마시고, 서구의 바비 인형 대신 무슬림 여성들의 전통 의상인 히잡과 부르까를 쓴 풀라와 라잔을 사며, 할리우드의 슈퍼맨이나 스파이더맨 대신 이슬람의 영웅 이야기인 〈THE 99〉을 시청하는 것은 바로 이슬람의 문화적 가치가 작용한 결과라 할 수 있다. 이슬람의 가치가 반영된 상품의 소비를 통해 무슬림은 서로 동질감과 연대감을 느끼는 동시에, 더 중요하게는 소비행위에 종교적 의미를 부여함으로써 경건성을 심화하는 것이다. 즉, 무슬림은 이슬람의 가치와 의미가 부여된 물품에 대한 소비활동을 통해 종교심을 구체화하며 강화하는 것이다.

## 베블런과 짐멜: 타인과 구별하기 위해 소비한다

사람들의 소비패턴을 자세히 살펴보면 한 사회의 문화뿐만 아니라 인간의 본성 또한 소비재 선택의 중요한 동인으로 작용함을 알 수 있다. 소스타인 베블런Thorstein B. Veblen과 게오르크 짐멜Georg Simmel은 소비의 양식을 사람들의 경쟁과 모방 심리에 기초한 타 계층과의 구별 심리로 분석했다(Corrigan, 1997). 진화론에 근거한 이들의 소비이론에 따르면, 사회적으로 낮은 계층의 사람들은 항상 자신보다 높은 계층에 속한 사람들의 소비행위를 따라한다. 그러나 모방이 진행되어 문화적 동질화가 이루어질 때 높은 계층에 속한 사람들은 자신을 다른 계층과 차별하고자 다시 새로운 유행을 창조하게 된다.

베블런은 『유한계급의 이론The Theory of the Leisure Class』(1899)에서 부자들이 사회적 명예, 위세, 지위를 '과시적 여가conspicious leisure'와 '과시적 소비conspicious consumption'를 통해 표출한다고 주장했다. 즉, 생존을 위해 소비를 하는 하층계급과 달리 상류층은 과시적 여가와 과시적 소비를 통해 먹고사는 문제로부터 자유로운 자신의 여유를 다른 사람에게 보여준다는 것이다. 유한계급은 사회적으로 불명예스럽게 취급되는 노동을 회피하고 시간을 비생산적으로 소비하는 여가활동을 타인에게 과시하면서 자신의 우월한 금전적 상황과 명성을 암묵적으로 나타낼 수 있다. 또한 그들은 꼭 필요하지 않은 물건과 금전을 소비하는 과시적 소비를 통해서도 남들과는 다른 자신의 사회계층을 보여준다.

특히 과시적 소비를 통해 자신의 부를 표현하는 방식은 복잡한 산업사회로 들어서면서 더욱 효과를 발휘한다. 도시문화가 발달하고 사람들의 활동 범위가 늘어나면서 사람들은 서로가 서로의 소속 가문을 알던 시대를 지나 익명의 시대에 살게 되었다. 따라서 이제 부자들은 자신의 혈통만으로는 신분을 과시할 수 없게 되었다. 그래서 이들은 자신을 알아보지 못하는 사람들에게도 자신의 부를 알릴 수 있는 방식으로 여가보다는 물건의 소비를 택했다. 개인은 과시적 소비를 함으로써 자신이 속한, 또는 속하고자 하는 사회계층에 귀속될 수 있기 때문이다. 그런데 산업화와 자본주의의 영향으로 계층 간 유동성이 커지고 계층 간 경계가 불분명해지면서 소비를 통한 계층 간 구분은 점차 어려워졌다. 하층민들은 자신보다 상층에 속한 사람들의 소비패턴을 그대로 모방하면서 그들과 같아지려 하는 욕구를 가지고 있었으며, 반대로 상층에 속한 사람들은 그들과 구별되기 위해 더욱 다양한 방식으로 과시적 소비를 하게 되었기 때문이다. 이처럼 인간의 소비행태에는 타인과 같아지려는 동질적 욕구와 구별되려는 차별적 욕구가 동시에 존재한다.

베블런과 마찬가지로 짐멜은 인간의 소비행태를 모방과 구별의 차원에서 좀 더 체계적으로 분석했다. 유행에 대한 사회학적 연구를 통해 짐멜은 유행의 패턴을 상위 사회집단과 하위 사회집단 간의 '쫓아가면 달아나는chase and flight' '트리클다운trickle-down' 효과로 설명했다. 즉, 상위 사회집단의 소비행태를 하위 사회집단이 수시로 모방하며, 상위 집단은 하위 집단과 자신을 구별하기 위해 또 다른 소비행태를 창출한다는 것이다. 그리고 이러한 현상은 패턴을 이루어 지속적으로 등장한다. 오늘날 아랍인의 소비행태를 베블런과 짐멜의 소비이론에 비추어보면 왜 우리 사회에서, 그리고 또한 아랍인 사이에서 사치품과 명품 소비가 유행하는지 그 이유를 짐작할 수 있다. 그들 역시 상업화와 현대화를 거치면서 복잡해진 익명의 사회에서 타인에게 자신의 재력을 과시하기 위해 과시적 소비를 일삼는다. 그 밖에도 명품 소비의 이면에 작용하는 무슬림의 체면 문화코드와 과시욕에 관해서는 뒤에서 좀 더 자세히 언급한다.

## 부르디외: 계층을 구분 짓는 것은 취향이다

프랑스의 저명한 사상가인 피에르 부르디외 Pierre Bourdieu (2002)는 사람들의 소비행위를 분석하기 위해 '취향taste'과 '아비투스habitus' 개념을 도입했다. 그는 사회계층을 설명하는 데 기존의 경제적 자본의 한계를 지목하면서 문화적·사회적·상징적 자본을 포함해 새로운 유형의 자본 형태를 추가했다. 사회계층을 구분하는 기제로서 부르디외가 추가한 '문화적 자본'은 가족과 학교에서 얻는 지적·미학적 능력과 자격을 의미한다. 또한 '사회적 자본'은 연고와 사교 활동으로 맺는 사회적 관계를 통해서 얻어지는 실제적인 그리고 잠정적인 자원을 의미하며, 이는 우리 사회에 존재하는 학연 및 지연과 일맥상통한다. 마지막으로 상징적 자본에는 경제적 자본, 문화적 자본, 사회적 자본의 결과로서 한 개인에게 상징적으로 부여되는 권위, 신용, 그리고 사람들로부터 받는 명예, 인정 등이 있다. 부르디외는 다양한 자본의 형태 중에서 지식, 교양, 기능, 취미, 감성을 내포한 문화적 자본에 주목했으며, 사회계층은 물질적 불평등, 즉 경제적 자본의 결여뿐 아니라 문화적 자본의 차별에 의해서도 결정된다고 주장했다. 그는 특히 계층 간 문화적 자본을 구별할 수 있는 원동력으로 교육의 중요성을 꼽았다.

그는 교육이 사회계층을 구분하고 경계 짓는 강력한 심리적 기제로서 '취향'을 형성한다고 설명했다. 왜냐하면 "취향은 계층을 구분 짓는 기제이며, 동시에 계층을 구분 짓는 사람을 구분 짓기Taste classifies, and it classifies the classifier"(Bourdieu, 2002: 6) 때문이다. 취향은 또한 쉽게 바뀌지 않는다. 이는 한 개인에게 원초적으로 내재화되었기 때문이다. 즉, 취향을 형성하는 '아비투스'는 "사람들의 의식과 언어의 수준 밑에서 작동하기 때문에 철저한 조사가 어렵고 인간의 의지로 통제되지 않기 때문이다 below the level of consciousness and language, beyond the reach of introspective scrutiny or control by the will"(Bourdieu, 2002: 466). 따라서 부르디외의 관점에서 볼 때 소비는 서로 다른 계층에 속한 사람들이 각기 다른 삶을 표출하며 소통하는 장이다. 소비를 통해 사람들은 무의식적으로 작동하는 자신의 취향을 드러내는 동시에 자신이 속한 계층에 대한 소속감을 나타낸다. 또한 이러한 취향은 수시로 타인에 의해 평가된다.

## 기타 포스트모던 이론가들

앞서 언급한 학자들 이외에도 포스트모던 사회이론가들은 현대 소비문화에 대해 다양한 분석을 내놓고 있다. 마이크 페더스톤(Featherstone, 1991)은 소비문화를 예술적이고 심미적인 고급문화와 평범하고 천박한 저급문화 사이의 경계를 허무는 기제인 동시에 유동적으로 변하는 개인의 정체성을 표출하는 수단으로 해석했다. 즉, 앞서 열거한 이론들과는 달리 피터스톤은 사람들이 소비를 통해 자신의 정체성을 확고히 하기보다 그 경계를 무너뜨리는 점에 주목했다.

폴 윌리아스Paul Willias는 소비문화를 소비자 간에 행해지는 협상으로 보았는데, 특히 젊은이들은 소비를 통해 기존 세대에게 저항감을 표출하면서 그들의 정체성과 존재감을 확인하는 동시에 동질적인 집단에 속한 타인의 이해를 구하기도 한다.

그 밖에도 보드리야르는 소비를 '꿈같은 표현dream-like representation'으로 이해했는데, 그는 소비를 통해 만족을 얻는 것이 신비적인 것이라고 지적하기도 했다(Miles, 2000: 25~26). 보드리야르는 소비자의 만족이란 대중매체를 통해 조작되며 지속적으로 창출된다고 이해했다. 따라서 그의 이론에 따르면, 소비자가 품었던 특정 물건에 대한 꿈과 환상은 그 물품의 획득과 동시에 물거품처럼 사라지며, 이와 동시에 소비자는 새로운 상품에 대한 또 다른 갈망을 다시 품게 된다. 이는 소비제품에 대한 현대 소비자들의 끝없는 갈망과 만족감 부재에 대한 심리적 갈증 현상을 잘 설명해준다.

그렇다면 이러한 이론 중 어떤 이론이 아랍 무슬림의 소비행위를 설명하는 데 가장 적합할까? 아랍 무슬림의 소비행위를 결정하는 동인은 과연 무엇일까? 결론부터 언급하자면, 무슬림의 소비행위는 — 앞으로 이 책에서 지속적으로 설명하겠지만 — 언급한 다양한 소비이론 중 그 어느 하나에 근거해 설명하기에는 어려울 정도로 복잡한 양상을 띤다. 아랍 무슬림의 소비행위는 때로는 정치적 상황에 의해, 때로는 전통과 관습에 의해, 때로는 종교에 의해, 그리고 때로는 개인의 가치에 의해 결정되며 세계화와 지역화의 특성을 다양하게 수용하면서 포스트모더니즘 시대의 특성인 다양성에 걸맞게 지속적으로 변화하기 때문이다.

아랍 무슬림의 소비행위를 분석하기에 앞서 좀 더 포괄적인 범주인 무슬림의 소비문화에 대해 일반적 정의를 내리는 것은 무엇보다 기본적인 일이다. 그렇다면 문화적인 관점에서 무슬림의 소비행태는 과연 어떻게 정의할 수 있을까?

## ☾ 무슬림 소비에 대한 문화적 정의

### 무슬림과 문화적 다양성

무슬림 소비자와 그들의 소비문화를 일반화해 개념화하는 데에는 여러 가지 어려운 면이 있다. 이는 우선적으로 이슬람 지역의 넓고 방대한 지리적 특성과 문화적 다양성 때문이다. 이슬람교는 무슬림 인구가 대부분인 중동을 중심으로 서쪽으로는 인도네시아를 포함한 동남아시아와 중국, 그리고 동쪽으로는 북아프리카 지역, 북쪽으로는 유럽, 남쪽으로는 수단과 예멘에 이르기까지 폭넓게 분포해 있다. 또한 아메리카 대륙에도 무슬림 인구가 상당수 거주하고 있다.● 게다가 이들에게 이슬람교는 종교이자 일상적 삶이기 때문에 각 지역의 무슬림 문화는 토착문화가 함께 동화되어 나타난다. 따라서 무슬림 소비자를 하나의 동질적인 소비자 그룹으로 정의하기란 어렵다. 게다가 한 국가에 거주하는 무슬림이라 할지라도 거주 지역과 교육수준, 세대 등에 따라 삶의 형태는 확연히 다르다.

결과적으로 비록 무슬림이 이슬람이라는 하나의 종교 공동체로 묶여 있기는 하지만 삶의 방식은 서로 다르며, 이는 결과적으로 무슬림의 소비행태도 다양하게 나타남을 의미한다. 다시 말해, 다양한 무슬림은 다양한 방식으로 각기 자신의 고유한 언어와 전통, 관습을 유지하는 가운데 글로벌 소비문화와 조우하고 각자 자신의 방식대로 독특한 소비문화를 창출하면서 살고 있다는 것이다. 그런데도 우리가 주목해야 할 점은 무슬림이 점차 자신의 정체성을 '움마ummah'라는 이슬람 공동체를 토대로 정의하려는 경향이 짙어지고 있다는 것이다. 예컨대 무슬림 거주자들이 많은 유럽의 여러 국가에서는 이주 무슬림을 자국문화에 동화시키려는 정책을 펴왔음에도 불구하고 많은 무슬림 젊은이가 자신을 이주 국가에 예속된 국민으로 여기기보다 자신의 종교와 문화 정체성을 앞세우면서 무슬림으로서 우선 분류하려는 경향이 있다. 또한 이러한 경향은 —

---

● 퓨리서치센터(Pew Research Center, 2012. 12. 18.)의 자료에 따르면, 2010년 무슬림 인구는 아시아에 10억 명, 중동과 북아프리카에 3억 명, 아프리카에 2억 5,000만 명, 유럽에 4,300만 명, 북아메리카에 350만 명, 남아메리카에 84만 명이 거주하는 것으로 추정된다.

뒤에서 자세히 설명하겠지만 ─ 9 · 11 사태 이후 더욱 극명하게 나타난다.

## 무슬림 소비문화의 정의

무슬림 소비문화란 이슬람교를 믿는 무슬림이 행하는 모든 소비행위로
정의할 수 있다. 여기에서 소비행위는 경제적 차원을 넘어서 한 문화권
에 속한 사람들의 삶의 방식, 가치관, 전통을 보여주는 총체적인 문화적
함의를 내포한다. 또한 무슬림의 소비문화에는 이슬람교와 관련한 상품,
음식, 의류 등 '보이는 영역visible'의 소비행태뿐 아니라 이슬람의 가치가
반영된 사고, 교육, 기술, 문화행사, 시간과 공간의 소비 방식 등 무슬림
의 '보이지 않는 영역invisible'의 소비행태도 모두 포함한다.

좀 더 구체적으로 패트릭 핸니Patrick Haenni(2009)의 정의를 빌리면, 무
슬림의 소비문화는 크게 '이슬람식 상품Islamic products'과 '이슬람식으로
재탄생한 상품Islamized products' 두 가지를 모두 포함한다고 할 수 있다.

**부르끼니를 입은 여성의 모습**
© Giorgio Montersino (Wikipedia.org)

전자는 할랄 음식이나 히잡처럼 무
슬림의 가치에 부응하는 상품을 의
미한다. 반면 후자는 이슬람교가 태
동한 무슬림의 성지인 메카를 모티
브로 탄생한 메카콜라와 무슬림 여
성을 위해 몸 전체를 덮도록 고안된
부르끼니burqini(무슬림 여성의 베일의
한 형태인 부르까burqa와 비키니bikini
의 합성어), 그리고 섹시하고 글래머
러스한 서구 여성의 상징인 바비 인
형 대신 이슬람식 의상을 입은 풀라
와 라잔 같은 인형을 비롯해, 본질

적으로는 이슬람의 가치에 부응하지는 않지만 전 세계인이 공유하는 글로벌 상품이 이슬람의 가치로 포장되어 '이슬람식으로 재탄생한 상품'을 모두 의미한다. 이러한 맥락에서 무슬림의 이슬람식 소비문화란 상품의 생산자가 무슬림인지 비무슬림인지를 떠나 이슬람의 종교적 가치를 실천하기 위한 무슬림의 소비행태와 글로벌 상품이 이슬람의 옷을 입고 재탄생한 물품을 소비하는 무슬림의 소비행위 모두를 포함한다. 이슬람의 가치가 내포된 상품을 선택하고 이를 사용함으로써 무슬림은 자신의 문화적·종교적 정체성을 '기억'하고 '창출'할 뿐만 아니라 소비를 종교의 차원에서 실천하는 것이다. 뒤에 언급하겠지만 아랍 무슬림의 소비문화도 이러한 맥락에서 크게 벗어나지 않으며, 이에 대한 설명은 여러 장에 걸쳐 제시될 것이다.

## 아랍 무슬림 소비연구의 현주소

문화의 틀에서 소비에 대해 접근한 연구가 서구에서는 1990년대에 들어서야 본격적으로 시작한 반면, 아랍 지역의 소비연구는 최근에야 비로소 관심의 대상이 되었다. 아랍에서 소비와 관련된 학문은 서구에서와 마찬가지로 처음에는 중요하지 않은 '사소한' 분야로 취급되어 그리 많은 연구가 진행되지 못했다. 게다가 아랍 학자들이 소비 관련 학문을 회피한 배경에는 그들이 서구에 대해 느끼는 강한 콤플렉스 역시 한몫을 담당했다. 이와 관련해 모나 아바자Mona Abaza (2006)는 아랍 학자들의 서구 식민주의에 대한 반작용과 트라우마를 지적했다. 그에 따르면 이 지역 학자들 사이에서 서구식 소비문화를 '미국화' 혹은 '서구화'와 동일시하는 시각이 만연했고, 이 때문에 아랍 학자들에게 소비란 곧 서구,

특히 미국의 문화제국주의의 또 다른 침략으로 해석되었던 것이다. 따라서 현지인에게 소비를 연구하는 학문은 이슬람의 순수한 가치에 반하며 전통을 파괴하는 부정적인 학문으로 비춰졌고, 이는 소비를 연구하는 학문에 대한 부정적인 견해로 자연스럽게 이어졌던 것이다.

이처럼 소비학에 대해 부정적 견해가 존재하는 가운데에서도 아랍 지역 소비문화에 대한 연구와 그 결과물은 2000년대 들어서 조금씩 출판되기 시작했다. 대표적 저서로는 중동 지역의 다양한 소비행태 연구 결과를 엮은 데니즈 칸디요티Deniz Kandiyoti와 아이세 사크탄베르Ayse Saktanber의『문화의 조각들: 현대 터키의 일상Fragments of Culture: The Everyday of Modern Turkey』(2002)와 월터 암브루스트Walter Armbrust의『대중매체: 중동 대중문화의 새로운 접근과 그 너머Mass Mediations: New Approaches to Popular Culture in the Middle East and Beyond』(2000)가 있다.

이러한 저작을 시작으로 최근에는 연구 지역과 그 범위가 상당히 넓어져 서쪽으로는 아프리카에서 동쪽으로는 GCCGulf Cooperation Council, 걸프협력회의 국가와 동남아시아 국가, 중국 그리고 북으로는 유럽 지역에 이르기까지 수많은 지역에 거주하는 무슬림, 특히 젊은이들이 즐기는 음악, 패션, 음식 등 다양한 소재가 연구되고 있다. 다양한 무슬림 사회를 사례 지역으로 선정하면서 이슬람 소비에 대한 이론 구축을 시도한 저서로는 요한나 핑크Johanna Pink의『대중 소비 시대의 무슬림 사회Muslim Societies in the Age of Mass Consumption』(2009), 모나 아바자Mona Abaza의『현대 이집트의 변화하는 소비문화The Changing Consumer Cultures of Modern Egypt』(2006), 요한 피셔Johan Fischer의『올바른 이슬람식 소비문화: 현대 말레이시아에서 말레이인들의 쇼핑문화Proper Islamic Consumption: Shopping among the Malays in Modern Malaysia』(2008) 등이 있다. 그러나 여전히 연구의 주체는 서구 학자나 서구에서 수학한 현지 학자가 주류인 형편이다.

무슬림 소비문화에 대한 연구는 학계뿐만 아니라 실용과 이윤을 추구하는 기업에서도 적극적으로 행해지고 있다. 세계적인 다국적기업들은 전 세계적인 무슬림 인구수의 증가와 그들의 교육수준 및 경제력 향상으로 이 시장의 부상을 이미 예상했으며 각종 연구를 시행하고 있다. 이들의 추산에 따르면, 무슬림 시장 규모는 약 2조 달러다. 이러한 상황에서 우리도 글로벌 무슬림 시장 진입을 위해서라도 무슬림의 문화코드와 소비문화에 대한 연구가 절실한 상황이다.

# Chapter 2

# 이슬람의 소비관과
# 아랍 무슬림 소비문화의 역사

## 🌙 이슬람에서 부와 소비의 개념

일반적으로 종교에서는 물질주의에 대한 신봉을 경계한다. 그래서 기독교에서는 금욕을 가르치며, 불교에서는 무소유를 설파한다. 그렇다면 물질과 그것에 대한 소유, 더 나아가 부에 대한 이슬람교의 입장은 어떠할까? 또한 아랍 무슬림의 현대식 소비문화는 어떻게 발아했으며, 또 어떤 방향으로 발전했을까?

우리는 가끔 언론에서 보도되는 아랍인의 소비문화를 접하게 된다. 전쟁과 가난으로 고통받는 일부 아랍 지역의 이미지와 함께 다이아몬드가 박힌 전화기와 신용카드, 크리스털이 박힌 냉장고와 세탁기, 그리고 일반인은 평생 동안 단 한 번 구경하기도 어려운 스포츠카 등, 오일머니로 갑작스럽게 부호가 된 아랍인의 소비패턴을 마치 알라딘의 요술램프와 같은 동화 속 이야기처럼 접하기도 한다. 언론에 나타난 아랍인의 소비패턴을 보면 이슬람교에서 부에 대한 종교적 그리고 도덕적 규제는 없는 것처럼 보인다. 또한 타 종교에서 가르치는 금욕과 절제의 미덕 역시 설자리가 없어 보인다. 그렇다면 과연 이슬람교에서 부의 축적은 어떻게 해석할까?

## 이슬람교에서는 부를 어떻게 보는가

다른 종교와 마찬가지로 이슬람교에서도 원칙적으로 검소함을 추구한다. 그래서 이슬람 지역의 통치자는 일반 국민들의 신뢰를 얻기 위해 먼저 자신이 검소하게 살고 있다는 것과 신실한 이슬람교 신자라는 것을 대중에게 보여주고 싶어 한다. 수십 년간 리비아에서 독재자로 군림했던 카다피도 - 물론 금으로 호화롭게 치장된 아방궁도 소유했으나 - 바로 이런 이유로 자신의 검소함과 신실함을 보여주고자 텐트 생활을 해왔다고 한다. 검소함을 추구하는 지도자의 삶은 이슬람교의 창시자 사도 무함마드 Muhammad 의 전통에서도 나타난다.

『마호메트 평전 Muhammad: A Biography of the Prophet』(2001)을 쓴 캐런 암스트롱 Karen Armstrong 에 따르면, 무함마드는 아라비아에서 가장 막강한 지도자가 된 후에도 항상 검소하고 절제된 삶을 살았다고 한다. 그는 사치를 싫어했고, 집에는 먹을 것이 떨어지는 날도 있었으며, 옷은 늘 일반인과 같은 평범한 것을 즐겨 입었다고 한다. 또한 선물이나 전리품이 생기면 자신이 다 가지지 않고 가난한 사람에게 나누어주었다고 한다. 그는 당시 아랍인들 사이에서 권력이나 신뢰의 상징이 되어버린 지나치게 화려하고 낭비적인 접대문화에 몹시 비판적이었다. 검소함을 중요한 덕목으로 간주한 사도 무함마드의 태도는 그의 언행록인 하디스 hadith 에도 언급된다(Swarup, 2002: 145). 하디스에서 무함마드는 무슬림에게 금이나 은으로 된 그릇 사용을 금했으며 비단으로 만든 옷의 착용도 금했다.

이러한 사도 무함마드의 검소함은 아마도 척박하고 궁핍한 사막에서의 생활이 몸에 베인 탓일 것이다. 사도 무함마드가 태어났던 시대에 아랍 사람들에게는 어린 아이를 사막에 보내 교육을 시키는 관습이 있었다고 한다. 사도 무함마드도 그 전통에 따라 어린 나이에 사막에 보내져 가난한 베두인 유모의 손에서 자랐다. 짐작할 수 있듯이 사막은 인간이 살기에 척박한 환경이며 물자는 항상 부족했다. 그곳에서 무함마드는 최소한의 물품으로 가장 효율적으로 삶을 영위하는 방법을 배웠다. 그러나 아무리 무함마드가 개인적으로 검소함을 추구했다 하더라도 이슬람교는 도시, 그것도 사람들이 가장 많이 이동하며 물건을 교환하는 시장에서 탄생한 종교이다(암스트롱, 2001). 무함마드가 신흥 종교였던 이슬람교의 기반을 확고히 다지며 그 세를 확장하는 데 가장 중요한 것은 사람을 모으는 것이다. 이때 관건은 바로 여성, 노예, 젊은이를 포함한 사회적 약자는 물론이고 당시 그 지역의 막대한 부와 권력을 쥔 기득권 세력의 호응을 이끌어내는 것이었다. 신흥 종교의 틀 안에서 많은 사람을 포용해야 했던 무함마드로서는 부에 대한 관념이 한쪽으로 치우쳐서는 안 되었을 것이다. 부를 비판한다면 기득권의 불만을 샀을 것이며, 이는 곧 당시 부와 권력을 거머쥔 메카 귀족들의 이탈을 의미했기 때문이다. 그래서 사도 무함마드는 인간의 기본적인 욕구 중 하나인 소유욕을 포기하는 대신 알라의 뜻에 따라 부를 나누는 방법을 설파했다. 즉, 부의 축적을 정당화한 것이다. 게다가 신의 계시를 받기 전 무함마드가 하던 일이 카라반을 이끌던 상인이었던 점을 감안할 때 정당한 방법으로 이윤을 내고 이를 취하는 것은 당연한 일이었을 것이다. 이처럼 사도 무함마드가 계시를 받을 당시의 상황을 보면 이슬람교에서 부에 대한 인식은 결코 부정적이지 않다는 것을 미루어 짐작할 수 있다.

이는 부의 축적에 대한 이슬람교의 긍정적인 견해에서도 드러난다. 소비문화를 연구한 피터 스턴스Peter N. Stearns에 따르면, 이슬람교에서는 알라가 창조한 모든 것을 관리할 권한과 이를 누릴 권리가 인간에게 있다고 본다. 그래서 무슬림은 종교세 납부라는 종교적 의무를 이행하는 한 개인적인 재산의 축적과 소비를 비난하지 않는다. 이슬람교에서는 정신적인 수행도 중요하게 여기지만, 기독교나 불교처럼 금욕의 숭고함을 강조하지는 않는다(Stearns, 2001: 112). 부에 대한 이슬람의 이러한 관념을 반영하듯 1970년대 오일머니의 증가 이후 한꺼번에 많은 부를 거머쥔 걸프 지역에는 근대화와 함께 서구의 사치스러운 소비문화가 유입되었다. 넘치는 부를 기반으로 소비문화를 이끈 상류층 아랍 무슬림들은 서구의 옷, 음식, 주거 형태를 받아들여 자국에 보급했으며, 하위층 무슬림들은 상류층의 소비패턴을 따랐다. 당시 발전된 서구의 문물을 수용하는 데 열을 올렸던 무슬림들은 서구의 소비문화를 이상형으로 간주했으며, 이는 이슬람 전통문화와의 갈등을 초래하기도 했다.

그럼 현대에 나타난 서구식 소비문화에 대한 무슬림의 견해를 좀 더 자세히 알아보기 위해 아랍 지역에 서구식 소비문화가 어떻게, 그리고 언제부터 유입되기 시작했는지 그 근원을 잠시 짚어보자.

## 근대 아랍 지역의 현대식 소비문화 유입과 역사

서구는 르네상스를 계기로 부활하기 전까지 문명의 암흑기에 처해 있었다. 중세 서구의 암흑기 시절 당시 세계 질서의 패권을 쥐고 있던 이슬람 문명은 전 세계로 연결된 무역로를 장악하면서 상업과 문화의 중심지 역할을 했다. 물자의 흐름은 이슬람 제국의 수도였던 시리아의 다마스쿠스(우마이야 시대)와 이라크의 바그다드(아바스 시대) 지역을 중심으로 집산했다. 서구의 유럽 상인들은 이 지역에서 값비싼 향신료와 사치품을 수입하는 데 열을 올렸다. 특히 16세기 무렵부터는 서구 유럽에서 값비싼 물건들이 유입되었으며, 아랍의 엘리트들은 이를 소지하는 것을 자랑으로 여겼다. 희귀한 물품에 대한 소유는 곧 그들의 사회적 지위와 부, 신분을 드러내는 상징이 되었기 때문이다. 수집 대상이 된 대표적인 상품으로는 18세기에 유입된 보헤미안 유리나 스위스 시계가 있었다. 이 상품들은 이스탄불 부자들 사이에서 필수품으로 간주되기도 했다 (Stearns, 2001: 127).

서구의 현대식 소비문화가 아랍에 본격적으로 소개되기 시작한 것은 19세기에 이르러서다. 당시 서구 유럽 사회는 일대 변혁을 겪게 된다. 안으로는 산업혁명 덕에 공산품을 좀 더 효율적인 방식으로 대량생산을 할 수 있었고, 교통혁명으로 말미암아 생산품을 신속하게 다른 지역으로 이동시킬 수 있었다. 게다가 이 시기에 유럽은 식민지 점령에 박차를 가했으며 자신들의 잉여상품을 식민 지배 지역에서 소진할 수 있도록 적극적으로 수출했다. 생산·유통·소비의 삼박자가 딱 맞아떨어지는 구조 덕에 서구는 단기간에 부를 축적할 수 있었고, 막강한 경제력을 바탕으로 키운 군사력 덕에 식민 지배는 더욱 용이해졌다. 당시 아랍은 서구 제국주의의 타깃이 되었으며, 이들이 우위를 독점한 커피와 차, 직물 산업에서 무역 불균형은 현격하게 나타났다.

아랍에서는 유럽 소비문화의 영향으로 1890년대에 처음으로 아랍어와 터키어로 된 광고가 등장했다(첫 광고는 싱거Singer 재봉틀). 또한 현대식 백화점이 처음으로 문을 열었고, 기성복도 등장했다. 도시의 중산층 여성들은 전통시장 대신 세련되고 고급스러운 서구식 소비문화에 열광했다. 특히 여성들은 백화점에 대해 "상점의 청결, 편안함, 구성이 정말

감명 깊다. 또한 직원들의 정중한 대우와 정직한 행동이 정말로 눈부시다"(Stearns, 2001: 129)고 평가했다.

20세기 오스만 정부의 붕괴를 계기로 아랍 지역에는 서구식 소비패턴이 더욱 확산되는 추세였다. 당시 이슬람 제국을 이끌던 중앙정부의 붕괴는 곧 무분별한 서구식 소비재 유입을 여과하는 정부의 규제 불능과 정치적 완충장치의 부재를 의미하기 때문이다(Stearns, 2001: 130~133). 게다가 아랍을 향한 서구의 경제 침투는 제2차 세계대전 후 석유의 발견으로 더욱 확산되었다. 당시 서구를 중심으로 재편된 새로운 국제 질서하에 서구는 자신의 영향력을 확대하기 위해 아랍의 식민 지역을 적극 이용했으며, 이러한 경향은 아랍 지역에 새로운 독립 정부가 수립되기 전인 1950년대까지 지속되었다. 앞서 언급한 바처럼 서구식 소비문화가 무분별하게 유입된 데에는 여과 기능을 할 만큼 강력한 힘을 지닌 정부의 부재도 한 원인으로 작용했다. 결국 서구식 소비문화는 아랍의 소비문화 판도를 크게 바꿔놓았고, 특히 여성들에게 서구식 패션 스타일과 화장품이 적극적으로 유입되었다.

이후 1970년대 중반 TV의 도입은 아랍인들 사이에 새로운 소비문화의 지평을 열었다. TV 시청의 영향으로 국민들은 소비재에 대한 욕구가 증가했다. 특히 여성 의류, 화장품, 냉장고나 청소기와 같은 가전제품을 선전하는 광고의 영향으로 아랍인들 사이에는 소비재의 최신 유행을 쫓는 움직임과 그에 대한 갈망이 더욱 커졌다. 즉, 서구 사회처럼 광고는 아랍인들의 소비에 대한 열망을 더욱 부추겼다. 오늘날 아랍 지역에서 서구형 레저나 서구식 소비습관을 쉽게 목격할 수 있는 것도 바로 이러한 이유에서다.

그러나 1970년대 이후 서구식 소비문화의 무분별한 유입을 차단하기 위한 아랍 국가의 저항이 본격적으로 시작되었다. 아랍 지역에서는 식민

1960년대 아랍어로 된 광고
© oboudi (Flickr.com)

시대 이후에도 지속적으로 나타났던 서구의 문화제국주의를 탈피하기 위한 반서구 운동이 일었다. 정치적으로는 민족주의가 강화되었으며, 종교적으로는 이슬람 원리주의 운동이, 그리고 문화적으로는 서구 소비주의에 대한 반감으로 서구 물품 불매 운동이 벌어졌다. 이러한 움직임은 1979년에 일어난 이란혁명 이후로 더욱 극명하게 나타났다. 팔레비 왕통치하에 서구화를 적극적으로 추진하던 이란의 사회 분위기는 갑작스럽게 이슬람을 모토로 보수적으로 선회했고, 서구식 소비패턴은 최소한의 경우를 제외하고는 사라졌다. 특히 서구 소비문화를 주도하던 중산층의 지식인 여성들 사이에서 이슬람의 전통 의상이 다시 부활했으며, 베일을 쓴 여성에 대한 '정숙한 여성' 혹은 '진정한 무슬림'의 이미지도 재생산되었다. 이처럼 급격히 보수화된 사회에서 무분별한 서구 여성의 소비패턴을 따르는 여성에게는 '유럽의 인형' 혹은 '창녀'라는 딱지가 붙었다.

이슬람 원리주의자나 부흥주의자 역시 서구의 소비문화를 쾌락과 향락의 추구라는 면에서 반종교적으로 인식한다. 즉, 이들은 서구의 소비문화에 대해 상당히 부정적인 입장을 취하는데, 이는 서구문화를 퇴폐적이고 물질중심적인 문화로 간주하기 때문이다. 서구문화에 대한 이들의 부정적인 인식은 서구 물품 불매 운동과 전통에 대한 집착으로 귀결되었고, 이들은 이슬람교의 숭고한 가치를 '타락한' 서구문화에 대항할 최후의 보루로서 인식했다. 이러한 가치는 일반 무슬림에게도 확산되었다.

1970년대 이후 본격적으로 진행된 이슬람 원리주의 운동의 여파는 현재까지도 이슬람 사회 내부의 결속력을 공고히 하는 원동력이 되고 있다. 그런데 주목할 점은 소비를 매개로 아랍 사회가 다분화되고 있다는 것이다. 서구의 소비문화가 유입되고 이에 대한 무슬림 사회의 반작용이 있던 1970년대만 하더라도 이슬람 사회는 한 축으로는 이슬람의 전통과 보수를 지지하는 성향으로, 다른 한 축으로는 서구의 개방적인 문화를 지지하는 성향으로 양분되었다. 그러나 이러한 분열은 현대 소비사회의 발달과 더불어 가속화되어 현재 이슬람 시장은 전통과 서구라는 두 개의 양립된 가치 축보다는 글로벌화의 틀 안에서 다분화되고 있다. 이에 대해서는 '성향별로 본 무슬림 소비시장'에서 더욱 자세히 언급할 것이다.

## ☾ 지역별로 본 아랍의 소비시장과 소비문화

### 지리적 관점에서 본 아랍 국가

우리가 중동이라 부르는 지역은 문화적·정치적 관점에서 크게 아랍 국가와 비아랍 국가로 나뉜다. 중동 지역을 정의하는 방식은 학자마다, 그리고 국가의 정책마다 다르다. 일반적으로 합의된 중동 지역의 범주에는 아랍연맹에 가입한 22개국과 이스라엘, 이란, 터키를 포함한 비아랍 국가 3개국이 포함된다. 그러나 혹자는 알제리, 모로코, 튀니지, 그리고 이집트를 중동에서 떼어내 북아프리카군으로 따로 명명하기도 하며, 중앙아시아의 국가도 중동 지역의 범주에 포함시켜 '대중동Greater Middle East'으로 명명하기도 한다. 또 터키를 유럽의 일부로 간주하는 사람들도 있는데, 이는 유럽과 아시아에 걸쳐 있는 터키의 지정학적 위치와 유럽연합의 문을 계속해서 두드리고 있는 터키의 정치적·경제적 상황 때문이다.

중동에서 아랍 시장은 아라비아반도의 이슬람 성지인 메카를 중심으로 서쪽으로는 모로코와 모리타니까지 연결되는 대서양 해안, 동쪽으로는 아라비아 만, 북쪽으로는 지중해, 남쪽으로는 사하라사막과 인도양까지 걸쳐 있는 광활한 지역을 포함한다. 아랍 지역에는 현재 약 3억 명이 넘는 인구가 거주하고 있으며, 이들의 90% 이상은 무슬림이다. 아랍인은 일반적으로 아랍어라는 언어적 동질감, 셈족에서 기원한 아랍인으로서의 연대감, 그리고 이슬람이라는 종교적 정체성에서 자신의 뿌리를 찾는 사람들을 일컫는다. 이들은 중세 이후 이슬람 제국 내 분열과 외세의 침공, 그리고 근현대 세계열강에 의해 각기 다른 아랍 국가로 나눠지는 분할 정책이 시행되기 전까지는 이슬람 제국이라는 거대 제국에 편입되었던 사람들로, 오늘날까지도 '범아랍주의Pan-Arabism'라 불리는 강한 연대감으로 묶여 있다.

## 정치적 관점에서 본 아랍 국가

아랍 국가들은 근대 제국주의의 후퇴와 함께 과거 이슬람 제국의 명예를 되살리고, 아랍 세계의 통일을 추진하기 위해 1945년 이집트 주도로 아

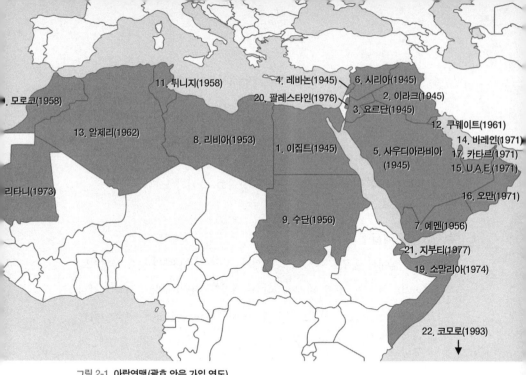

그림 2-1 **아랍연맹(괄호 안은 가입 연도)**

랍연맹을 결성했다. 아랍연맹의 최초 가입국은 사우디아라비아, 이라크, 시리아, 레바논, 예멘, 요르단 등 7개국이었으나, 이후 쿠웨이트, 오만, 바레인, 카타르, 리비아, 튀니지, 알제리, 모로코, 수단, 지부티, 팔레스타인이 추가로 가입한 후, 현재 아랍연맹 가입국은 총 22국에 이른다. 이들의 최초 목표는 아랍권의 통일이었다. 그러나 22개 연맹국 간 이해관계의 충돌, 지도자 간 주도권 다툼, 경제수준의 격차 등으로 말미암아 그 꿈은 무산되고, 현재 아랍연맹은 아랍 국가들 간의 유대 강화를 위한 기구로만 남아 있다.

이 책에서는 아랍연맹에 가입한 22개 국가 중 사하라 이남 지역에 위치한 지부티, 소말리아, 코모로, 모리타니를 제외하고, 북아프리카 지역(이집트, 수단, 리비아, 튀니지, 알제리, 모로코), 레반트Levant 지역(이라크, 시리아, 레바논, 요르단, 팔레스타인), 걸프 지역(사우디아라비아, 쿠웨이트, 바레인, 카타르, 아랍에미리트, 오만, 예멘)의 18개 아랍 시장의 소비자와 소비문화를 집중 탐구한다. 비록 아랍인들은 아랍어, 셈족, 이슬람교를 통해 문화적 동질감을 공유하기는 하지만, 시장의 관점에서 접근해보면 각 아랍 국가들은 경제수준에 따라 생활양식에 상당한 차이가 드러난다.

### 경제적 관점에서 본 아랍 국가

경제적 관점에서 아랍 지역은 크게 걸프 지역(사우디아라비아. 쿠웨이트, 아랍에미리트, 카타르, 오만, 바레인, 예멘), 레반트 지역(이라크, 시리아, 레바논, 요르단, 팔레스타인), 이집트와 수단을 포함한 북아프리카 지역이라는 세 개 블록으로 나눌 수 있다(KOTRA, 2009). 이 시장들은 지역별 소득 격차가 비교적 뚜렷하게 나타나는 편이다. 걸프 지역 중 예멘을 제외한 6개 산유국의 평균 국민소득은 약 4만 1,667달러로 생활수준이 높은 반면, 나머지 아랍 국가의 평균 국민소득은 약 4,706달러로 추산된다(표 2-1 참조).

한편 GCC(걸프협력회의) 지역은 아라비아반도에 위치한 국가군을 지칭한다. GCC는 1979년에 발생한 이란혁명을 계기로 설립되었다. 걸프 지역의 정치적 불안에 공동으로 대응하기 위해 1981년 사우디아라비아의 수도 리야드에서 사우디아라비아, 쿠웨이트, 아랍에미리트, 카타르, 오만, 바레인이 참여했다. GCC의 결성 목적은 회원국 간 경제와 안전보장에 대해 협력을 강화하는 것이다. GCC 국가의 경제구조는 석유 의존도가 높고 자국 내 제조업 기반이 거의 없다는 특징이 있다. 따라서 석유 및 에너지 자원을 제외한 모든 물자를 수입에 의존하며, 경제정책은 대체로 정부 주도로 이루어진다. 현재 GCC 국가들은 석유 고갈 시대를 대비해 석유 의존도를 줄일 목적으로 탈석유정책을 추진하고 있으며, 금융·물류·관광·교육·문화·스포츠의 중심지 조성을 목표로 산업 다각화를

표 2-1 **아랍 각 국가별 인구수 및 무슬림 인구 비율, 1인당 국내총생산(GDP)**

| 지역 구분 | 국가명 | 인구 (명) | 무슬림 인구 (%) | 1인당 국내총생산($) |
|---|---|---|---|---|
| 걸프지역 | 사우디아라비아 | 28,290,000 | 97.1 | 25,136 |
| | 쿠웨이트 | 3,250,000 | 86.4 | 56,374 |
| | 바레인 | 1,318,000 | 81.2 | 23,040 |
| | 카타르 | 2,051,000 | 77.5 | 93,825 |
| | 아랍에미리트 | 9,206,000 | 76 | 41,692 |
| | 오만 | 3,314,000 | 87.7 | 23,570 |
| | 예멘 | 23,850,000 | 99 | 1,494 |
| 레반트지역 | 이라크 | 32,580,000 | 98.9 | 6,625 |
| | 시리아 | 22,400,000 | 92.8 | - |
| | 레바논 | 4,425,000 | 59.7 | 9,705 |
| | 요르단 | 6,318,000 | 98.8 | 4,909 |
| | 팔레스타인 | 4,047,000 | 97.5 | - |
| 북아프리카 | 이집트 | 80,720,000 | 94.7 | 3,256 |
| | 수단 | 32,200,000 | 71.4 | 1,580 |
| | 리비아 | 6,155,000 | 96.6 | 10,456 (2009년) |
| | 튀니지 | 10,780,000 | 99.8 | 4,237 |
| | 알제리 | 38,480,000 | 98.2 | 5,348 |
| | 모로코 | 32,520,000 | 99.9 | 2,902 |

주 1: 1인당 국내총생산은 2012년 기준임. 단, 리비아는 2009년 기준임.
주 2: 걸프지역 인구수에는 외국인 이주민 수도 포함.
자료: 인구수와 1인당 국내총생산은 World Bank(2014), 무슬림 인구수는 *Guardian*(2011.1.28.).

추진하고 있다.

GCC 국가의 문화적 특징은 다른 아랍 국가에 비해 더욱 보수적이라는 점이다. 국가의 문화적·종교적 정체성 확립을 이슬람에서 찾는 이 국가들은 일상생활에서 이슬람 교리를 엄격하게 적용한다. 공공장소에서 남녀의 분리는 이상적인 가치로 여겨지며, 관습적으로 여성의 베일 착용은 필수로 간주된다. 또한 '후견인guardianship 제도'에 따라 여성의 이동은 남성에 의해 제한되며, 가장 보수적인 사우디아라비아에서는 여성의 운전도 관습법으로 철저히 금지된다. 그 결과 여성은 정치와 경제를 비롯한 사회 여러 분야에 대한 참여가 제한된다.

오일머니를 기반으로 한 구매력 향상으로 글로벌 소비시장에 더욱 적극적으로 동참할 수 있는 GCC 국가와는 달리, 비옥한 초승달 지역으로 지칭되는 레반트 지역과 북아프리카의 경제 상황은 다소 열악하다. 두 시장 모두 성장 잠재력이 큰 시장으로 간주되기는 하지만 계층에 따른 구매력 차이가 상당히 크다. 또한 두 지역 모두 이슬람의 종교적 교리에 지배되기는 하지만, 걸프 지역의 왕정 국가보다 문화적·종교적으로 훨씬 자유로운 사회 분위기를 바탕으로 여성의 사회 참여에 대한 사람들의 인식은 비교적 개방적이다.

이러한 아랍 사회의 다양한 사회 분위기를 고려해, 각 국가의 소비시장과 소비자에 대한 접근에서는 그에 맞는 차별적 전략이 필요하다. 앞으로 각 장에서 자세하게 설명하겠지만, 일반적으로 산유국인 걸프 지역의 부유하면서 보수적인 소비자에게 접근할 때는 소수 부유층을 위한 고급화 전략이 주효한 반면, 북아프리카와 레반트 지역의 소비시장에 접근할 때에는 생활필수품과 저가 상품, 그리고 여성의 사회활동을 고려해 여성 노동력을 대체할 수 있는 가전제품 시장도 주목할 만하다.

염두에 둘 점은 비록 이 시장의 주요 고객이 아랍 무슬림이기는 하지만 상품에 지나친 종교적 메시지를 반영하는 것은 오히려 역효과를 낳을 수 있다는 것이다. 아랍 지역에는 크게는 국가에 따라, 작게는 개인적 성향과 가치에 따라 보수적인 무슬림에서 개방적인 무슬림까지 다양한 성향의 소비자가 있기 때문이다. 또한 한 국가 내에서도 교육수준, 계층, 도시화, 글로벌화의 정도 등에 따라 다양한 범주의 소비자가 존재한다. 성향에 따른 무슬림 소비자 그룹에 대해서는 이어서 자세히 다룬다.

## 성향별로 본 무슬림 소비시장

시장조사 회사인 AMRB와 JWT는 지난 2009년 중동 지역 10개국 (알제리, 이집트, 요르단, 아랍에미리트, 사우디아라비아, 터키, 이란, 파키스탄, 말레이시아, 인도네시아)에 거주하는 무슬림 7,500명을 대상으로 무슬림의 소비성향을 분석한 바 있다. 이들은 무슬림의 성향을 자아, 성성, 친구와 가족, 세대 차이, 전통과 문화, 꿈과 열망, 방송과 광고, 생산과 서비스 등 다양한 항목을 중심으로 분석했다. 그 결과 무슬림의 성향은 가족 중심적이고, 전통을 중요하게 여기며, 교육열이 높고, 자신을 표현하는 욕구가 강하며, 서구 브랜드에 대한 호감도가 높다는 것 등으로 특징지어졌다. 이들은 분석 자료를 기반으로 각 국가 무슬림의 소비성향을 크게 다섯 그룹으로 분류했는데, '보수적인 무슬림conservatives', '뉴에이지 무슬림new age', '사회순응주의 무슬림societal conformist', '실용주의 무슬림pragmatic strivers', '자유주의 무슬림liberals'이 그것이다(Vohra, Bhalla and Chowdhury, 2009).

연구에 따르면, '보수적인 무슬림'은 일상생활에서 이슬람의 교리를 철저히 신봉하는 종교적으로 보수적인 사람들로, 이들은 스스로에게 종교적으로 엄격한 잣대를 적용할 뿐만 아니라 다른 사람에게도 이슬람교의 교리를 따를 것을 권한다. 또한 7세기 인물인 사도 무함마드를 가장 이상적인 모델로 간주한 결과, 21세기인 지금도 그의 언행을 그대로 따라야 한다고 생각한다. 특히 이성에 대해 보수적인 입장을 견지하기 때문에 여성의 정치·경제 활동에 부정적이며, 이성 간 접촉에도 매우 민감하다. 대체로 나이 든 사람들이 여기에 포함된다. 이들은 소비성향도 매우 보수적이다. 현대식 소비문화를 타락한 서구의 물질주의 유입으로 규정하며, 서구의 방송매체와 오락문화에 부정적인 입장을 취한다.

그림 2-2 **무슬림 소비자의 성향에 따른 분류**

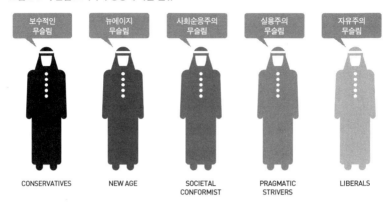

'뉴에이지 무슬림'은 종교적 보수주의자들처럼 종교적 성향을 띠지만, 다른 사람에게 자신의 종교적 신념을 강요하지는 않는다. 이들은 무슬림 여성의 지위 향상과 남녀평등에 관심이 많다. 뉴에이지 무슬림은 일상생활에서 이슬람의 교리를 엄격히 준수하면서도 글로벌 시대에 민감하게 반응한다. 따라서 새로운 최신 기술에도 능하며 인터넷의 장점을 적극 인정하고 수용한다. 주로 도시의 중·상류 계층이 이 그룹에 속하며, 이들은 종교적이면서도 패션과 같은 세속적인 분야에도 관심이 많다. 이 그룹에 속한 무슬림 여성은 전통적인 이슬람의 복장인 히잡 착용을 지지하지만, 이를 자신만의 스타일로 해석해 새로운 유행을 창출한다. 또한 서구의 글로벌 브랜드에 맞서 이슬람식 메시지가 담긴 자신들만의 상품을 새롭게 만들기도 하는데, 대표적인 예로 이슬람식 콜라인 '메카콜라', 무슬림 여성을 위한 수영복인 '부르끼니'가 있다. 전통적인 교리를 존중하면서 서구의 편리함을 적극 수용하는 이들의 실용적인 성향은 자녀 교육에서도 나타난다. 이들은 신기술을 활용해 자녀들에게 이슬람의 전통과 가치를 강조하는 교육을 하는데, 대표적인 예로 이슬람의 역사 콘텐츠를 활용한 게임이 있다.

주로 저소득층 남성으로 구성된 '사회순응주의 무슬림'은 이슬람의 사회적 가치를 고수해야 한다고 믿는다. 이들은 전통적 가치 수호를 중시하면서도 변화에 순응하는 태도 또한 보인다. 소비에서 이들은 주로 사회의 주요 트렌드를 좇는 성향을 나타낸다.

'실용주의 무슬림'은 전통에 집착하지 않는 야심찬 무슬림으로 평가받는다. 이들은 새로운 것에 마음이 항상 열려 있는 개방성을 띠기는 하지만, 이슬람의 전통이 가장 안전한 보루 역할을 한다고 간주하기 때문에 살아가면서 종교적 가치와 타협하기도 한다. 소비에서 이들은 뉴에이지 무슬림 또는 자유주의 무슬림과 비슷한 성향을 보이는데, 상황에 따라 변하는 자신들의 가치에 부합하는 소비를 하기 때문이다.

마지막으로 '자유주의 무슬림' 그룹은 타 문화에 대해 개방적인 모습을 보이며, 포용적이고 독립적이며 강하다. 이슬람의 전통과 종교에 집착하지 않으며, 다른 그룹에 비해 주로 젊은 층이 주류를 이룬다. 서구식 삶의 패턴에도 익숙하며, 최신 뉴스와 비즈니스, 음악과 여행을 즐기는 사람들이 여기에 포함된다.

무슬림 소비자 성향을 분석한 이 연구에서 다음과 같은 시사점을 찾을 수 있다. 현재 전 세계적으로 무슬림 인구는 약 16억 명으로 추산된다. 이 중 아랍 지역에 거주하는 무슬림 인구는 3억 명이 조금 넘는다. 비록 이슬람이라는 하나의 종교로 묶여 있고 서로 유대감과 동질감을 형성하고 있으나, 이들은 절대 하나의 동일한 집단이 아니라는 것이다. 이들 내부에는 사회계층, 교육수준, 종교성에 따라 다양한 성향의 소비자가 존재한다. 따라서 우리는 기존처럼 아랍 시장을 보수적인 무슬림 시장과 서구의 소비문화를 모방하는 개방적인 무슬림 시장으로 양분하면 안 될 것이다. 아랍 지역에 다양한 무슬림 그룹이 존재하는 것처럼 이들의 입맛도 세분화되었기 때문이다. 결국 아랍 시장에 접근할 때 아랍 무슬림

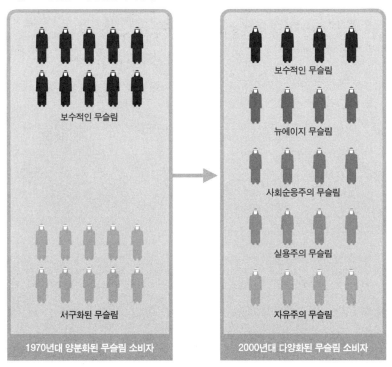

그림 2-3 **무슬림 소비자 성향의 다양화**

보수적인 무슬림

서구화된 무슬림

**1970년대 양분화된 무슬림 소비자**

보수적인 무슬림

뉴에이지 무슬림

사회순응주의 무슬림

실용주의 무슬림

자유주의 무슬림

**2000년대 다양화된 무슬림 소비자**

의 다양성을 무시한 채 일반화된 종교적 색채만을 지나치게 강조한다면 실패는 불 보듯 뻔한 결과일 것이다. 그러한 전략은 아랍의 틈새시장 중에서도 아주 작은 시장을 공략하는 결과를 낳을 것이기 때문이다.

아랍 무슬림 소비자 중 우리가 특히 주목해야 할 부류는 '뉴에이지 무슬림'과 '실용주의 무슬림', 그리고 이들의 소비성향을 그대로 모방할 '사회순응주의 무슬림'이다. 이들은 이슬람교의 가치를 옹호하는 동시에 서구 문명의 편안함을 수용하는 유연한 입장을 취하는 신세대 무슬림이다. 또한 새로운 기술을 활용해 서로 연결되어 있고, '마우스 클릭 한 번'으로 순식간에 다른 소비자와 정보를 공유할 수 있는 능력을 보유하고 있다.

# Chapter 3

# 아랍 무슬림 소비행태의
## 다양한 동인

서구의 다국적기업은 최근 연간 2조 달러에 달하는 이슬람 시장을 공략하고자 이슬람 소비시장과 무슬림 소비자에 대한 연구에 열을 올리고 있다. 다국적기업들은 무슬림 소비성향에 대한 연구 결과를 바탕으로 글로벌 트렌드에 부합하면서도 이슬람의 종교적 가치를 담은 다양한 물품을 출시하고 있다. 코카콜라를 대체하는 메카콜라, 바비 인형을 대신하는 폴라와 라잔, 맥도널드의 할랄 치킨 너겟의 출시가 '시장'과 '종교'의 조우 현상을 반영한다. 또한 다국적기업들은 다양화된 이슬람 시장 진출을 위해 계층에 따라 다른 진출 전략을 선보이기도 한다. 일례로 이들은 소수 아랍의 부호를 대상으로 고급차와 다이아몬드로 장식된 고급 휴대전화를 출시하는 등 이른바 '명품' 마케팅을 펼쳐 성공을 거두기도 했다. 명품 마케팅은 체면과 명예를 중시하는 아랍 무슬림의 문화코드에 적중했으며, 아랍 시장 진출에 성공할 수 있었다. 한국 기업도 이러한 기류를 타고 아랍 상류층을 대상으로 금장이 둘러진 명품 TV, 다이아몬드가 박힌 고급 신용카드, 크리스털로 장식된 명품 냉장고와 세탁기를 출시하는 등 이른바 고급화 마케팅을 펼치기도 했다. 그런데 명품 TV와 신용카드의 마케팅은 성공을 거둔 반면, 명품 냉장고와 세탁기의 마케팅은 실패로 돌아갔다. 그렇다면 아랍 시장에서 성패를 가르는 요인은 무엇일까? 이들의 소비를 결정하는 기제는 과연 무엇일까?

소비이론에 따르면, 소비자가 어떤 물건을 구매하는 데는 보통 다음의 다섯 단계를 거친다. 첫째, 소비자가 어떤 물품에 대한 구매의 필요성을 느끼거나 욕구를 인식하는 필요성 '인식 단계', 둘째, 광고, 홍보, 인터넷 사용 후기 또는 친구나 가족으로부터 '정보를 탐색하는 단계', 셋째, 모은 정보를 비교·평가해 자신의 취향과 처지에 가장 알맞은 물건을 선별하는 '평가 단계', 넷째, 구체적 '구매 행동을 하는 단계', 다섯째, '구매 후 만족도를 평가하는 단계'가 그것이다.

소비자가 상품에 대한 구매의 필요성과 욕구를 느끼고 이를 구체적으로 실행에 옮기기까지 구매 의사 결정의 전 과정을 주관하는 동인에는 심리적 요인(개성, 동기, 인지), 개인적 요인(연령, 라이프 스타일, 직업 및 경제적 상황), 사회적 요인(준거집단, 가족, 롤모델), 문화적 요인(전통 가치, 하위문화) 등이 있다(이동철 외, 2008: 63~67). 그렇다면 아랍인들의 소비 동인은 무엇일까? 이들의 소비를 결정하는 문화적 특징은 무엇일까? 이러한 질문에 답하기 위해 이번 장에서는 아랍 무슬림의 사회 환경의 변화와 정치·종교를 포함한 환경적 요소를 분석하며, 무슬림의 소비행태를 결정짓는 요소들을 다방면에 걸쳐 소개한다.

# 아랍 무슬림 소비행태의 기술적·환경적 동인: 대중매체의 발달

아랍인에 대한 일반적 인식은 종교와 전통에 대한 그들의 집착이다. 그래서 우리는 일반적으로 아랍 지역에 사는 사람들이 인터넷과 스마트폰 등 IT와 거리가 멀다고 생각한다. 그러나 후술하듯이 아랍 무슬림 소비자의 구매 결정에 가장 큰 영향을 미치는 요소 중 하나는 놀랍게도 바로 IT다. 아랍 지역 거주민들 역시 타 지역에 사는 그들의 이웃과 마찬가지로 위성 TV와 인터넷, 그리고 페이스북과 트위터 등 글로벌 대중매체의 대중화로 '서로 연결되어' 있으며, 글로벌 문화에 노출되어 있다. 그 결과 오늘날 아랍 무슬림도 세계인의 소비문화에 적극적으로 동참하고 있다. 이는 결국 아랍 무슬림의 소비행태도 세계경제의 틀에서 이해해야 함을 의미한다. 이에 이 장에서는 아랍 무슬림 소비자의 글로벌 소비문화 노출에 대한 배경을 이해하기 위해 이 지역의 위성 TV와 인터넷 발달 과정을 우선적으로 살펴본다. 역사적 측면에서 아랍 지역 대중매체의 발달은 크게 도입기인 식민 시대, 발전기인 탈식민 시대, 그리고 미디어 혁명기인 1990년대 이후를 포함해 세 단계로 구분할 수 있다. 각 시대의 특징은 다음과 같다.

## 아랍 지역 대중매체의 발달과 생산의 패러다임 변화

### 식민 시대: 도입기

아랍의 대중매체는 식민 시대 서구의 인쇄매체의 도입으로 시작되었다. 콘텐츠는 주로 서구의 선진 문화를 선전하면서 식민 지배를 침략이 아닌 발전과 계몽으로 정당화하고 기독교 선교 활동을 찬양하는 내용으로 이루어졌다. 대중매체의 시작이 서구의 수입문화였던 만큼 당시 아랍 일반 대중에게 대중매체는 '외래적인 것'이라는 인식이 일반적이었다. 이와 함께 서구의 식민 지배에 부정적이었던 일부 지식인들 사이에서 인쇄매체나 라디오와 같은 대중매체는 부정적으로 인식되기도 했다(Ayish, 2001: 113). 그러나 역설적이게도 대중매체는 아랍 대중에게 '양날의 칼'로 작용했다. 아랍의 독립을 주창하는 민족주의자들 역시 대중매체를 서구의 식민 지배에 저항하는 도구로 이용했기 때문이다. 아랍 독립운동가들은 인쇄매체와 라디오 등 당시 주력 대중매체 중 비교적 자금이 적게 드는 신문과 책을 통해 아랍의 독립정신을 피력했다. 그러나 이러한 매체들은 글을 읽을 수 있는 계층에게만 유효했던 탓에 당시 정보는 일부 지식인과 엘리트 계층의 전유물이었다.

## 발전기: 탈식민 시대

1950년대 아랍 국가들이 서구로부터 독립하자 아랍 국가들은 독자적으로 방송국과 출판 장비를 구축했다. 첫 삽을 뜬 국가는 이라크였다. 이라크는 1956년 아랍 세계에서는 최초로 국영 TV 방송국을 열었다. 이라크 방송은 왕정을 전복한 혁명정치세력의 정당성과 당위성을 선전하기 위한 정부의 필요에 따라 등장한 것이다. 이라크를 필두로 주변 국가에서는 서구 식민 지배의 종료와 함께 현대적인 대중매체를 앞다퉈 구축하기 시작했다. 특히 기존 왕정을 무너뜨리고 혁명 정부가 들어선 이집트에서는 방송을 통해 아랍 민족주의, 아랍 사회주의, 반식민주의 등 정치적인 메시지를 배포했다. 반면 기존의 왕정 체제를 유지하고 있던 걸프 지역의 사우디아라비아에서는 이집트와 이라크 혁명정부의 이데올로기가 확산되는 것을 막기 위해 방송국 개국을 서둘렀다. 1970년대까지 영국의 통치하에 있던 걸프 지역 국가들과 재정적으로 취약한 오만과 예멘의 경우를 제외하고 대부분의 아랍 지역 국가에서 1960년대에 국영 TV 방송국을 개국했다.

서구로부터 독립한 신생 아랍 국가에서는 당시 현대화 프로젝트가 대대적으로 시행되었다. 그 결과 국민의 교육수준은 향상되었고 문자 해독률도 높아졌다. 따라서 전 시대에는 일부 엘리트 계층의 전유물이었던 정보가 일반 대중에게까지 전달될 수 있었다. 그러나 방송의 내용은 국가의 통제하에 있었으며, 엄격한 검열을 거친 후에야 일반 대중에게

표 3-1 **아랍 각 국가의 TV 방송국 개국 현황**

| 국가명 | 개국 연도 |
| --- | --- |
| 이라크 | 1956 |
| 레바논 | 1959 |
| 이집트 | 1960 |
| 시리아 | 1960 |
| 알제리 | 1962 (프랑스 통치 1956~1962) |
| 쿠웨이트 | 1962 |
| 수단 | 1962 |
| 모로코 | 1962 |
| 사우디아라비아 | 1965 |
| 튀니지 | 1966 |
| 리비아 | 1968 |
| 두바이 | 1968 |
| 요르단 | 1968 |
| 남예멘 | 1969 (영국 통치 1964~1967) |
| 아부다비 | 1969 |
| 카타르 | 1970 |
| 바레인 | 1972 |
| 오만 | 1974 |
| 북예멘 | 1975 |

자료: Rugh(2004).

전달될 수 있었다. 정부의 규제를 피해 1970년대 초반에는 카세트가, 1970년대 후반에는 비디오가 암시장에서 배포되기도 했다. 정부는 엄격한 정보 규제를 통해 국가의 리더십에 순종적인 국민을 양산할 수 있었다. 특히 TV는 신문과 같은 인쇄매체보다 전달 속도나 전달 범위 면에서 훨씬 효율적이었으며 관리하기도 쉬웠다. 글을 모르는 사람조차 정부가 생산한 방송을 접할 수 있었으며, 이를 통해 정부는 효과적으로 대중을 관리할 수 있었다.

미디어 혁명기: 1990년대 이후부터 현재까지

1990년대 기술 발달과 자본 투입으로 아랍의 대중매체는 새로운 도약기

에 접어들었다. 이 시기는 세계적으로 디지털화된 정보가 격증된 시기로, '아랍의 미디어 혁명기'로 일컬을 수 있다. 아랍 지역 위성 TV 발전의 배경에는 1991년에 발발한 걸프전쟁이 있다. 걸프전쟁 당시 전황을 24시간 실시간으로 전달하던 CNN의 활약상을 접한 아랍 지역 국가들은 문화적 충격을 받았고, 선진화된 방송매체의 새로운 패러다임을 적극 수용했다. 그러나 이슬람 문화권에 속한 시청자들의 정서를 고려해 방송 내용 면에서 '아랍인의, 아랍인에 의한, 아랍인을 위한' 위성 TV 방송을 계발해야 한다는 필요성을 절감했다. 이러한 인식을 바탕으로 아랍 지역에서는 이집트가 가장 먼저 위성 TV 방송을 해외로 송출하기 시작했다. 20세기부터 아랍 지역 방송의 메카로 활약했던 이집트는 1991년 걸프전쟁의 종결과 함께 자국 방송인 ESC Egypt Space Channel를 통해 쿠웨이트에 주둔하는 자국민 병사들을 위한 해외 위성 TV 서비스를 제공했다. 이후 아랍 지역의 위성 TV 채널 수와 시청자 수는 폭발적으로 증가했다.

1990년대 초반부터 2000년대 초반까지 10년간 아랍 지역 방송의 패러다임은 자본력에 따라 걸프 지역으로 옮겨진 이래 현재까지 지속되고 있다. 아랍 지역 미디어 혁명은 오일머니를 바탕으로 경제력을 갖춘 사우디아라비아의 주도로 시작되었다. 종교적·정치적 이데올로기로 방송 내용을 재단하던 이전 시대와 달리 상업성을 띤 다양한 내용의 방송이 아랍 세계 안팎으로 전송되기 시작했다. 1991년 런던에는 사우디아라비아의 살레 카멜 Sheikh Saleh Kamel과 왈리드 빈 이브라힘 알 이브라힘 Sheikh Walid bin Ibrahim Al-Ibrahim 의 주도로 MBC Middle East Broadcasting Centre가 출현했다. 두바이에서는 EDTV Emirates Dubai Television가 1992년에 위성 TV 방송을 시작했고, 1993년에는 사우디아라비아의 살레 카멜이 MBC에서 분리되어 유료 채널인 ART Arab Radio Television를 설립했다. 그 후 요르단, 모로코, 시리아, 예멘에서도 위성 TV 방송국이 설립되었다.

표 3-2 **아랍 민영 위성 TV 네트워크**

| 위성 TV | 소유자 국적 | 개국 연도 | 수신 요금 | 본부 소재지 |
|---|---|---|---|---|
| MBC | 사우디아라비아 | 1991 | 무료 | 두바이 |
| ART | 사우디아라비아 | 1994 | 유료 | 카이로 |
| Orbit | 사우디아라비아 | 1994 | 유료 | 로마/마나마 |
| Future TV | 레바논 | 1995 | 무료 | 베이루트 |
| LBCI | 레바논 | 1996 | 무료 | 베이루트 |
| Al-Jazeera | 카타르 | 1996 | 무료 | 도하 |
| ANN | 시리아 | 1997 | 무료 | 런던 |
| Al-Manar | 레바논 | 2000 | 무료 | 베이루트 |
| Al-Mustaqilla | 튀니지 | 2000 | 무료 | 런던 |
| NBN | 레바논 | 2000 | 무료 | 베이루트 |
| Dream TV | 이집트 | 2001 | 무료 | 카이로 |
| Zayn TV | 레바논 | 2001 | 무료 | 두바이 |
| Al-Mihwar | 이집트 | 2002 | 무료 | 카이로 |
| Al-Khalifa | 알제리 | 2002 | 무료 | 파리 |
| Al-Arabiya | 사우디아라비아 | 2003 | 무료 | 두바이 |

자료: Rugh(2004: 219).

## 방송 패러다임의 변화: 자유롭게, 그러나 아랍식으로

아랍 세계는 1990년 초반 위성 TV와 인터넷 도입 등 대중매체의 혁명기를 거치면서 세계문화에 적극적으로 노출되기 시작했다. 앞서 언급한 바처럼 위성 TV 도입 전 아랍 세계의 방송매체는 주로 정부로부터 검열과 규제를 받았다. 광고와 TV 프로그램은 정부의 입맛과 이슬람 문화권의 정서에 맞게 보수적으로 편성되었고, 방송은 시청자 중심이 아니라 국가의 정책 중심으로 편성되었다(Ayish, 2001: 116). 그러나 1990년대에 등장하기 시작한 위성 TV, 케이블 TV, 그리고 방송의 디지털화는 아랍의 '전자 미디어 혁명기electronic media revolution'로 일컬어질 정도로 방송문화의 패러다임을 변화시켰다. 그 결과 1990년대 중반 이래 방송의 패러다임은 '억압으로부터의 해방과 자유'라는 문화 콘텐츠로 이동했다. 1996년에는 레바논 최초의 민간 위성 채널인 LBCLebanese Broadcasting Corporation

**알자지라 영어 방송의 뉴스룸**
© Wittylama(wikipedia.org)

와 레바논 총리였던 라피크 하리리Rafic Al-Hariri가 설립한 퓨처TV Future TV
가 오락 채널을 중심으로 새로운 방송문화를 이끌었으며, 같은 해 카타
르의 알자지라Al-Jazeera가 '편견 없는 뉴스'를 모토로 출범해 아랍의 위성
TV 시장은 새로운 국면으로 접어들었다. 레바논과 카타르의 위성방송은
그동안 정부의 엄격한 규제에 벗어나 좀 더 자유롭고 적극적인 방식으로
뉴스를 전달하고 민감하고 터부시되던 정치와 종교 이슈를 토크쇼에서
공개적으로 다루는 등 과거에는 사적인 공간에서만 토론되던 주제를 공
적인 장소에서 공론화하는 역할을 했다. 레바논과 카타르의 위성방송의
가장 큰 성취는 '아랍에 의한, 아랍인을 위한 콘텐츠The content is by Arabs
and for Arabs' 개발로, 서구의 관점에서만 소개되던 다양한 이슈를 아랍이
라는 문화적 틀에서 조명했다는 점이다(Rugh, 2004: 202).

　현재 아랍의 방송 시스템은 크게 각국의 국영방송, 민영 위성방송, 국
영 위성방송으로 구성된다. 위성 TV를 통해 자국 방송과 서구의 다양한
미디어 콘텐츠를 접할 수 있게 된 아랍인들의 시청 형태 역시 다양해지
고 세계화되었다. 그 결과 이전에는 국가의 검열로 재단되어 시청자에게
전달되던 일방적 의사 표현 형식은 전화나 문자 메시지를 비롯해 여러

가지 방식으로 상호 교환되는 형태로 발전했다. 이제 아랍인에게 대중매체는 상호 소통의 장이 된 것이다.

## 아랍 지역 인터넷과 휴대전화의 보급

1969년 미국 국무성의 군사적 네트워크 구축을 목적으로 등장한 인터넷은 1990년대 상용화 과정을 거친 이래 세계적인 정보 제공 매체로 자리매김해왔다. 사람들은 인터넷을 정보 검색이라는 일차적인 목적 이외에도 영화나 음악, 온라인 게임 등 오락과 교육의 도구로 사용하고 있다. 그뿐이 아니다. 인터넷의 활용 영역은 점차 넓어져 쇼핑의 도구로 사용될 뿐 아니라 요즘에는 사람 간 의사소통을 도모하며 서로를 연결하는 소셜 네트워킹의 도구로 사용된다.

아랍 지역에서 인터넷은 1990년 초반 튀니지가 처음으로 인터넷에 연결되면서 최초로 등장했다. 이후 인터넷의 확산은 위성 TV와 마찬가지로 걸프전쟁 후 본격적으로 시작되었다. 쿠웨이트는 걸프전쟁 후 국가 복구 사업 차원에서 1992년부터 걸프넷Gulfnet을 통해 최초로 민간에게 인터넷 서비스를 제공했다. 걸프넷의 첫 소비자는 쿠웨이트 대학교로, 이 대학교는 아랍 세계에서 학생들에게 인터넷 무료 접속을 허용한 아랍 최초의 대학교가 되었다. 덕분에 쿠웨이트에서는 과학자, 학자, 학생이 최초의 인터넷 사용자가 되었고, 이후 인터넷 사용은 비즈니스와 정부로 확대되었다. 쿠웨이트의 인터넷 대중화를 계기로 1993년에는 이집트, 터키, 아랍에미리트에서 인터넷이 연결되었으며, 1994년에는 요르단에서 인터넷이 연결되었다.

아랍 지역 인터넷은 위성 TV에 비해 사용에 많은 한계가 있었다. 존 앨터먼Jon B. Alterman(1998)은 초기 아랍 지역 인터넷 확산의 장애 요소로 언어 장벽, 비싼 인터넷 연결 비용, 정부의 규제 등을 지적했다. 특히 아랍 국가들은 정부가 인터넷 시장을 독점해 국민에게 보급되는 정보의 질과 양을 결정한다. 아랍 국가에서는 정보의 검열이라는 정치적인 이유로 인터넷 서비스 제공 시장을 독점하고 있으며, 민간 회사가 이 시장에 진입하는 것을 차단해왔다.

하지만 이러한 상황에서도 아랍 젊은이들은 일상생활에서 다양한 수단과 목적으로 인터넷을 즐기고 있다. 특히 2010년 튀니지에서 발발한 이른바 '재스민 혁명'과 이후 아랍 전 지역으로 확산된 민주화 운동인 '아랍의 봄'은 아랍 지역 젊은이들의 인터넷 사용이 정치에 어떤 파급효과를 나타내는지 잘 보여준 사건이다.

갤럽(Gallup, 2011)의 통계에 따르면, 아랍 지역 젊은이들 대부분이 인터넷과 휴대전화를 사용하고 있으며, 무슬림 젊은이들의 정보 수집과 전달 능력은 그 어느 때와도 비견할 수 없을 정도로 빨라졌다. 15세에서 29세 젊은이를 대상으로 아랍 젊은이들의 정보통신기술 접근성과 관련한 한 조사에서 휴대전화 사용 비율이 2009년 79%에서 2010년 87%로 상승했다는 결과가 나왔다. 인터넷, 휴대전화와 같은 정보통신기술에 대한 접근성은 표에서 보는 바와 같이 특히 정보 수집에 취약한 저소득층에서 더욱 상승하는 추세다(표 3-3~3-5 참조). 앞으로 점점 더 많은 아랍 젊은이들이 인터넷의 발달과 대중매체의 글로벌화, 그리고 아랍 지역 내 글로벌 브랜드의 확산 등으로 글로벌 젊은 세대의 문화에 노출되고 그들과 동질성을 공유하게 될 것으로 보인다.

아랍 지역의 인터넷 환경 개선과 휴대전화 보급에 따른 소비시장의 가장 큰 변화는 바로 온라인 시장의 활성화다. 이를 반증하듯 아랍 국가에서는 가장 보수적으로 인식된 사우디아라비아에서조차 전자상거래가 빠른 속도로 성장하고 있다. 시장보다 더 싸게 더 다양한 물품을 구매할 수 있다는 장점 때문에 사우디아라비아의 소비자들은 한 해 150억 리얄(약

표 3-3 **15~29세 아랍 젊은이들의 정보통신기술 접근성**

| 구분 | 2009년 | 2010년 | 증가 폭 |
|---|---|---|---|
| 집에서 사용하는 휴대전화 | 79% | 87% | +8%p |
| 밖에서 사용하는 인터넷 | 59% | 62% | +3%p |
| 집에서 사용하는 인터넷 | 19% | 22% | +3%p |

표 3-4 **국가의 경제력에 따른 15~29세 아랍 젊은이들의 휴대전화 접근성**

| 구분 | 2009년 | 2010년 | 증가 폭 |
|---|---|---|---|
| 고소득 국가 | 99% | 98% | -1%p |
| 중간 소득 국가 | 79% | 87% | +8%p |
| 저소득 국가 | 72% | 81% | +9%p |

표 3-5 **국가의 경제력에 따른 15~29세 아랍 젊은이들의 인터넷 접근성**

| 구분 | 집에서의 접근성 | | 밖에서의 접근성 | |
|---|---|---|---|---|
| | 2009년 | 2010년 | 2009년 | 2010년 |
| 고소득 국가 | 69% | 71% | 93% | 86% |
| 중간 소득 국가 | 18% | 22% | 63% | 69% |
| 저소득 국가 | 7% | 9% | 39% | 33% |

자료: Gallup(2011).

4조 720억 원)을 온라인 쇼핑을 하는 데 쓰고 있다. 특히 2013년 이드 알
피뜨르eid al-fitr* 때 사우디아라비아의 온라인 쇼핑 규모는 3억 리얄(약
814억 원)에 달하기도 했다(*Arab News*, 2013년 8월 31일 자).

### '아랍의 봄'으로 본 아랍 디지털 세대의 특성

일상적으로 널리 사용되는 '세대'라는 개념은 사실 다양한 의미를 포괄한
다. 세대의 영어 단어인 'generation'은 그리스어 'genos(게노스)'에서 기
인한 것으로, 'genos'는 '출현하다'라는 뜻이다. 이는 새로운 구성원의 탄

---

•    이드 알 피뜨르는 이슬람교의 2대 축제 중 하나로 라마단이 끝나면 3일 동안 지속된다.

생, 또래 집단, 일정한 생애 단계로의 도달 등 다양한 의미로 사용되었다 (이종원·김영인, 2009: 11). 즉, 세대는 부모와 자식, 선조와 후세라는 생물학적 구분에서 사용되기도 하며, 일상생활에서 직면하게 되는 사회적 연력과 연령 집단의 의미로 쓰이기도 한다. 또는 역사적 특정 사건을 계기로 구분되기도 하고, 문화적 특성에 따라 구분되기도 한다. 그런데 세대가 어떤 기준으로 구분되건 공통적인 현상은 세대가 한 집단 내에서 새로운 존재의 출현을 의미하며 이런 면에서 한 사회의 구성원 간 동질감과 이질감을 동시에 지칭하는 상대적인 의미로 사용되어왔다는 점이다.

세대를 문화적인 특성 혹은 한 세대의 '문화적 담지자'라는 차원에서 정의할 때(김기환·윤상오·조주은, 2009: 142) 시대의 흐름에 따라 세대를 구분하는 단어 역시 유행처럼 변해왔다. 일례로 제2차 세계대전이 끝나고 한창 출생률이 높았던 1946~1965년 사이에 태어난 '베이비붐 세대', 1971~1984년 사이에 태어난 자기중심적이고 소비와 유행에 민감한 'X세대', 베이비붐 세대의 자녀들로 1970년대 말에서 1980년대 사이에 태어나 서구식 생활에 거부감이 없고 쇼핑을 즐기는 'Y세대', 그리고 네트워크network와 시티즌citizen의 합성어인 '네티즌'으로 불리며 컴퓨터 통신을 통해 정보를 교환하고 여론을 형성하는 정보화사회의 신세대인 'N세대'가 있다. 네티즌에게 컴퓨터는 이제 생활필수품이 되었다. 그래서 컴퓨터 통신과 인터넷을 통해 형성된 풍부한 정보와 지식으로 자신의 의견을 적극적으로 표현하고 있다. 컴퓨터에 능통한 N세대의 출현과 함께 최근에는 '글로벌 D세대' 혹은 '디지털 세대'로 불리는 새로운 세대가 주목받고 있다. 이들은 지식정보사회의 새로운 공간 개념인 '사이버스페이스cyber space', '사이버유목민cyber nomads', 혹은 사회관계의 새로운 형태인 '접속사회networked/connected society', 새로운 정부 형태인 '전자정부e-government' 등 사이버공간의 등장에 따른 새로운 개념들의 창출과 그 맥락을 같이한다.

디지털 세대란 태어나서 일반적으로 디지털 환경에 익숙한 채 자라온 이들로, 주로 1977~1997년 사이에 태어난 이들을 지칭한다. 이들의 특징은 다른 세대에 비해 디지털 기기에 대한 접근성과 활용도가 높고, 생산이나 유통 등의 활동에 적극적으로 개입하며, 참여지향적인 조직관을 지니고 있다는 것이다. 소비생활에서는 과거 수동적인 태도에서 벗어나 생산과정에 적극적으로 개입하여 생산자producer이자 소비자consumer로서의 지위를 획득하는 '프로슈머prosumer'의 역할을 하고 있으며, 정치적으로는 온라인 공간을 활용한 정보 공개와 공유를 통한 시민 참여가 활성화되면서 대의민주주의의 한계를 넘어 직접민주주의를 실현하기도 한다(김기환·윤상오·조주은, 2009). 반면 사회적 측면에서 이들은 새로운 관계 형성에 서툴고 싫증을 잘 내며 반항적인 모습을 보이기도 한다. 또한 소비 측면에서 이들은 글로벌 문화에 노출되어 세계의 다른 젊은이들과 비슷한 취향을 지니고 동질적인 소비 현상을 공유하는 경향이 있다. 디지털 세대의 동질화된 소비문화는 인터넷이나 대중매체, 그리고 글로벌 브랜드와 거대 유통기업을 통해 전 세계적인 소비 취향을 공유할 수 있다는 데에서 기인한다(이승현, 2008).

이슬람 지역도 1990년대 초반 걸프전쟁을 계기로 디지털 시대가 본격적으로 개막했다. 앞 장에서 언급했듯이, 걸프 지역에서는 전후 복구 사업의 일환으로 다른 아랍 지역보다 먼저 인터넷, 위성 TV, 휴대전화를 적극적으로 보급하기 시작했으며, 이는 이웃 국가에 빠른 속도로 영향을 미쳤다. 특히 위성 TV와 인터넷 등을 통한 정보의 대중적인 보급은 아랍 사회에 '새로운 무슬림 대중'의 출현을 가능하게 했다(Eickelman and Anderson, 1999). 그동안 아랍 국가에서는 다루기 쉬운 순종적인 국민 양성과 독재정권의 장기 집권을 위해 정보를 규제하는 정책을 펴왔다. 국가는 국민의 눈과 귀로 들어가는 모든 정보를 검열했으며, 국민의 입은 곳곳에 포진된 비밀경찰에게 감시당했다. 그러나 1990년대 후반 이후 위성 TV와 인터넷, 휴대전화의 등장으로 과거 전통적인 국민 억압 매체로부터 자유로워진 무슬림들은 이제는 소셜 미디어를 통해 전 세계 사람들과 더욱 폭넓게 정보를 교환할 수 있게 되었다. 전례 없이 개방적이고 접근성 높은 형태의 대화 수단 덕에 무슬림 사회에서 전통적인 정치권력과 종교권위가 때로는 위협받기도 한다. 새로운 미디어의 영향으로 송신자와 수신자 간의 구분은 모호해지고, 정보 생산자와 소비자 또한 애매해졌다. 새로운 형태의 미디어에 국민들은 적극적으로 참여하며, 공적인 것과 사적인 것의 경계도 사라지게 되었다. 또한 정보의 생산자와 소비자, 수신자와 송신자의 구분이 모호해진 상태에서 사람들에게 전해진 정보는 재해석되어 전혀 다른 형태로 재생산되고 있다. 게다가 개인은 누구든지 정보를 생산할 수 있으며, 이는 소셜 네트워크를 통해 쉽게 국내외로 확산될 수 있다.

아랍의 디지털 혁명과 '새로운 대중'의 부상으로 인한 가장 대표적인 사례로 '아랍의 봄'을 들 수 있다. 혁명은 온라인에서 먼저 불붙었다. 이웃국인 튀니지의 벤 알리Ben Ali 대통령의 장기 집권과 실정에 항의하는 시위를 페이스북이나 트위터 등 소셜 네트워크를 통해 접한 이웃 아랍 청년들이 혁명의 주축이 되었다. 튀니지 혁명의 여파는 부싯돌의 불꽃처럼 전 아랍 세계로 퍼졌다. 아랍 시민혁명의 결과 그동안 장기 독재를 해 왔던 리비아, 튀니지, 이집트, 예멘의 지도자가 축출되었고, 시리아는 아직 진행 중이다.

이러한 혁명의 특징은 시민들이 성별이나 종파, 세대에 관계없이 독재정권에 마침표를 찍기 위해 길거리로 나섰다는 점이다. 그러나 특정 인물이나 특정 이데올로기를 지지했던 기존 혁명의 성격과 달리 아랍의 봄

**2011년 아랍 전역으로 번진 '아랍의 봄'. 왼쪽 위부터 시계방향으로 이집트, 튀니지, 예멘, 바레인, 시리아, 리비아에서 벌어진 시위 모습.**
© wikipedia.org

은 단지 암울한 현실, 실업률 상승, 경기 침체, 미래에 대한 불확실성 등에 대한 시민들의 좌절과 불안감이 한꺼번에 분출된 것이었다. 게다가 혁명 이후 정부를 이끌 리더십이나 혁명 이념 부재, 그리고 정보의 송신자나 생산자가 불분명하다는 측면에서 이것이 이른바 '유령 혁명'이라는 평가도 있다(Le Grice, 2011). 이러한 유령 혁명이 정권을 무너뜨리는 파급력을 보여줄 수 있었던 주된 요인은 인터넷의 영향력에 있다. 인터넷을 통해 대중은 다양한 정보를 접할 수 있었으며, 참가자들은 민주혁명의 보급뿐만 아니라 새로운 정보를 생산하고 확산하는 데 적극적으로 나섰다. '유령 혁명'은 페이스북, 트위터, 블로그 등을 통해 번졌다. 이는 아랍의 봄이 '위키리크스WikiLeaks 혁명', '페이스북 혁명', '트위터 혁명' 등의 별칭으로 불리기도 하는 사실을 보면 알 수 있다. 혁명 이후 아랍 지역의 정치 질서는 공권력의 무력화와 치안 부재의 문제로 무고한 시민들에게 더욱 위협적인 방식으로 전개되고 있다. 그러나 혁명을 통해 나타난 중요한 변화는 20세기의 통치 방식과 전통적 가치가 젊은 세대에게는 이제 적용되지 않는다는 점이다.

아랍의 봄을 통해 본 아랍 지역 디지털 세대의 특징은 다음과 같이 요약할 수 있다. 첫째, 새로운 미디어의 새로운 소통 방식에 익숙해진 아랍의 젊은 세대에게 과거 전통적인 방식의 대화 체계였던 일방적인 소통 방식은 더 이상 먹혀들지 않는다. 기성세대가 정부의 '위로부터 아래'로 향하는 일방적인 통치 방식과 권위 의식을 수용했다면, 젊은이들에게는 이제 쌍방향의 공감대 형성과 설득의 대화 메커니즘이 더욱 중요해진 것이다. 즉, 기성세대가 비밀경찰을 동원한 국가의 통제와 감시를 두려워하며 이웃조차 못 믿는 상황에서, 온라인을 통해 젊은이들은 현실에서는 밝히기 두렵거나 어려운 현상에 대해 정부의 규제에서도 벗어나 마음껏 토로할 수 있는 장을 마련했다. 인터넷의 익명성과 안전성이 보장된 사이버공간에서 젊은이들은 현실 세계의 억압으로부터 자유를 누렸던 것이다.

과거 아랍 각국의 정부가 젊은이들을 통제할 수 있었던 데에는 범아랍주의라는 정치 이데올로기가 배경으로 작용했다. 과거 기성세대는 서구의 식민 세력과 이스라엘이라는 외부 공공의 적이 있었다. 따라서 젊은이들 사이에서는 정치적으로 민족주의가 팽배했으며, 이는 젊은이들을 하나로 뭉치는 가치를 제공할 수 있었다. 젊은이들은 '아랍'을 지키기 위해서라면 지도자에게 충성할 수 있었으며, 또한 일인 독재체제도 묵인할 수 있었다. 반면 오늘날 젊은이들에게 외부 공공의 적은 존재하지 않는다. 이러한 정치적 가치 부재의 상황에서 아랍 젊은이들의 관심은 자연스럽게 자신의 삶에 집중될 수밖에 없다.

둘째, 아랍의 젊은이도 서구의 젊은이처럼 공동의 글로벌 문화 소비에 대한 욕구가 강하다. 서구의 것을 경멸하며 이를 타락한 물질문명으로 규정하던 기성세대와는 달리 오늘날 젊은 혁명세대는 글로벌 문화를 따라잡으며 자신과 같은 세대의 문화를 공감하려 한다. 이들은 세계 다른 젊은이들처럼 힙합과 랩 음악을 즐기고 싶어 하고, 월드컵에 열광하며, 할리우드 영화를 관람하고, 스타벅스 같은 세련되고 깔끔한 장소에서 친구들과 시간을 보내고 싶어 한다. 즉, 무슬림이라는 정체성 그리고 전통적인 미덕과 관련된 가치관을 수호하는 동시에 글로벌 시민으로서 자신만의 정체성을 구축하면서 서로 다른 문화적 요소 간 균형을 추구한다.

혁명세대 아랍 젊은이들의 기성세대에 대한 반항도 만만치 않다. 젊은이들은 기성세대가 독재정권에 복종한 결과에 대한 실망감, 높은 실업률과 암울한 현실, 그리고 미래에 대한 희망을 빼앗긴 것에 대해 분노하며 거리로 뛰쳐나왔다. 과거 젊은이들을 통제하던 부족장이나 종교지도자가 이를 자제시키려고 했지만, 젊은이들의 분노는 멈추지 않았다. 즉, 전통적인 리더십은 통제력을 상실했으며, 이는 중동 지역 통치 메커니즘의 변화를 시사한다. 여기에는 도시화와 산업화의 결과로 변화된 사회구조도 큰 영향을 끼쳤다. 과거 젊은이들의 복지와 후생에 대한 책임은 좁게는 가부장, 넓게는 부족에게 있었다. 그러나 오늘날 젊은이들은 정부의 출현과 함께 시민사회의 일원으로서 사회제도에 편입되었다. 따라서 이제 젊은이들에게 가부장이나 부족장에 대한 복종과 충성은 요구되지 않는다. 또한 개인주의 성향이 강한 아랍의 젊은 세대는 기성세대에 비해 전통적 가치나 종교적 가치에 도전하는 성향이 강하다.

결국 아랍의 봄을 통해 본 아랍 지역 디지털 세대의 특징은 앞서 언급한 글로벌 디지털 젊은 세대와 많은 부분이 일치한다는 것을 알 수 있다. 아랍의 젊은 세대는 참여적이고 적극적이며 자유를 추구한다. 또한 전통적인 부족의 미덕과 종교적 가치를 옹호하지만, 이와 동시에 보수적인 제도에 반항하는 기질이 있으며, 뉴미디어 활용 기술의 향상과 이에 따른 개방의 결과로 글로벌화를 추구하는 경향이 강하다.

디지털 세대의 특징은 무슬림 여성의 삶에서도 확연히 드러난다. 무슬림 여성은 인터넷의 장점을 적극 활용해 가부장적이고 보수적인 이슬람 사회 분위기에서 자신들의 사회 참여 기회를 넓혀나가고 있다. 일례로 인터넷을 통해 이성과 교제하거나 사이버 대학에 등록해 교육을 받기도 하며 온라인 사업에 뛰어드는 등 자신의 꿈을 실현하고 있다. 가장 보수적인 이슬람 국가인 사우디아라비아에서조차 일부 여성은 인터넷을 활용해 여행, 제빵, 요식 등의 사업에 참여하고, 이를 통해 경제적 이익도 창출하고 있다. 여성의 경제력 형성은 결과적으로 여성의 발언권 강화와 권력 형성으로 이어지며, 이는 전통적인 가부장제 사회가 향후 변화할 것임을 시사한다.

## 아랍 무슬림 소비행태의 정치적·종교적 동인: 소비와 정체성

### 아랍의 봄과 이슬람 부흥운동

CNN은 2011년 트위터에서 가장 많이 사용한 단어로 '아랍의 봄'을 꼽았다. 아랍의 봄은 튀니지의 대졸 노점상 모하메드 부아지지Mohammed Bouazizi(당시 26세)라는 젊은이가 2010년 12월 경찰의 노점상 탄압에 항의하여 분신자살을 하면서 시작되었다. 그의 억울한 죽음과 이를 추모하는 시위가 페이스북을 타고 알려지자 시위는 곧 전국적으로 번졌다. 결국 힘없는 한 젊은이의 죽음은 '나비효과'처럼 퍼져 2011년 1월, 24년간 튀니지를 독재 통치한 벤 알리 대통령의 사우디아라비아 망명으로 이어졌다. 이 사건은 튀니지의 국화인 재스민 꽃에서 이름을 따와 '재스민 혁명'으로 불린다. 재스민 혁명은 이후 이집트와 리비아, 예멘 등 인근 아랍 국가로 번졌다. 아랍 지역의 반정부 시위 결과 이집트에서는 호스니 무바라크Hosni Mubarak 대통령이 2011년 2월 11일 하야했고, 리비아에서는 8개월의 내전 끝에 무아마르 카다피Muammar al-Qaddafi 국가원수가 같은 해 10월 20일에 최후를 맞았다.

그런데 우리가 주목해야 할 점은 '아랍의 봄' 결과 파생된 사회 변동이다. 아랍의 봄 이후 여러 아랍 국가에서는 군부 출신의 독재자가 물러난 정치권력의 부재 상황을 이슬람 세력이 채우고 있다. 이를 반증하듯이 튀니지에서는 제헌의회 구성을 위해 2011년 10월 23일에 실시된 총선에서 이슬람주의 정당인 엔나흐다당(부흥당)이 41.47%를 득표해 제1당의 지위를 확고히 했고, 이집트에서는 같은 해 11월에 실시된 1차 총선에서 온건 이슬람 세력인 무슬림 형제단의 자유와 정의당이 36.6%, 이슬람 근본주의 세력인 살라피스의 알누르당이 24.4%를 득표했다. 이슬람 정당 지지가 61%에 달할 정도로 압도적인 것이다. 또한 리비아에서도 이슬람 율법인 샤리아shari'ah에 따라 모든 입법이 이루어질 것이라는 점이 이미 공표된 상태다(≪문화일보≫, 2011년 12월 12일 자). 이러한 상황은, 세계화의 결과 사회는 개방되었으나 정치적·정서적 안정이 필요한 시기에 무슬림의 성향은 전통으로 귀결되고 있음을 시사한다. 결국 이는 무슬림 사회의 '이슬람 부흥운동Islamic Revivalism'의 출현을 알리고 있다.

최근 아랍 지역에서 불고 있는 이슬람 부흥운동의 취지는 이슬람의 가치를 강조하고 당면한 문제를 이슬람 원리의 틀에서 해결하려는 데 있다. 마흐무드Saba Mahmood는 이를 크게 '구체적인 이슬람 부흥운동'과 '추상적인 이슬람 부흥운동'으로 구분했다.

우선 마흐무드는 '구체적인 이슬람 부흥운동'의 등장을 세 가지 경우로 정의했다. 그 첫째는 이슬람 세력이 국가 중심의 정치단체나 정당을 장악하는 경우, 둘째는 호전적이고 과격한 이슬람 세력이 등장하는 경우, 셋째는 가난한 이들에게 자선을 제공하는 사회·종교·비영리 단체 네트워크가 출현하는 경우다(Sisler, 2009: 246에서 재인용).

이처럼 정치운동이나 구민활동처럼 구체적인 종교활동과 달리 일반 대중 사이에 이슬람을 중심으로 서로 교통되고 공감되는 정서, 즉 추상적 감성 차원의 '이슬람 부흥운동'에는 여성의 히잡 착용, 이슬람 종교 성향이 강조되는 방송 콘텐츠의 생산과 소비, 그리고 미디어·서적·음악·패션 분야에서 엿보이는 '사회문화의 이슬람화 현상'이 있다(Sisler, 2009: 247). 시장에 반영된 이슬람 부흥운동의 정서는 핸니가 정의한 '마켓 이슬람market Islam'의 예를 들 수 있다(Haenni, 2009). 핸니는 계층 소속감을 떠나 이슬람의 메시지가 담긴 제품을 소비하는 무슬림 젊은이들의 친이슬람 소비행태를 연구한 바 있다. 그렇다면 과연 무슬림 젊은이들에게 소비란 어떤 의미이며, 그들은 또한 어떤 목적에서 소비를 하는가?

## 종교 정체성 표출을 위한 무슬림의 소비문화

최근 무슬림의 구매력이 향상되면서 이슬람 시장에 세계인의 이목이 집중되고 있다. 글로벌 경영컨설팅 회사인 에이티커니A.T. Kerney에서 2010년에 발표한 통계를 보면, 이를 반증하듯 이슬람 할랄 시장의 규모는 이

뉴욕에서 인기 있는 길거리 할랄 음식점
© Alexi Ueltzen(flickr.com)

2013 시카고 할랄 푸드 페스티벌에 전시된 영양제와 젤리 등 할랄 상품
© Shahrukh Hasan

말레이시아 맥도널드에서 판매하고 있는 할랄 메뉴
© McKay Savage (flickr.com)

미 2조 1,000억 달러 규모로 성장했다. 그중 식음료 부문이 1조 4,000억 달러, 의약품이 5,600억 달러, 나머지는 건강관리 제품이 차지하고 있다. 할랄 산업이 과거에는 무슬림의 먹고 마시는 문제, 즉 식음료 분야에 주로 한정되었다면, 최근에는 그 영역이 의류, 의약품, 화장품, 관광, 금융, 물류산업 등으로 확장되는 추세다.

이러한 배경에서 서구에서는 틈새시장의 소수 소비자가 아닌 주요 시장의 핵심 소비자로 급부상한 무슬림 소비자에 대한 연구를 본격적으로 진행 중이다. 신세대 무슬림의 특징을 조사한 다수의 연구에서는 신세대 무슬림 소비자들이 국가나 계층, 인종, 성별, 나이로 규정되는 기존의 소비 정체성을 초월해 이슬람이라는 종교와 문화 정체성에 근거한 소비를 하는 경향이 있다는 점을 강조한다. 즉, 이러한 연구는 서구의 소비문화를 그대로 답습하던 과거 무슬림 소비자들과 달리 세계문화가 지역문화와 조우하는 오늘날 신세대 무슬림은 이슬람의 가치에 맞는 새로운 소비문화를 창출하고 있다는 점을 주목한다. 그러한 신세대 무슬림은 세계화된 소비문화에 이슬람의 색깔을 입히고 있다. 이슬람의 가치를 반영한 다양한 소비제품의 탄생은 부정적이고 낡은 것으로 인식되던 이슬람 문화권의 전통문화도 현대의 소비문화와 접목되면 근사하고 멋지게 표현될 수 있다는 것을 보여준다(엄익란, 2011a).

소비 시대에 경쟁력과 아이디어를 갖춘 젊은 무슬림들이 세계시장에서 이슬람의 가치를 상업에 접목해 다양한 마케팅을 펼치고 있으며, 이슬람을 홍보하는 동시에 성공과 부를 쫓고 있다. 그러한 예로는 앞서 언급한 부르끼니와 메카콜라, 폴라와 라잔 인형 등을 들 수 있다. 아멜 보우베커Amel Boubekeur(2005)는 시장에 접목된 이슬람 현상을 '멋진 이슬람', 즉 '쿨 이슬람cool Islam'으로 명명했다. 그는 정치 혹은 종교 이데올로기를 앞세워 이슬람을 강하게 호소하던 '정치적인 이슬람political Islam' 정책은 실패로 돌아갔다고 주장했다. 새로운 문화를 이끄는 이른바 신세대 젊은이는 무슬림이라는 자부심과 함께 세계화된 서구의 자본주의 시장에 깊숙이 침투해 그들의 종교성과 신념을 좀 더 경쟁력 있는 문화상품으로 생산하고 있는 것이다. 이들은 이슬람교의 창시자인 사도 무함마드도 상인이었던 점을 강조하면서 부모 세대의 경제적 가치인 검소함을 더는 추구하지 않는다(엄익란, 2011a에서 재인용). 이들은 세계문화와 지역문화, 이슬람과 서구, 전통문화와 근대문화 간의 접점을 찾으며, 신흥 시장으로 부상하는 아랍 시장의 트렌드를 결정하는 '트렌드세터trendsetter'로 부상하고 있다. 그렇다면 신세대 무슬림 젊은이의 소비성향은 왜 이슬람으로 회귀하는 현상을 보이는가? 그 배경은 다음과 같이 문화적·정치적·종교적 측면에서 분석할 수 있다.

## 세계화 시대, 왜 문화적 소비인가

우리는 무슬림의 이슬람식 소비패턴에 대해 해석할 때 이를 이슬람교의 정체성에 기반을 둔 무슬림들의 특수한 문화적 현상으로 종종 이해하곤 한다. 그러나 무슬림이 자신의 문화와 종교 정체성을 소비에 반영하는 현상은 특수한 현상이라기보다 글로벌 소비 시대에 나타나는 일반적인 현상으로 이해할 수 있다. 이러한 예는 지역문화를 적극적으로 받아들여 지역화에 성공한 글로벌 기업인 맥도널드에서도 찾아볼 수 있다. 맥도널드는 서구에서 탄생한 기업이지만 다른 지역에 진출할 때에는 현지인의 입맛을 사로잡기 위해 현지화에 애쓴다. 일례로 맥도널드는 할랄 치킨 너겟으로 이슬람 시장에 진출했으며, 그에 대한 무슬림의 호응도도 높다. 또한 무슬림의 금식월인 라마단 달에는 '자비'와 '관용'을 콘셉트로 한 광고전략으로 무슬림 소비자에게 다가가고 있다. 마리케 드 무이 Marieke de Mooij는 이를 문화의 회귀현상으로 지칭한다.

드 무이는 『글로벌 브랜드 커뮤니케이션 Globlal Marketing and Advertising』 (2007)에서 "사람들의 교육수준이 높아지고 부유해질수록 사람들은 그들의 문명의 정체성에 좀 더 관여"하게 된다고 주장했다. 다시 풀어 설명하자면, 사람들은 의식주와 같은 생존 문제가 해결되고 여가를 어느 정도 즐길 수 있는 수준에 이르면 더 높은 수준의 충족되지 못한 욕구에 다다르게 되는데, 드 무이에 따르면 이때가 문화적 가치가 드러나는 순간이며 이것이 제품과 브랜드에 대해 다른 선택을 하는 결과로 나타난다는 것이다. 소비자들은 항상 경제적이고 합리적인 소비자이기보다 '문화적 소비자'로서 감성적인 욕구와 상징적 욕구를 충족시킬 수 있는 물품을

표 3-6 **아랍 각 국가의 인구수와 계층별 구성비**

| 국가 | 인구수 | 상류층 | 중산층 | 저소득층 |
|---|---|---|---|---|
| **걸프 지역** | | | | |
| 사우디아라비아 | 2,820만 | 13% | 65% | 22% |
| 카타르 | 180만 | 8% | 70% | 22% |
| 아랍에미리트 | 540만 | 11% | 60% | 29% |
| 바레인 | 110만 | 7% | 60% | 33% |
| 쿠웨이트 | 370만 | 22% | 57% | 21% |
| 오만 | 310만 | 6% | 63% | 31% |
| 예멘 | 2,510만 | 4% | 60% | 36% |
| **레반트 지역** | | | | |
| 시리아 | 2,080만 | 3% | 57% | 40% |
| 요르단 | 630만 | 20% | 41% | 39% |
| 레바논 | 400만 | 10% | 60% | 30% |
| **북아프리카** | | | | |
| 알제리 | 3,600만 | 17% | 55% | 28% |
| 이집트 | 8,040만 | 13% | 34% | 53% |
| 리비아 | 650만 | 15% | 35% | 50% |
| 모로코 | 3,220만 | 13% | 32% | 55% |
| 수단 | 3,270만 | 8% | 46% | 46% |
| 튀니지 | 1,070만 | 22% | 52% | 26% |

자료: *Harvard Business Review*(2013).

선호한다는 것이다. 그에 따르면, 실제로 텔레비전과 인터넷이 사람들의
생활 속에, 그리고 음악이든 스포츠든 소비나 오락 관습에 전 세계적으
로 영향을 미치고 있는데도 각기 다른 나라 사람들은 각각의 문화적 습
관이나 기호에 대한 충성도를 유지한다(엄익란, 2011a: 163에서 재인용).
드무이의 주장에 따르면, 먹고사는 문제로부터 좀 더 자유로운 중산층이
문화적 소비에 더욱 민감하다는 점을 알 수 있다. 즉, 소비에서의 문화
회귀 현상은 아랍 지역에 증가하는 중산층의 규모와 관련이 있다. 표 3-6
에 나타난 ≪하버드 비즈니스 리뷰Harvard Business Review≫의 연구 결과는
글로벌 소비자로 부상한 아랍 중산층의 규모를 보여준다.

아랍 지역 젊은 노동인구의 증가와 이들의 소득 증가는 왜 아랍 지역

에서 서구 소비문화를 수용하는 동시에 의복, 음식, 영화, 잡지 등에 종교적 규범을 적용하는 이슬람식 소비가 출현하고 있는지를 잘 설명해준다. 결국 글로벌화는 동질문화로의 수렴을 유발하는 대신 세계 곳곳에서 고유한 지역문화의 정체성을 부활시키는 근거로 작용한다. 즉, 이슬람 사회에서 문화적 소비는 이슬람 지역의 예외적인 현상이 아니라 세계화의 결과 필연적으로 등장할 수밖에 없는 무슬림의 소비문화 현상으로 이해할 수 있다.

## 9·11 사태는 무슬림의 정체성과 소비에 어떤 영향을 미쳤나

무슬림 소비자들의 정체성이 강화된 것은 정치적 측면에서도 설명될 수 있다. 정치적 사건은 때로 한 집단의 정체성을 안으로 더욱 공고히 하는 동인이 되기 때문이다. 무슬림 젊은이들에게 9·11 사태는 그 무엇보다도 이슬람이라는 종교를 매개로 한 글로벌 무슬림 정체성 형성에 가장 큰 원인으로 작용했다. 교육수준이 높고 정치 문제에 민감한 아랍 젊은이들은 9·11 사태를 겪으면서 한 나라의 국민이기보다 정치적·문화적·종교적 공감대를 형성해 글로벌 무슬림으로서의 정체성을 우선시하는 경향을 보인다(그림 3-1 참조).

'9·11 세대'로 불리는 이들은 인터넷과 휴대전화, 소셜 네트워크 서비스 등 최첨단 커뮤니케이션 수단을 이용해 서로 연결되어 '글로벌 무슬림'이라는 새로운 문화적 정체성을 창출하고 있다. 린다 헤레라Linda Herrera와 아세프 바야트Asef Bayat(2010)에 따르면, 이러한 성향은 유럽이나 미국과 같은 비무슬림 국가에 살고 있는 젊은이들에게서 더 확연히 드러난다. 이는 세계화에 노출된 중·상류 계층 무슬림 젊은이들이 9·11 사태에 대한 서구의 후속조치를 겪으면서, 급진파든 온건파든 혹은 원칙주의자든 실용주의자든 그들의 개인적인 성향에 상관없이 자신들을 '타

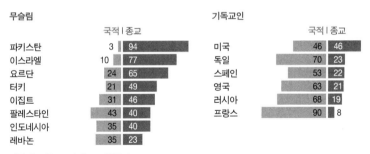

그림 3-1 자신의 정체성을 먼저 어디에 두는지에 대한 무슬림과 기독교인의 답변 비교

| 무슬림 | 국적 | 종교 |
|---|---|---|
| 파키스탄 | 3 | 94 |
| 이스라엘 | 10 | 77 |
| 요르단 | 24 | 65 |
| 터키 | 21 | 49 |
| 이집트 | 31 | 46 |
| 팔레스타인 | 43 | 40 |
| 인도네시아 | 35 | 40 |
| 레바논 | 35 | 23 |

| 기독교인 | 국적 | 종교 |
|---|---|---|
| 미국 | 46 | 46 |
| 독일 | 70 | 23 |
| 스페인 | 53 | 22 |
| 영국 | 63 | 21 |
| 러시아 | 68 | 19 |
| 프랑스 | 90 | 8 |

자료: Pew Research Center (2011a).

자other' 혹은 '공공의 적'으로 규정하는 세계인의 냉대와 차별 속에서 정치적·문화적 정체성을 안으로 더욱 공고히 형성해갔기 때문이다. 즉, 신세대 무슬림 젊은이들은 자신들에게 적대적인 글로벌 분위기에서 생존하기 위한 전략으로 무슬림 정체성을 고수하는 것이다. 때로 글로벌 미디어의 영향은 국가를 초월한 공동체 정체성을 더욱 공고히 한다. 미디어의 발달로 자국의 방송을 전 세계 어디서나 시청할 수 있는 아랍 무슬림 젊은이들은 과거의 국가 경계선보다 이슬람에 기초한 자신들의 종교적 정체성을 토대로 동질감을 더욱 확고히 하고 있다.

9·11 사태라는 정치적 측면 외에도 젊은 무슬림들이 종교적으로 이슬람 회귀 현상을 보이는 이유로는 낮아진 이슬람교의 벽을 들 수 있다. 교리와 율법을 내세우던 경직된 종교의 틀에서 탈피해 오늘날 무슬림 젊은이들은 다양한 블로그와 인터넷 포럼에서 자유롭게 종교에 대한 궁금증과 고민을 해결하고 있다. 이렇게 이슬람은 과거 권위주의를 탈피해 벽이 낮아지고 따르기 쉬워진 생활밀착형 종교로 재탄생하고 있다. 이 밖에도 '신념과 즐거움을 접목a marriage of faith and fun'(Bayat, 2003)하여 부유층 엘리트 무슬림을 대상으로 이슬람적 삶을 현대식으로 재해석해 설파하는 이집트 출신 세이크 아므르 칼레드Amr Khaled의 인기와 대중성을 보

면 서구화와 물질문명을 즐기는 동시에 일상생활에서 이슬람의 교리를 지킬 수 있도록 종교가 실용적으로 재해석되고 있음을 알 수 있다.

아므르 칼레드는 이슬람교의 전통적이고 보수적인 이맘 이미지를 탈피해 부유한 지식인 엘리트 젊은 층을 타깃으로 깨끗하게 면도한 모습에 청바지와 티셔츠를 입거나 아르마니 의상을 입고 향수를 뿌린 채 젊은이들에게 세속의 물질문명을 즐기는 동시에 이슬람교의 종교적 삶도 추구할 수 있음을 설교하고 있다. 결국 소비문화에 반영된 무슬림 젊은이들의 이슬람에 대한 실용적인 재해석은 '우리는 무슬림We-Muslim'이라는 소비군의 등장으로 나타난다. 신세대 무슬림들은 소비에서 국가적 정체성보다는 이슬람교의 문화적 정체성을 앞세워 소비하려는 경향이 점차 강화되고 있으며(Billing, 2008), 이는 이슬람화된 상품에 대한 무슬림 젊은이들의 소비성향으로 이어지고 있다.

## 결국 무슬림에게 소비는 '경건한 종교행위의 실천'

무슬림의 소비문화에 관해 연구한 알리나 코코슈카Alina Kokoschka(2009: 227)는 신세대 무슬림이 소비욕구를 왜 이슬람의 틀에서 해소하는 경향을 보이는지와 관련해 설득력 있는 답을 제시한 바 있다. 코코슈카는 무슬림이 이슬람식 소비를 통해 자신의 소비행위에 정당성을 부여한다고 주장했다. 무슬림은 소비를 통해 — 앞서 핸니(Haenni, 2009)가 언급했던 '이슬람식 상품'의 소비든 '이슬람식으로 재탄생한 상품'의 소비든 — '대중적인 경건성을 획득' 획득한다는 것이다. 무슬림은 이슬람의 메시지가 들어간 상품을 소비함으로써 자신의 종교적·문화적 정체성을 재창출하며, 세속적인 소비를 도덕적이고 종교적인 행위로 재생산하는 것이다. 즉, 무슬림들에게 소비는 '도덕적인 행위를 물질materialized moral performance'로 표현하는 또 다른 종교적 행위이다. 결국 이슬람 문화권의 소비문화에서 종교와 세속의 경계는 모호해지며, 이는 앞서 언급한 바처럼 '마켓 이슬람' 혹은 소비문화에 나타나는 이슬람 부흥운동의 한 현상을 시사한다. 글로벌 무슬림의 새로운 욕구 충족과 이들의 이슬람교에 대한 재해석을 통해 종교가 상업화되었으며, 상업화된 종교의 소비를 통해 신세대 무슬림이 자신의 정체성과 경건성을 타인에게 보여주는 순환 작용이 나타나고 있다.

## ☪ 아랍 무슬림 소비행태의 문화코드 동인: 체면문화

손님에 대한 과도할 정도의 환대문화, 호화로운 결혼문화, 라마단 기간에 쓰레기로 버려지는 엄청난 양의 음식물, 그리고 아랍 부호의 호화로운 소비문화 등을 고려할 때, 아랍인은 '나의 필요'보다 '남의 시선'을 고려한 소비를 하는 경향이 있음을 짐작할 수 있다. 즉, 앞서 언급한 소비문화의 동인 외에도 아랍인들의 소비문화에 영향을 미치는 또 다른 동인으로 무슬림의 전통적인 가치체계인 체면문화를 고려하지 않을 수 없다. 무슬림의 체면문화를 이해하려면 먼저 그들의 명예문화에 대한 이해가 필요하다.

지중해 지역 사람들 사이에 공유되는 체면과 명예문화를 연구한 줄리언 피트 리버스Julian Pitt-Rivers(1977)에 따르면, 명예란 "개인이 스스로를 평가하는 가치뿐만 아니라 사회가 개인을 판단하는 눈, 즉 사회의 잣대에 의해 평가된 개인의 가치"를 의미한다. 즉, 아랍 이슬람 문화권에서 명예와 수치는 개인이 능동적으로 획득하기보다 사회에 의해 수동적으로 주어지는 속성이라는 것이다. 같은 맥락에서 아랍인의 기질을 연구한 사니아 하마디Sania Hamady(2000)는 체면과 관련된 아랍인의 소비의식에 대해 다음과 같이 언급했다.

아랍인은 돈을 쓰지 않는 부자들을 경멸한다. …… 부자의 관대함은 고
상한 인격을 나타내는 것으로 간주된다. 따라서 부자는 자기를 주목하고
있는 사람들로부터 존경을 받기 위해 돈을 뿌리며, 돈이 없어지는 것이 아
주 즐거운 듯한 시늉을 한다. 인색은 아랍인으로부터 완전히 경멸당한다.
인색한 자는 웃음거리와 경멸의 대상이 된다. 사람들은 인색하다는 비난
을 받지 않도록 신경을 쓰고 만일 비난을 받을 때는 진지하게 그것을 변명
한다. 경우에 따라서는 무리하게 돈을 써가며 인색하다는 인상을 썻으려
한다. 게다가 자기의 경제조건 이상의 생활을 하려고 하는 것은, 실력 이
하의 생활을 하려는 것보다는 덜 비난받는다(하마디, 2000: 87).

이 인용문은 아랍인의 체면이 타인의 잣대로 평가되고 있음을 잘 설명
해준다. 특히 아랍인의 체면과 명예는 돈을 쓰는 방식과 관련 있음을 알
수 있다. 아랍인의 이러한 명예와 체면 문화코드를 소비문화에 적용해보
면, 아랍인은 체면을 지키기 위해 소비하며 또한 소비를 통해 자신이 타
인보다 우위에 있다는 것을 보여주고 싶어 한다고 말할 수 있다.

이러한 아랍인의 소비와 관련한 명예 문화코드는 프랭크 스튜어트
**Frank H. Stewart**(1999)에 의해 더욱 확실해진다. 이집트의 베두윈을 대상으
로 그들의 명예관을 연구한 스튜어트는 아랍인의 체면문화의 속성을 '외
면적', '집단적', '수직적', '경쟁적'인 것으로 소개했다. 스튜어트가 주장하
는 명예의 '외면적 속성'이란 타인의 시선을 의식하는 아랍인들의 성향을
일컫는다. 아랍인들은 자신의 내면적 가치와 내실을 중시하기보다 타인
의 평가에 많은 비중을 둔다. 따라서 이들은 외부의 시선에 민감하다. 아
랍인이 이웃과 대중으로부터 좋은 이미지를 얻기 위해 항상 최선을 다하

는 것도 같은 맥락에서 이해할 수 있다. 그런데 아랍 사회에서 개인의 이미지는 개인적인 일로 끝나지 않는다. 이는 항상 가족이나 부족과 연계되어 있다. 다음 장에서도 자세히 설명하겠지만, 그 이유는 아랍 문화권에서 사회를 구성하는 최소 단위가 개인이 아니라 가족으로 간주되는 데있다. 따라서 개인의 행동은 가족이나 부족으로부터 규제받는 경향이 있다. 스튜어트는 이를 명예 문화코드의 '집단적 성격'으로 규정했다. 또한아랍인들은 상명하복 체제에 익숙하다. 집단적 문화권에서 부족의 생존과 유지를 위해 아랍인들은 사회의 위계질서를 존중해왔기 때문이다. 아랫사람의 반항이나 불복종은 서로의 명예에 타격을 입히므로 꺼리며, 바로 이러한 성향 때문에 아랍인의 명예 문화코드는 '수직적'인 속성을 띤다. 한편으로 아랍인의 명예 문화코드는 '경쟁적'이다. 사람들은 다른 사람보다 사회에서 더 좋은 명성을 유지하며 우위에 있다는 것을 보여주고싶어 한다.

실속보다는 남들의 눈을 신경 쓰고 이를 또 경쟁적으로 과시하는 아랍인들의 체면문화를 고려할 때 "부자는 뿌려야 한다"와 같은 속담이 아랍인들에게 괜히 회자되지는 않는 것 같다. 이 속담은 소비를 통해 아랍인들이 자신의 명예를 어떻게 만들고 타인에게 보여주는지와 관련한 아랍인의 소비문화 속성을 잘 보여준다. 이는 곧 명예와 체면을 중시하는 아랍인의 문화코드가 공동체 밖의 사람들과 '구분 짓기' 위한 경쟁적인 소비심리를 부추기고 있음을 시사한다. 소비문화에 나타난 체면 문화코드는 아랍 지역에서 고급 주택과 차, 고가의 소비품 등이 왜 호소력을 갖는지 말해준다.

이슬람 이전의 아랍 사회를 연구한 R. A. 니콜슨R. A. Nicholson(1995)은 아랍인의 명예와 체면문화의 뿌리가 깊음을 보여준다. 그에 따르면, 성문법이나 법률적·종교적 제도와 제재가 없었던 고대 아랍 사회에서 명예와 체면이라는 아랍인들의 문화코드는 그들의 행동에 구속력을 행사하는 유일한 가치였다. 아랍인의 체면문화의 역사와 관련해서 사니아 하마디(2000: 82~83) 역시 "손님을 후하게 접대하는 것은 셈족의 텐트로부터 유래해 이슬람 세계의 최말단에까지 널리 퍼진 미덕"이며, "접대는 아랍의 무종교자들의 큰 미덕이었는데 그 후 이것이 이슬람교도에게 전파되었다"라고 언급했다. 족장은 부족원과 동맹 부족에게 후한 인심을 베풀면서 자신의 신뢰와 권력을 과시할 수 있었다.

그 밖에 아랍인의 경쟁적인 체면문화는 아랍인들 사이에서 왜 환대문화가 발달했는지 잘 보여준다. 사니아 하마디(2000)는 사막의 불안정한 자연환경이 아랍 지역의 관습에 끼친 가장 큰 영향 중 하나가 집단주의 공동체의 명예문화에 기반을 둔 관용과 환대문화라고 주장했다. 사막이라는 지역의 특성상 가족과 부족에 대한 개인의 소속감과 충성심은 생존에 필수적이었다. 따라서 사회를 구성하는 기본단위는 개인이 아닌 가족으로 여겨지고, 개인의 명예는 가족과 부족 전체의 명예에 직접적으로 영향을 미친다. 개인과 가족의 명예를 시험할 수 있는 장이 바로 환대문화다. 명예를 지키기 가장 쉬운 길은 융숭한 손님 접대이며, 명예를 잃기 가장 쉬운 길은 인색하고 야박한 손님 접대이다(Heine, 2004: 4). 개인의 명예는 가족과 부족의 명예와 밀접하게 연관되므로 주인은 가족과 부족의 명예를 걸고 손님을 극진히 대접한다. 아랍의 전통에서 손님은 신성한 존재로 간주되어 적대 부족의 일원이라 할지라도 주인으로부터 극진한 대접을 받았다고 한다.

아랍인의 환대문화의 이면에는 호혜의 원칙이라는 부족의 생존과 정치적인 계산도 깔려 있다. 만일 오늘 부유한 부족이 내일 가난한 부족으로 전락할 경우, 평소에 그 부족이 인색했다면 누가 도움을 주겠는가(암스트롱, 2001: 134). 모르는 사람에게조차 호의와 관대함을 베푸는 것은 체면 문화코드와 관련되어 지금까지도 아랍 세계에서 최상의 가치로 여겨진다. 아랍 무슬림의 전통적인 관용과 환대의 문화코드를 보여주는 초대문화는 걸프 지역에서는 '마즐리스majlis' 혹은 '디와니야diwaniya'라고 불리는 사교문화로 정착해 오늘날까지 계승되고 있다. 매주 주말 저녁이면 아랍인들은 집이나 집 앞에 천막을 치고 친구나 친척 혹은 이웃을 초대해 사교 모임을 연다. 이 모임에서는 다양한 행사가 행해져 참석자들 간 교류를 통해서 사회적 또는 정치적 동맹 관계를 강화한다.

이상의 예에서 본 것처럼 무슬림은 타인에게 보여주고자, 그리고 타인과 관계를 형성하고자 소비를 하며, 이러한 무슬림의 소비패턴은 중동 지역에 만연한 과시적인 '포틀래치potlatch식 소비문화'•를 잘 보여준다.


## ☪ 아랍 무슬림 소비행태의 사회구조적 동인: 핵가족화와 권력자로서 여성의 등장

아랍 무슬림의 소비문화를 이해하는 데 또 다른 중요한 동인으로는 가족구조의 변화를 들 수 있다. 개인을 사회의 가장 작은 구성단위로 보는 개인주의 사회와 달리 집단주의 문화권에서는 개인보다는 좁게는 가족, 넓게는 부족을 사회의 가장 작은 구성단위로 여긴다. 그래서 아랍인들은 필연적으로 자신의 생존과 직결된 집단의 영속과 이익을 개인의 이익보다 우선시하며, 자신을 희생해서라도 집단의 명령체계에 복종한

---

• 포틀래치란 북아메리카 인디언 부족의 의식인데, 이들은 중대한 의례에서 인근 부족을 초청해 광적일 정도의 낭비와 무절제한 소비를 보여줌으로써 자신의 사회적 지위와 명예를 얻는다. 이때 누가 더 잔치를 성대하게 열고, 많은 선물을 주며, 얼마나 많은 재산을 쓰는지를 놓고 부족들 간에 치열한 경쟁이 벌어진다.

다. 다시 말해 이들의 관계문화는 바로 가족에서 출발한다. 아랍 무슬림 가족문화의 속성을 살펴보면 다음과 같다.

## 전통적인 아랍 가족구조의 특징

전통적인 아랍인들의 가족제도는 가부장제에 기반을 둔 확대가족제다. 가족 구성원은 가부장을 중심으로 나이와 성에 따라 엄격한 위계질서를 따르며, 자녀는 결혼 후에도 남성 부모를 중심으로 같은 집에 거주하거나 부모의 집 주변에 자신의 보금자리를 마련한다. 집단적 문화권인 아랍 문화권에서 사회를 구성하는 최소의 단위는 개인이 아니라 가족이다. 또한 권력은 남성에게만 집중되어 집안의 남성 연장자가 가족을 대표하며 모든 결정권을 갖는다. 이러한 특징은 도시, 지방 거주민과 베두윈 모두에게서 공통적으로 나타난다. 가족 내 구성원의 관계는 위계질서에 의해 맺어지지만, 가부장을 중심으로 서로에 대한 사랑, 책임감, 연대감으로 묶여 있다(Joseph, 1999). 즉, 가족 구성원은 자신과 동일시되어 또 다른 '나'로 인식된다. 따라서 가족의 범주 안에서 '나'와 '남'에 대한 구분은 명확하지 않다. 아랍 문화권에서 가족 구성원에 대한 간섭이 묵인되는 이유도 이 때문이며, 개인의 명예나 수치에 관한 문제가 개인의 차원을 넘어 가족 전체 또는 더 나아가 가문 전체의 명예나 수치와 직접적으로 관련되는 것도 바로 이 때문이다.

## 핵가족화와 새로운 소비의 주체: 가부장에서 여성과 어린이로

아랍의 가족구조는 산업화와 도시화의 과정을 거치면서 핵가족화로 구조적 변화를 겪게 된다. 가부장 중심의 대가족에서 핵가족으로 변화하면서 가족 내 권력 이동도 함께 일어나게 된다. 남성 중심의 가부장적 위계질서는 서서히 민주적인 방식으로 변화했으며, 이러한 분위기에서 여성과 자녀 세대의 결정권도 강화되었다.

이러한 아랍 가족의 구조적 변화는 아랍 지역 소비문화의 변화도 야기했다. 가부장 중심의 가족주의 문화에서 아랍 무슬림의 소비를 결정하는 주체는 전통적으로 집안의 권력자인 가부장이었다. 그러나 핵가족화와 함께 공간과 시간의 창출을 가능하게 하는 휴대전화와 랩톱 컴퓨터의 소비시장은 빠른 속도로 성장하고 있고, 이는 개인주의 문화 확산에도 기여하고 있다. 이러한 현상은 소비주체의 변화를 야기했다. 예컨대 그동안 무력한 존재로 인식되었던 젊은이, 특히 여성과 어린이가 소비문화를 주도하는 새로운 권력층으로 부상해 아랍의 소비시장 변화를 주도하고 있다. 여성은 부모 세대의 영향력에서 벗어나고 있으며, 교육 여건이 향상되고 사회 진출이 활발해지면서 의사 결정권 또한 강화되었다. 이와 더불어 경제력이 커진 여성에게 소비 권리가 확대되었으며, 이에 따라 특히 여성의 소비 영역으로 간주되는 인테리어와 주방용품 시장이 크게 성장했다. 한편으로 육아와 자녀 교육에 대한 지출 비중도 급증하는 추세를 보인다(엄익란, 2009: 172~173). Booz & Company(2012)의 연구에서는 여성의 가계수입으로 인한 경제력 향상이 자녀의 건강과 교육 향상에 훨씬 긍정적인 영향을 미치는 것으로 나타났다. 여성이 남성보다 가족 건강과 자녀 교육 분야에 대한 투자를 아끼지 않기 때문이다.

## 인터넷과 여성의 소비문화 참여

인터넷 보급은 아랍 지역 무슬림 여성의 구매 결정권 강화와 사회 참여에 긍정적인 영향을 미치고 있다. 그동안 무슬림 여성은 제도적으로 그리고 문화적으로 사회활동에 많은 제약을 받아왔다. 그러나 일부 여성은 인터넷의 장점을 적극 이용해 가부장적이고 보수적인 이슬람 사회 분위기에서 여성의 사회 참여 기회를 점점 넓혀가고 있다. 여성에게 가장 보수적인 아랍 국가로 알려진 사우디아라비아에서조차 일부 적극적인 여성은 인터넷을 활용해 성공적으로 사업을 경영하고 있다. 일례로, 교육받은 사우디 여성 중 상당수는 인터넷을 이용해 여행, 제빵, 요식 등의 분야에서 사업을 펼치며 이윤을 창출하고 있다. 여성의 바깥출입을 제약하던 관습과 전통의 벽을 인터넷이 넘게 해준 것이다. 특히 걸프 지역에서 전자상거래가 확산되는 현 상황을 볼 때 인터넷을 통한 이윤 창출과 경제력 형성은 앞으로 더욱 활발해질 것으로 전망된다.•

---

• 이는 걸프 지역이 북아프리카에 비해 신용카드 사용이 활발하고 수입품에 대한 관세가 없거나 낮기 때문이다. 아랍 여성의 소비문화와 관련해서는 제7장에서 더 자세히 소개한다.

# Part 2

# 현실에의 적용

## : 아랍 시장의 메가트랜드

오늘날 신세대 무슬림 젊은이는 한마디로 개성 있는 소비자라고 정의할 수 있다. 그들은 과거 무슬림과는 차별화된 자신들만의 소비문화를 즐기고 있다. 과거 무슬림이 당시 엘리트문화의 상징이었던 서구의 소비문화를 그대로 답습했다면, 세계문화가 지역문화와 조우하는 오늘날 무슬림은 이슬람의 가치에 맞는 새로운 소비문화를 창출하고 있다. 새로운 문화를 선도하는 이른바 문화 엘리트들은 무슬림이라는 자부심과 함께 세계화된 서구의 자본주의 시장에 깊숙이 침투해 그들의 종교성과 신념을 더욱 경쟁력 있는 문화상품으로 생산하고 있다.

# Chapter 4

# 이슬람과
## 소비시장의 만남

### ☪ 이슬람교, 어떻게 탄생했나

이슬람교는 기독교, 불교와 더불어 세계 3대 종교에 속한다. 무슬림은 현재 전 세계 인구의 20~25%를 차지하는 것으로 추정되며, 2030년에는 22억 만 명으로 증가할 것으로 예상된다(Pew Research Center, 2013. 6. 7.). 이처럼 전 세계 인구의 다수를 차지하는 무슬림과 그들의 삶에 막대한 영향을 끼치는 이슬람교의 위상에도 불구하고 우리는 유독 이슬람교에 대해서만큼은 인색하리만큼 엄격한 잣대를 들이대며 무슬림을 낯설어한다. 과연 이슬람교는 어떻게 태동했고, 무슬림은 누구일까?

이슬람교는 메카 출신의 카라반 상인이던 무함마드(570년 탄생)가 창설했다. 무함마드가 살던 당시 메카는 종교적 측면에서 볼 때 우상숭배가 만연했고, 사회적 측면에서 가부장적 위계질서를 중시하던 부족 중심

사도 무함마드가 천사 가브리엘에게서 계
시를 받는 장면. 터키 이스탄불 토카피 궁
에 전시되어 있다.
© zombietime.com

의 계급과 성 불평등이 뿌리 깊게 자리
했다. 각 부족마다 고유의 법이 있었으
며, 부족 간에 끊임없이 전쟁이 벌어져
사회는 불안정했다. 그러던 중 당시 아
라비아인의 관습에 따라 명상을 수행하
던 무함마드는 610년 히라 동굴에서 천
사 가브리엘을 통해 첫 계시를 받았다.
처음에는 귀신 들렸다고 여겨 겁을 먹
었던 무함마드는 아내 카디자Khadija bint
Khuwaylid의 조언으로 신의 계시를 확신
한 이후 이슬람교를 창시했다.

사도 무함마드는 당시 어지러운 사회 분위기를 개혁하고자 우상숭배
철폐와 유일신 사상을 전파하고 형제애에 기초한 사회정의와 평등을 설
파했다. 그러나 그의 이념은 당시 메카의 부를 쥐고 있던 귀족들로부터
는 그리 환영받을 수 없었다. 이슬람교의 기본 사상인 평등은 곧 기득권
세력에게 자신의 특권을 포기해야 함을 의미했기 때문이다. 당시 아라비
아반도를 관통하던 무역로의 중심에 위치했던 메카에는 약 360개의 신
을 모신 신전이 있었다. 메카 귀족들은 이 신전을 관리하며 통행세를 받
아 부를 축적할 수 있었다. 메카 귀족들로부터 지속적인 탄압에 시달렸
던 사도 무함마드는 자신을 보호해주던 아내와 삼촌이 사망하자 새로운
보금자리를 찾아 떠날 수밖에 없었다. 그 결과 622년 사도 무함마드는
자신을 지지하던 약 70여 명의 신도와 함께 농업 중심 사회인 메디나로
건너갔다. 이슬람력으로 1년인 622년은 바로 이슬람교의 유일신인 알라
의 계획을 구체화하기 시작한 시점으로, 이후 이슬람교는 사도 무함마드
와 그 뒤를 이었던 칼리파의 정복사업을 통해 그 세를 유럽과 아시아, 아

프리카 지역으로 계속해서 확장해나갔다.

사도 무함마드가 알라의 계시를 받고 창시한 종교인 '이슬람'의 의미는 아랍어 '쌀람salam', 즉 '평화'에서 파생된 단어로 그 뜻은 '복종'이다. 여기서 복종이란 '신의 뜻'에 대한 복종을 의미한다. 타 종교와 달리 이슬람교는 창시자의 이름을 따 명명하지 않았다는 점이 주지할 만한 사항이다. 한때 서구에서는 이슬람교를 창시자인 무함마드의 이름을 따서 '무함마드교'로 부르기도 했다. 그러나 이는 이슬람교에 대한 무지에서 비롯된 것이다. 이슬람교에서 섬기는 주체는 이슬람교의 창시자인 무함마드가 아니라 유일신인 알라이기 때문이다. 그래서 이슬람교의 원년도 무함마드가 탄생한 570년이 아니라 메카에서 메디나로 이주한 해인 622년이다. 이슬람교에서 사도 무함마드의 입지는 신이 아니라 단지 신의 계시를 전달하기 위해 선택된 한 명의 인간으로 간주될 뿐이다.

## ☪ 이슬람의 교리와 지역적 다양성

이슬람교의 교리는 여섯 가지 종교적 교리를 뜻하는 육신六信과 다섯 가지 종교적 의무를 의미하는 오행五行을 기본 내용으로 한다. 오행은 때로 '오주五柱'로 불리기도 하는데, 이는 이슬람을 떠받치는 실천 행위의 다섯 기둥을 의미한다. 그리고 이슬람의 육신은 다음 여섯 가지에 대한 믿음을 의미한다. 첫째는 만물을 창조한 유일신 알라에 대한 믿음이며, 둘째는 알라의 명령을 복종하고 전달하는 천사의 존재에 대한 믿음이고, 셋째는 알라의 계시인 경전(모세 오경, 다윗의 시편, 예수의 복음서, 무함마드의 코란 포함)에 대한 믿음이며, 넷째는 경전에 언급된 예언자(아브라함, 모세, 예수, 무함마드 포함)에 대한 믿음이고, 다섯째는 최후 심판에 대한 믿음이며, 마지막으로 여섯째는 인간의 행위와 존재를 포함해 우주의 모든 섭리가 이미 정해졌다는 숙명론을 뜻하는 정명관에 대한 믿음이다(정수일, 2002: 111). 아랍인들이 즐겨 쓰는 '인샬라(신의 뜻이라면)'도 바로 무슬림의 숙명론이 반영된 것이다.

무슬림은 이러한 이슬람교의 여섯 가지 믿음을 일상생활에서는 오행을 통해 실천한다. 이슬람교의 의무 사항인 오행은 첫째, 신앙고백(샤하다shahaadah), 둘째, 예배(쌀라salaah), 셋째, 종교부금(자카zakah), 넷째, 금식(싸움sawum), 다섯째, 성지순례(핫즈hajj)다. 그러나 오행의 실천 방식은 시대적 상황과 지역의 문화에 따라 조금씩 다르다. 이슬람교가 전파되면서 토착문화와 융화되는 과정을 거쳤기 때문이다. 그래서 일부 학자는 이슬람의 다양성을 지칭하면서 '대전통great tradition'과 '소전통little tradition'을 구분하기도 한다. 전자가 시대와 지역, 규모에 상관없이 교리적이고 신학적인 면에서 보편성을 띠는 이슬람교의 전통을 의미한다면, 후자는 지역의 특수한 문화에 융화되며, 이슬람교 혹은 무슬림이라는 이름하에 행해지는 일상적이고 개성 있는 이슬람교의 전통을 지칭한다.

같은 맥락에서 다양한 이슬람 문화를 이해하기 위해 이집트 무슬림 인류학자 압둘 하미드 엘 자인Abdul Hamid M. el-Zein은 '대문자 이슬람Islam'이 아닌 '소문자 이슬람islam'에 다양성을 의미하는 's'를 덧붙여 'islams'의 틀에서 이슬람 문화를 이해해야 한다고 주장하기도 했다(Eickelman, 2002: 245). 비록 이슬람교 오주에 대한 교리는 시대나 장소의 구분 없이 무슬림들 사이에 1,400년간 이어져 온 전통이지만, 이로부터 파생된 무슬림의 소비행위는 한 지역의 특수한 문화와 시대적 상황에 따라 달라질 수 있음을 짐작할 수 있다. 이에 이번 장에서는 원칙적이며 교리적인 무슬림의 오주에 대한 의미를 우선적으로 짚어보고, 이슬람의 5대 의무 실천이 소비문화에서 어떤 방식으로 나타나는지 소개하고자 한다.

# 신앙고백, 소비문화에서 어떻게 나타나는가

신앙고백은 무슬림의 첫 번째 의무 사항이다. 이는 무슬림이 되는 첫 번째 길로, 모든 무슬림은 '샤하다shahaadah'라고 부르는 신앙고백을 해야 비로소 이슬람교에 입교할 수 있다. 신앙고백이 오주의 첫 번째 사항인 이유는 그 내용이 이슬람교의 근본 교리를 이룬다는 데 있다. 신앙고백은 크게 두 가지 내용으로 구성되는데, '알라 외에는 신이 없고, 무함마드는 알라의 사자'가 그것이다.

첫 번째 신앙고백인 '알라 외에는 신이 없고'에 담긴 내용은 알라만이 유일신이므로 다른 어떤 신이나 사상을 믿어서는 안 된다는 내용을 강조한다. 앞서 언급했듯이 이슬람교가 태동할 당시에 아라비아반도에는 우상숭배 사상이 팽배해 있었다. 메카의 카으바ka'ba라고 부르는 신전에는 약 360개의 우상이 모셔져 있었으며, 사람들은 이곳에 와서 각자 자신의 신을 숭배했다. 사도 무함마드는 622년에 메디나로 이주한 뒤 633년에 메카를 정복하고 재입성하면서 카으바 신전 안의 모든 우상을 제거했다. 이렇게 메카는 오늘날 무슬림의 성지가 되었다. 이슬람에서는 우상숭배를 철저히 배격한다. 따라서 무슬림에게 '알라'만을 숭배하는 유일신 사상은 이슬람의 가장 중요하고 기본적인 사항이다.

우상숭배를 배척하는 이슬람교의 기본 교리는 무슬림의 예술 활

사우디아라비아 메카에 위치한 카으바
© wikipedia.org

**이슬람교의 예술화, 아랍어 서체**
© wikipedia.org

동에까지 영향을 미쳤다. 무슬림 예술가는 이슬람에서 금지하는 인물이나 동물에 대한 조각이나 회화보다는 기하학 문양이나 아랍어 서체를 발달시켜 예술의 한 분야로 승화시켰다. 무슬림 예술가들은 그림이나 조각에서 인물이나 동물을 철저히 배제함으로써 우상숭배를 미리 차단할 수 있었다. 형상 묘사에 대한 이슬람의 부정적 입장 때문에 동물이나 인물의 이미지는 이슬람 사원의 벽면 장식이나 벽화 혹은 모자이크의 주제에서 배제되었다. 게다가 예술가들은 사회적 지위가 매우 낮았는데, 당시 그들은 사회에서 가장 멸시받던 고리대금업, 문신 새기는 사람, 개를 사고파는 사람과 같은 취급을 받기도 했다. 따라서 무슬림 예술가들은 9세기에 유럽으로부터 입체화법이 도입되기 전까지 동물이나 인물을 묘사할 때 신체의 일부분이라도 잘 드러나지 않도록 실루엣이나 그림자, 상징물로 처리하거나 복잡한 풍경 속에 숨기는 방법을 사용했다. 예외적이지만 간혹 인물을 비교적 자세히 묘사한 경우도 있었는데, 이때 그 인물은 종교가 아닌 역사적 관점에서 이해된 것이었다(루이스, 2010: 95).

그럼에도 오늘날 전해지는 무슬림 예술가들의 작품에는 인물과 동물 묘사를 볼 수 있다. 이와 관련해 버나드 루이스Bernard Lewis(2010: 96)는 두 가지 가능성을 제시했다. 첫 번째 가능성은 이슬람 출현 이전에 존재했던 헬레니즘과 비잔틴의 전통을 계승했다는 측면에서 찾을 수 있다. 그러한 전통은 이슬람 도래 이후에도 그 영향력이 상당히 강하게 지속되었으며 이후 발달된 이란 예술의 영향으로 지속될 수 있었다. 이란에서는 시아Shi'ah 무슬림이 다수이며, 이들은 인물이나 동물을 묘사한 예술 작품에서 수니Sunni 무슬림보다는 관대한 편이었기 때문에 형상 묘사에 대해 자유로웠다. 두 번째 가능성은 이슬람 과학의 발달과 함께 천문학, 식물학, 동물학, 의학, 역학 등 특정 주제에서 세밀화가 절실히 필요했다는 점에서 찾을 수 있다. 무슬림 엘리트들은 중세 과학과 의학을 꽃피운 이슬람 학문과 전통을 페르시아의 세밀화로 남겨 후세에 전하려 했다. 그러한 서적에는 독자들의 이해를 돕기 위해 그림을 삽입했으며, 그림의 대상은 동물이나 인간이었다. 과학의 전달이라는 명분하에 구상예술이 뿌리를 내리자 무슬림 엘리트들은 삽화가 실린 서적 출판을 후원했으며, 일부는 자신의 집 밀실에 보관하기도 했다고 한다. 군주들이 삽화 편찬에 적극적이었던 것은 자신의 권력과 영광을 그림으로 기록할 수 있었기 때문이다. 즉, 종교적으로 문제가 될 수 있는데도 세밀화가 이슬람 예술의 한 장르로 자리 잡을 수 있었던 것은 의학이나 과학에 대한 무슬림 엘리트들의 탐미주의에 기인한 것으로 볼 수 있다.

유일신 사상과 함께 무슬림 신앙의 기본은 바로 두 번째 신앙고백 내용인 '무함마드는 알라의 사자'에 있다. 무슬림은 이 신앙고백을 통해 신의 사도인 그의 지위를 되새기며 그에 대한 합의와 정당성을 부여한다. 무함마드가 알라의 사자임을 부정한다면 무함마드가 계시받은 이슬람교의 교리와 이를 기반으로 만든 모든 제도가 뿌리째 흔들리기 때문이다.

이슬람교의 입교 절차는 단순한 편이다. 일반적으로 무슬림의 지위는 남성을 통해 상속된다. 즉, 이슬람교에서는 아버지가 무슬림일 경우 그 자녀는 자동적으로 무슬림이 된다. 무슬림은 아이가 태어나자마자 무슬림이 되는 입교식을 치른다. 그 형식은 아버지가 아기의 오른쪽 귀에 신앙고백의 내용을 읊어주는 것이다. 이 의식을 통해 아이는 탄생과 함께 무슬림이 될 수 있다. 이 전통은 가부장제도가 뿌리 깊게 박힌 이슬람 초기 사회상을 잘 반영한다. 이슬람 사회에서 남성 중심의 사회제도는 지금까지도 이어지고 있다. 예컨대 대부분의 이슬람 사회에서 무슬림 남성은 비무슬림 여성과 자유롭게 혼인할 수 있는 반면, 무슬림 여성은 반드시 무슬림 남성과 결혼해야 한다. 만일 비무슬림 남성과 결혼하려면 그 남성은 반드시 이슬람교로 개종해야 한다. 이러한 이슬람교의 규정 때문에 무슬림 여성과 비무슬림 외국인 남성 사이에 태어난 자녀는 어머니 나라에 평생 동안 거주하더라도 영원히 외국인 취급을 받으며 정부의 복지 혜택도 제한적으로만 누릴 수 있다. 아랍에미리트의 경우 외국인 남성과 결혼한 자국민 여성은 국가가 제공하는 결혼펀드marage fund<sup>•</sup> 수혜 대상에서 제외되며, 주택 임대 혜택도 누릴 수 없다.

한편 성인이 무슬림이 되는 방법은 아주 간단하다. 개종의 의도를 갖고 증인들 앞에서 신앙고백의 내용을 읊으면 된다.

## 신앙고백이 무슬림 시장에 시사하는 점

이슬람교의 가장 기본적인 교리인 신앙고백은 무슬림 소비시장에서도 막강한 영향력을 발휘한다. 신앙고백의 내용을 제대로 이해하지 못한 채, 또는 이슬람 종교와 관련해 무슬림의 자존심을 건드려 이 시장에 진출한 결과 무슬림의 신뢰를 잃고 고배를 마신 사례를 종종 찾아볼 수 있다. 일례로 덴마크 일간지 ≪월란스 포스텐Jyllands-Posten≫의 무함마드 만평 사건을 들 수 있다. 2005년 9월 30일 자 ≪월란스 포스텐≫은 만평에서 이슬람교의 창시자 사도 무함마드를 테러리스트로 묘사했다. 이 만

---

• 아랍에미리트에서는 자국 젊은이들의 결혼에 대한 부담을 줄여주기 위한 방안으로 UAE Marriage Fund Foundation을 운영하고 있다. 이 재단은 1992년 자예드 빈 술탄 알 나하얀(Zayed bin Sultan al-Nahayan) 대통령의 기부(4억 4,000만 달러)로 설립되었다. 설립 목적은 젊은이들의 결혼 비용을 경감하며, 자국민끼리의 결혼을 독려함으로써 아랍에미리트 가족의 안정성과 응집력을 높이는 것이다. 신청 자격은 자국민 남성이 자국민 여성과 결혼할 경우, 그리고 세금 공제 후 월급이 1만 9,000디르함(약 522만 원) 미만인 남성에게만 주어지며, 심사를 통해 최고 7만 디르함(약 1,926만 원)까지 지원된다. 펀드의 수혜금은 결혼 후 할부로 갚을 수 있으며, 아이를 낳을 때마다 상환액의 20%가 면제된다.

평에 격노한 전 세계 무슬림들은 2006년 1월부터 덴마크 상품에 대한 불매 운동을 벌이기 시작했다. 알라나 무함마드에 대한 묘사를 금하는 무슬림으로서는 무함마드에 대한 부정적인 만평을 이슬람에 대한 모욕이자 불신으로 받아들였다.

무함마드 만평 사건 이후 덴마크와 노르웨이 상품을 판매하지 않는다고 안내한 카타르 도하의 한 대형매장 유제품 코너. 안내문 내용은 다음과 같다. "존경하는 손님 여러분, 최근 덴마크와 노르웨이에서 일어난 사건으로 우리는 향후 공지가 있을 때까지 덴마크와 노르웨이 물건을 판매하지 않음을 알려드립니다."
© moaksey(flickr.com)

특히 이 사건의 불똥은 덴마크의 거대 유제품 회사인 아를라 푸드Arla Foods로 튀었다. 덴마크 상품 불매 운동으로 아를라 푸드는 매일 160만 달러의 비용을 치러야 했고, 매년 4억 8,000만 달러에 달하던 중동 지역 판매 실적이 사건 이후 곤두박질쳤다. 이 사건으로 아를라 푸드가 이슬람 시장에서 지난 40년간 쌓아온 아성은 단 5일 만에 무너졌다(≪BBC News≫, 2006년 1월 30일 자). 아를라 푸드는 하루아침에 자신에게 등을 돌린 이슬람 시장에서 이미지를 쇄신하고자 노력했으며, 무함마드 만평을 낸 덴마크 신문과 자신들이 무관하다는 광고를 내기 시작했다. 자신들에게 등을 돌린 무슬림 소비자에게 억울함을 호소했으나 불행히도 아를라 푸드의 판매 실적은 2008년 기존의 95% 수준으로 회복되기 전까지 고전을 면치 못했다. 아를라 푸드는 만평 사건의 이후 자사의 손실액이 2억 7,400만 달러에 달한다고 밝혔다(마하잔, 2013: 92). 이 사건은 사도 무함마드에 대한 모욕과 무슬림의 금기 사항에 대한 자극이 전 세계 무슬림 소비시장에서 어느 정도 위력을 갖는지 숫자로 보여주었다.

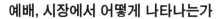

## 예배, 시장에서 어떻게 나타나는가

예배, 즉 쌀라salaah 는 무슬림의 두 번째 의무 사항이다. 무슬림은 하루에 다섯 번 기도한다. 기도 시간은 새벽 동트기 직전fajr, 정오 dhuhr, 그림자가 실제 건물의 두 배가 되는 오후·asr, 해가 진 직후·maghrib, 저녁·isha 이다. 처음에는 무슬림의 예배 시간을 사람의 목소리로 알렸다. 예배 시간을 알리는 사람을 무앗진muwadhin 이라고 하는데, 무앗진은 사원의 가장 높은 곳인 첨탑으로 올라가 "알라는 위대하다. 알라는 유일신이며 무함마드는 그의 사도다. 와서 기도하라. 신은 위대하다. 알라는 유일신이다"라는 내용의 구절을 읊으며 무슬림에게 예배 시간을 알린다. 사람의 목소리로 기도 시간을 알리는 전통은 사도 무함마드 시절부터 시작되었다. 처음에는 부르지 않아도 사람들이 스스로 사도 무함마드의 집으로 와서 기도했다. 그러나 사도 무함마드는 모든 사람이 각기 다른 시간에 모여드는 것이 불만족스러웠다. 그래서 한 이주자의 꿈에서 힌트를 얻어 당시 목소리가 가장 좋았던 흑인 노예 출신 무슬림 개종자인 빌랄 Bilal 에게 소리로 사람들에게 기도 시간을 알리라고 명했다. 그래서 빌랄은 매일 새벽 동이 트기 전 지붕 꼭대기에 올라 사람들에게 기도 시간을 알렸고, 이 전통이 계속 내려오고 있다(암스트롱, 2002: 364~365). 오늘날에는 사원 첨탑에 확성기가 달려 있어 이를 통해 멀리서도 기도 소리를 들을 수 있다.

### 예배가 무슬림 시장에 시사하는 점

흥미롭게도 전통은 과학기술과 함께 진화하며 새롭게 탄생한다. 첨단 과학기술의 발달 덕에 무슬림은 세계 어디서건 이슬람의 5대 의무를 간편하게 행할 수 있게 되었다. 최근에는 스마트폰의 등장으로 무슬림은 사

(왼쪽부터) 이슬람 관련 다양한 정보를 알려주는 앱(Muslim Pro), 기도 시간과 방향을 알려주는 앱
(Qibla Compass), 할랄 음식점과 사원을 찾아주는 앱(zabihah)
© play.google.com

원에 가지 않더라도 코란 낭독과 기도 시간과 관련된 각종 앱application을
다운받아 편리하게 종교적 의무를 수행할 수 있게 되었다.

무슬림이 예배를 드리기 위해서는 우두wudu라는 절차를 반드시 거쳐
야 한다. 우두는 간단히 몸을 씻는 부분 세정식으로, 그 목적은 예배 전에
마음의 안정과 몸의 청결을 유지하는 데 있다. 우두를 하는 방식은 흐르
는 물에 양손과 얼굴, 팔꿈치, 머리카락, 발목을 씻는 것이다. 만약 이성
과 접촉했거나 개와 돼지 등 이슬람교에서 혐
오스럽게 취급하는 동물을 만졌을 때는 부분
세정 대신 몸 전체를 씻는 세정인 구슬ghusl
을 행한다. 물이 없는 사막에서 예배할 때, 또
는 상처가 있어 물로 세정할 수 없을 때는 부
드럽고 깨끗한 모래나 돌을 사용해 손가락을
문지르거나 몸을 닦는 방식으로 우두를 행하
기도 한다. 그러나 과학기술의 변화와 함께
우두도 자동으로 몸을 씻어주는 기계의 등장
처럼 좀 더 편안한 방식으로 발전하고 있다.

말레이시아 회사에서 개발한 자
동 우두 기계
© AACE Technology Sdn Bhd

## 종교부금, 시장에서 어떻게 나타나는가

이슬람에서 자카zakah라 부르는 종교부금, 즉 희사는 무슬림의 세 번째 의무다. 자카는 우리의 기부 개념과 일맥상통한다. 무슬림은 연소득의 2.5%를 자발적으로 공동체를 위해 환원하고 있다. 공공선에 대한 무슬림의 자발적 희사의 역사는 지난 1,400년 이상을 이어져 왔다.

무슬림 기부문화의 원동력에는 무슬림의 소유관이 자리하고 있다. 이슬람교에서는 물질에 대한 소유권이 신에게 귀속된다. 대신 신은 인간에게 신의 소유로 된 모든 물질의 관리를 맡겼다. 이 때문에 부자는 자신의 재산 축적을 알라의 은총 덕이라고 여긴다. 이러한 부의 개념 때문에 이슬람교에서는 모든 무슬림에게 자카를 매년 납부할 것을 의무 사항으로 규정한다. 자카는 타인에 대한 배려와 공감을 통한 자신의 내적 '정화' 또는 '성장'을 의미한다. 즉, 물질적 측면에서 자신이 소유한 바를 다른 사람과 함께 나누며 다른 사람에 대한 봉사와 희생을 통해 자신을 돌아보는 계기를 마련하는 것이다. 코란 제2장 110절에서는 다음과 같이 언급한다.

예배를 드리고 이슬람세를 바치라. 너희 스스로를 위해 자선을 베푸는 사람에게 하나님께서 보상할 것이라. 하나님은 너희들이 행하는 모든 일을 알고 계시기 때문이라.

희사의 종류는 크게 '의무적 희사'와 '자발적 희사'로 나뉜다. 희사의 납부 대상은 정신적으로나 물질적으로 안정된 성인 남녀. 의무적 희사는 수입의 일정 비율을 내는 것이다. 자발적 희사는 사다까sadaqah로 부르기도 하는데, 개인이 자유 헌납 형식으로 불우한 사람을 도와주는 형

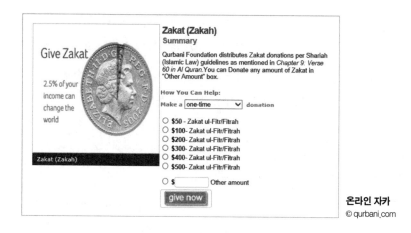

온라인 자카
© qurbani.com

태다. 무슬림은 일반적으로 의무적 회사를 라마단 기간에 행하며, 자발
적 회사는 시기에 상관없이 아무 때나 이웃이나 종교기관에 행한다. 무
슬림이 라마단을 회사의 시기로 선호하는 가장 큰 이유는 라마단을 알라
에게서 축복받은 달로 여기는 데 있다. 무슬림은 축복의 달에 선행을 하
면 더 많은 보상을 받을 수 있다고 믿는다. 그래서 아랍의 부호는 이 기
간을 이용해 학교나 사원 건립에 많은 돈을 쾌척한다. 회사의 이러한 성
격 때문에 무슬림 사회의 기부액을 정확히 측정하기란 어렵다.

의무적 회사의 납부 비율은 직종과 수입에 따라 달라진다. 일반인은
연소득의 약 2.5%를 납부한다. 농부는 관개답이나 천수답을 통해 얻은
곡식의 10%를, 그 외의 경우에는 5%를, 석유나 금은 같은 매장 자산이
있을 때는 20%를 납부하는 것을 원칙으로 한다(정수일, 2002: 147). 회사
의 납부 방식 역시 다양하다. 형편에 따라 금은이나 현금을 내기도 하며
가축으로 대신하기도 한다. 인터넷 문화가 발달한 오늘날 무슬림은 온라
인으로 자카를 납부하기도 한다.

회사가 부자들에게는 의무인 반면, 가난한 자들에게는 권리로 인식된

다. 이는 이슬람 사회에서 희사를 부자가 가난한 자에게 행하는 선행으로 간주하기보다 한 공동체를 안정적으로 유지하기 위해 신의 명령에 따라 가난한 자가 취할 수 있는 의무로 해석하기 때문이다. 과거에는 사원이나 종교단체와 같은 종교기관에서 희사를 운영했으나, 오늘날에는 정부기관에서 이를 관리하기도 한다.

## 종교부금이 이슬람 시장에 시사하는 점

종교부금의 예처럼 이슬람은 자선과 기부를 중시한다. 다국적 기업들은 관용과 자비의 달로 알려진 라마단 달을 이용해 마케팅 전략으로 부의 사회 환원을 강조하기도 한다. 한국 기업들도 기부와 자선을 중심으로 다양한 마케팅을 펼쳐 기업에 대한 긍정적인 이미지를 구축하고 있다.

일례로 아랍에미리트의 두바이에 있는 삼성전자 중동·아프리카 본부는 라마단 기간에 자사 제품을 구입할 경우 일정액을 사회복지기관에 기부하는 행사를 벌였다. 이와 함께 불우이웃을 위한 기부 행위가 무슬림의 5대 의무 중 하나라는 점에 착안해 자사 제품을 살 경우 소비자가 자연스럽게 기부금까지 낼 수 있다는 점을 강조한 공익 차원의 마케팅을 활용하기도 했다. 삼성전자는 또한 라마단 마케팅 전용 홈페이지(www.samsungramadan.com)를 개설하고 이슬람 경전인 코란, 하루 다섯 차례의 기도 시간 안내 등 자사의 스마트폰에서 사용할 수 있는 이슬람 관련 애플리케이션을 무료로 제공하기도 했다.

LG전자 중동·아프리카 본부 역시 라마단 기간에 아랍에미리트에서 자사 제품을 구입한 소비자 중 매일 5명씩 모두 150명을 추첨해 각각 1,000디르함(한화 약 29만 원) 상당의 여행 쿠폰을 지급했다. 또한 LG전자 사우디아라비아 지사도 라마단을 맞아 현지 고아원 어린이들을 테마파크로 초청해 일몰 뒤 첫 저녁식사인 '이프따르iftaar'를 제공하기도 했다(≪연합뉴스≫, 2010년 8월 12일 자).

자선행위는 이슬람의 가장 중요한 가치 중 하나다. 이미지 마케팅 시대에 우리 기업은 기부문화를 통해 아랍 소비자들에게 '타인과 나누는 기업'이라는 긍정적인 인식을 심어줄 수 있다. 더욱이 최근 젊은 아랍 소비자 사이에 윤리적 소비가 소비문화의 중요한 코드로 등장했다는 점에서 기업의 기부문화는 이들에게 접근하는 데 좋은 요소가 될 것이다.

## 금식, 시장에서 어떻게 나타나는가

금식, 즉 싸움sawum은 무슬림의 네 번째 의무 사항이다. 무슬림은 이슬람력으로 9월인 라마단 한 달 동안 해가 뜰 무렵부터 질 때까지 금식한다. 금식하는 동안에는 음식 섭취뿐 아니라 물과 담배, 부부관계까지 삼간다. 심한 경우 자신의 타액까지 삼키지 않는 사람도 있다. 무슬림이 이슬람력 9월을 가장 신성한 달로 간주하며 금식하는 것은 사도 무함마드가 이 달에 천사 가브리엘로부터 첫 계시를 받았기 때문이다. 또한 9월은 메디나를 침입한 메카군을 상대로 치른 최초의 전쟁에서 승리한 달이기도 하다.

무슬림의 금식월은 해마다 달라진다. 이는 1년이 365일인 그레고리력과 달리 이슬람력은 355일로 구성되기 때문이다. 따라서 라마단 달은 그레고리력 기준으로 해마다 10일씩 앞당겨진다. 금식월이 겨울에 오게 되면 해 있는 시간이 여름에 비해 짧기 때문에 비교적 쉽게 라마단을 지낼 수 있다. 금식월 시작과 끝은 종교 권위자나 사원의 이맘이 선포한다. 이들은 육안으로 초승달의 형태를 관찰하고 라마단 달의 시작을 알린다.

라마단 기간에 사람들 간의 교류는 더 활발하다. 보통 일몰 직후 금식

표 4-1 **2017년까지 라마단 기간**

| 연도 | 5월 | 6월 | 7월 | 8월 | 9월 |
|------|------|------|------|------|------|
| 2008 | | | | | 9. 1.~9. 30. |
| 2009 | | | | | 8. 22.~9. 20. |
| 2010 | | | | | 8. 11.~9. 9. |
| 2011 | | | | 8. 1.~8. 29. | |
| 2012 | | | | 7. 20.~8. 18. | |
| 2013 | | | | 7. 9.~8. 7. | |
| 2014 | | | 6. 28.~7. 27. | | |
| 2015 | | | 6. 18~7. 16. | | |
| 2016 | | 6. 6.~7. 5. | | | |
| 2017 | 5. 27.~6. 25. | | | | |

자료: 마하잔(2013: 129).

을 깨는 '이프따르' 식사에 무슬림은 가족이나 이웃, 친지를 초대해 식사를 같이 하기 때문이다. 이때 초대한 사람은 자신의 관대함을 다른 사람에게 보이기 위해 음식을 풍성하고 넉넉하게 준비한다. 산술적으로 볼 때 라마단 기간에 무슬림은 하루에 한 끼나 두 끼 이상을 거르게 되므로 소비가 위축될 것 같지만, 사실 무슬림에게 라마단은 오히려 소비의 달이다. 이프따르 식사를 초대한 주인은 손님 만찬을 준비하는 데 많은 돈을 지출하며, 또한 타인에게 집을 공개하기 때문에 최선을 다해서 집을 꾸민다. 이들은 라마단을 중심으로 가구와 가전제품을 새로 장만하며 차를 새로 구입하기도 한다.

## 라마단이 이슬람 시장에 시사하는 점

무슬림에게 라마단은 절제의 기간인 동시에 축제의 기간이자 소비의 기간이다. 앞서 살펴보았듯이 무슬림들은 라마단 기간에 평소보다 더 많은 음식을 장만해서 자신의 집을 방문하는 사람이나 형편이 어려운 사람과 나눠 먹고, 자신의 집에 초대된 손님들에게 보여주기 위해 가전제품이나 자동차 등 물품을 사기도 한다. 이를 겨냥해 회사들은 라마단 기간에 평소보다 더 많은 예산을 투입해 집중적인 마케팅을 펼치며, 소비자들은 라마단을 중심으로 1년 소비 예산을 짠다. 라마단 기간에 자동차, 가전제품, 의류, 문구류, 식품, 완구류 등은 손님맞이와 선물용으로 매출이 평소 대비 20~100% 늘어난다고 한다(한석우, 2010). 게다가 각 회사는 금식이 종료되는 이프따르 시간을 활용해 각종 비즈니스 활동을 한다. 일례로 소비자를 이프따르 시간에 초대해 신제품을 출시하거나 바이어 상담도 적극적으로 행한다. 과거 이슬람 지역에서는 라마단이 비즈니스 중단의 달을 의미하기도 했지만, 오늘날에는 비즈니스 특수의 달로 변모하고 있다.

## 성지순례, 시장에서 어떻게 나타나는가

성지순례는 무슬림이 행해야 할 다섯 번째 의무 사항이다. 무슬림은 성지순례를 이슬람력 12월 8일부터 10일간 3일에 걸쳐 행한다. 건강과 경제 사정이 허락하는 한 모든 무슬림에게 일생에 한 번은 순례를 하는 것이 의무다.

순례에는 여러 종류가 있다. 이는 크게 규정된 기간에 규정된 절차를 따르는 대순례인 핫즈hajj, 규정된 기간 이외에 규정된 절차를 따르는 소순례인 우므라'umra, 그리고 임의의 기간에 몇 가지 절차만을 행하는 지야라ziyaarah로 나뉜다(정수일, 2002: 153). 중세에는 순례객들이 이슬람 세계의 대도시에 모여 큰 무리를 이룬 뒤 여행길에 올랐다고 한다. 특히 맘루크 시절에는 카이로와 다마스쿠스가 순례의 출발지로 여겨졌으며, 무슬림은 대상을 조직해 움직였다. 순례를 위해 전 세계 무슬림은 이 지역에 다 모여들었고, 사람들은 여행비를 마련하기 위해 자신이 가져온 물건을 내다 팔거나 다른 물건과 교환했다(후라니, 2010: 283).

이슬람교가 태동한 신성한 도시인 메카는 여러 차례에 걸친 전쟁으로 파괴되었으나 8세기 초 칼리파 알 왈리드Al-Walid의 노력으로 현재의 모습을 유지하고 있다. 카으바는 이슬람이 태동한 이후 1,400년이 지나서도 예언자 시대와 동일하게 유지되도록 세심하게 관리·보수되고 있다. 예언자와 칼리파 시대가 끝나고 메카는 성지순례의 중심지가 되었다. 무슬림으로 태어나거나 개종한 사람은 반드시 일생에 한 번은 메카를 방문해야 한다. 한편 메카는 무슬림에게만 개방된 도시로 비무슬림의 접근이 엄격하게 제한된다.

미나의 캠프촌(위)과 아라파트 평원(아래)
© wikipedia.org

무슬림은 순례의식에 들어가기 전 몸을 청결히 하기 위해 세정 의식을 한다. 본격적인 순례를 하기에 앞서 모든 순례객은 이흐람ihraam이라는 순례복으로 갈아입는데 이는 바느질하지 않은 두 조각의 흰 천으로 만들어진다. 이흐람은 청결과 순결, 그리고 속세로부터의 격리를 상징한다. 이흐람 착용의 전통은 사도 무함마드가 사망 전 순례할 때 입던 복장에서 유래했다. 여성은 추가로 머리를 땋은 후 흰색의 히잡을 두른다. 성지순례 기간에는 머리카락과 손발톱을 자르거나 향수를 바르지 않는 것이 원칙으로 간주된다. 여성이 머리를 땋는 것도 성지순례 기간에 흘러내리는 머리에 신경을 쓰지 않기 위해서다.

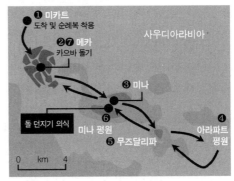

그림 4-1 **성지순례 경로**

① 미카트
도착 및 순례복 착용

②⑦ 메카
카으바 돌기

사우디아라비아

③ 미나

④ 아라파트 평원

⑥

돌 던지기 의식

미나 평원

⑤ 무즈달리파

0    km    4

© wikitravel

성지순례 기간에는 남녀를 불문하고 보석을 착용하지 않으며, 타인과의 언쟁이나 분쟁에도 휩쓸리지 말아야 한다.

순례의 방법은 사도 무함마드가 사망하기 전 행했던 마지막 순례 절차를 따르는 것이다. 순례객은 순례 첫 날인 12월 8일에 메카에서 약 8킬로미터 떨어진 미나Mina라는 작은 마을에서 코란을 낭송하고 명상과 기도를 하며 하루를 보낸다. 둘째 날 아침에 이들은 아라파트Arafat 평원으로 가 메카를 향해 정오부터 일몰까지 알라에게 용서를 구하며 간청을 하는 기도를 한다. 기도를 마친 순례객은 일몰 직전 미나에서 몇 미터 떨어진 무즈달리파Muzdalifa로 가서 다음 날 쓸 조약돌 몇 개를 모으며 하루를 보낸다. 마지막 날 아침 순례객은 날이 밝기 전 미나로 돌아와 사탄을 상징하는 기둥에 돌을 던진다. 이는 악마와 단절하는 의식이다.* 이어 형편

---

* 이 의식은 아브라함과 하갈, 그의 아들 이스마일이 자신들 앞에 나타난 악마에게 돌을 던졌다는 데서 유래했다. 아브라함이 신의 명령에 따라 장남을 제단에 바치려 하자 악마가 세 차례 나타나 방해했다. 악마는 아브라함에게 자식을 제물로 바치는 못된 아버지가 되어서는 안 된다고 유혹했고, 이스마일에게는 아버지에게 순종하지 말라고 꾀었다. 이에 화가 난 아브라함과 이스마일이 악마에게 돌을 던졌다는 것이다. 이 의식은 2004년 핫즈 이후부터 순례객의 안전을 고려해 기둥 대신 벽에 돌을 던지는 형태로 진행된다.

이 되는 무슬림은 양이나 동물을 재물로 바쳐 희생제를 치른다. 그리고 일부를 가난한 자와 나눔으로써 순례의 가장 핵심 부분을 마치게 된다.

희생제를 마치면 순례객은 메카로 돌아와 정화의 의미로 남성은 이발을 하고 여성은 머리카락의 일부를 잘라낸다. 정화 의식을 마친 무슬림은 목욕도 하고 이흐람을 벗을 수 있으나 아직까지 남녀관계는 금지된다. 이후 순례객은 코란 구절을 암송하며 카으바를 따라 일곱 번 빙빙 도는 똬와프tawaaf를 행한다. 똬와프에는 인간과 신, 땅과 하늘의 일체라는 상징적 의미가 담겨 있다. 또한 원을 돌거나 순행을 하는 것은 사람이 언제나 시작한 곳으로 되돌아온다는 것을 의미한다. 끝은 곧 새로운 시작과 상통한다. 똬와프를 하면서 순례자는 자신을 돌아보게 되고 세상과 마주하고 있는 자신의 중심을 발견하게 된다(암스트롱, 2001: 144).

똬와프가 끝난 순례객은 간혹 모퉁이에 있는 신성한 돌에 입을 맞추거나 손으로 만진다. 이 의식이 끝나면 순례객은 남쪽에 있는 성천聖泉인 잠잠Jamjam 샘물을 마시고 아브라함의 두 번째 부인 하갈이 아들 이스마엘을 위해 물을 찾던 행위를 의미하는 사이sa'y라는 의식을 행한다. 사이는 사파Safa와 마르와Marwa라는 두 봉우리 사이를 일곱 번 질주하는 것이다. 사이를 마치면 순례객은 미나로 돌아와 가지고 있던 남은 돌을 기둥에 던진다(Eickelman, 2002: 253~255). 순례의식을 마친 순례객은 메카에서 약 270킬로미터 떨어진 메디나로 여행을 하기도 한다. 메디나는 사도 무함마드가 이슬람 포교 당시 메카 귀족의 박해를 피해 이주했던 곳이다.

### 순례가 이슬람 시장에 시사하는 점

오일머니로 막대한 부를 형성한 사우디아라비아의 또 다른 중요 수입원은 바로 관광 산업이다. ≪아랍뉴스Arab News≫에 따르면, 사우디아라비

표 4-2 **해마다 증가하는 무슬림 성지순례객 수** (단위: 명)

| 연도(이슬람력) | 사우디아라비아 | 외국인 | 총계 |
|---|---|---|---|
| 1920(1338) | | 58,584 | |
| 1996(1416) | 784,769 | 1,080,465 | 1,865,234 |
| 2010(1430) | 989,798 | 1,799,601 | 2,800,000 |
| 2011(1431) | 1,099,522 | 1,828,195 | 2,917,717 |
| 2012(1432) | 1,408,641 | 1,752,932 | 3,161,573 |

자료: Ministry of Hajj.

아가 2012년에 성지순례로 얻은 관광 수입이 16억 5,000만 달러이며, 이
는 사우디아라비아 GDP의 3%에 해당한다(*Arabian Business*, 2013년 1월 6
일 자). 무슬림 수의 증가와 함께 사우디아라비아의 핫지 순례객은 지난
92년간 2,824%나 증가했다(*The News International*, 2012년 10월 25일 자).
2012년에는 약 300만 명이 사우디아라비아의 메카를 방문한 것으로 추
정되며, 이 중 외국인 순례객 수는 175만 명, 사우디아라비아 자국민 순
례객 수는 140만 명에 달한다. 사우디아라비아 대사관과 사우디의 핫지
부Ministry of Hajj의 통계에 따르면, 사우디아라비아 자국민 순례객과 해외
무슬림 순례객 수 모두 매해 증가하는 추세다(표 4-2 참조).

무슬림은 이슬람교의 5대 의무 사항 중 하나인 성지를 순례하기 위해
4일 동안 약 28킬로미터를 이동하며 메카에서 머문다. 이 기간에 무슬림
관광객을 수용할 수 있는 숙박시설과 음식점, 기념품 상점 등은 특수를
누린다. 매년 증가하는 무슬림 관광객을 맞이하기 위해 메카에는 지난
10년간 부동산과 건설 붐이 일었다. 그런데 사람들의 소득 증가로 메카
를 방문하는 무슬림의 소비행태도 점점 더 고급화하고 있다. 예전에는
텐트에서 숙박을 해결했던 사람들이 이제는 고급 호텔에서 잠을 자길 원
하며, 더 좋은 식사를 하고, 또 장거리를 이동해야 하는 순례 코스를 좀
더 편안하게 마치고 싶어 한다. 이와 같이 편안함과 고급스러움을 추구

메카의 그랜드 모스크에서 바라본 아브라즈 알 바이트 타워(Abraj al-Bait Tower). 120층 높이의 이 건물에는 대규모 숙박시설과 쇼핑몰이 들어서 있다.
© wikipedia.org

하는 순례객의 요구에 부응하기 위해 글로벌 고급 호텔이 앞다퉈 메카에 집중 투자하고 있으며, 메카에는 대규모 호텔 체인이 속속 들어서고 있다. 그 결과 메카는 사우디아라비아에서도 가장 큰 호텔 시장으로 부상했으며, 호텔 수는 급증했다. 현재 사우디아라비아의 수도인 리야드에는 1만여 개의 호텔방이 있으며, 메디나에도 7,800여 개의 호텔방이 있다. 호텔 건설 프로젝트가 마감되는 2015년이면 메카에는 1만 3,000여 개의 호텔방이 마련될 예정이다(*Travel Daily News*, 2013년 5월 24일 자).

단 4일이라는 순례 기간에 300만 명이 넘는 순례객이 몰리는 메카에서 호텔과 음식점만 호황을 맞는 것은 아니다. 작게는 물티슈, 손 세정제, 개인용 세면도구와 같은 위생·보건 용품, 그리고 전염병 예방을 위한 의약품 시장부터 순례객이 귀국할 때 구매하는 기념품까지 매력적인 소비시장이 즐비하다. 무슬림 순례객은 귀국 후 가족과 친지들에게 선물하기 위해 향수나 운반이 쉬운 소형 가전제품, 또는 카메라, 컴퓨터 같은 휴대용 전자제품을 구매하며, 이러한 물품을 판매하는 대형 상점도 속속 문을 열고 있다. 한국의 쌍방울 속옷도 2011년 순례객을 대상으로 불티나게 팔려 단기간에 약 45억 원어치를 판매했다고 한다.

핫즈 순례자들의 소비행위를 연구한 최근 보고서 따르면, 메카를 찾는 외국인 순례객은 핫즈 기간에 평균 2만 1,622리얄(한화 약 618만 원)을 사용한 것으로 나타났다(*Zawya*, 2012년 10월 29일 자). 핫즈 순례 비용의 약 77%는 숙박, 여행, 수수료, 음식 등에 사용되었다. 그런데 놀랍게도 응답자의 60.8%의 월 소득이 1,000리얄(한화 약 28만 원)에서 4,900리얄(한화 약 141만 원) 사이인 것으로 나타났다. 이처럼 무슬림 중에는 자신이 평생 저축한 돈을 들여 무슬림의 의무 사항을 지키기 위해 순례에 동참하기도 한다. 향후 메카의 성지순례는 '메카노믹스Meccanomics'라는 신조어가 암시하듯 더욱 큰 시장으로 발전할 것으로 예상된다.

Chapter 5

# 무슬림 트렌드세터와
## 가치소비

 **트렌드와 신호 읽기**

'트렌드'라는 단어는 신문이나 잡지, 방송, 그리고 우리의 일상 대화에서 무척이나 흔하게 등장한다. 대체로 패션이나 음식, 교육, 예술, 건강, 재테크 등 다양한 분야에서 감지되는 새로운 움직임이나 대중적인 유행을 지칭할 때 이 단어를 자주 사용하는데 실상 트렌드라는 단어의 뜻은 모호하다. 트렌드의 뜻을 정의한 헨릭 베일가드Henrik Vejlgaard(2008: 24~25)는 과거 트렌드라는 단어가 통계학자나 경제학자 사이에서 주로 '방향을 틀다'라는 의미로 사용되었다고 한다. 오늘날 트렌드라는 단어는 비록 그 쓰이는 분야에 따라 서로 다른 의미를 내포하며 발달해왔으나 대체적으로 '변화의 과정', '제품 개발(구체적으로 트렌드를 창조하는 회사가 수행하는)', 또는 주류문화에 편입되는 과정을 일컫는다.

트렌드와 함께 트렌드세터라는 단어도 등장했는데 이는 새롭게 창조된 트렌드를 받아들이고 결정하는 주체를 의미한다.

변화하는 트렌드를 정확하게 포착하는 데 가장 핵심적인 작업은 바로 '신호'를 읽는 것이다. '신호 읽기'의 출발점은 한 사회의 변화를 창조하고 결정하는 트렌드세터를 찾아내는 일에서 시작한다. 베일가드는 그 신호의 시발점으로 젊은이와 디자이너, 예술가, 부유한 사람과 유명인사 등을 지목했다. 젊은이야말로 한 사회에 존재하는 주류 트렌드를 받아들이거나 반대로 거부하면서 기성세대보다 좀 더 자유롭게 자신의 의사와 취향을 표출할 수 있는 집단으로 변화에 민감하게 반응하기 때문이다. 또한 이들은 인생에서 자신의 정체성을 탐구하는 단계에 있으며, 아직 취향이 정착되지 않았기 때문에 다른 그룹에 비해 개방적인 트렌드 결정자로 두각을 나타낼 가능성이 크다. 젊은이 외에도 자기 분야에서 생존하기 위해 항상 창조적인 일에 집중해야 하는 디자이너나 예술인, 그리고 한 사회의 오피니언 리더, 또는 젊은이에게 많은 영향력을 미치는 정치인, 종교인, 연예인 등 유명인사도 한 사회의 트렌드 변화를 주도하는 그룹이라 할 수 있다. 그 밖에 가장 비싸고 새로운 스타일을 가장 잘 감당할 수 있는 부유한 자와 스타일을 의식하는 하위문화 집단에 속한 사람 역시 트렌드 확산의 주역이다. 이러한 배경에서 우선 무슬림 젊은이의 취향과 소비성향을 분석하고 무슬림 트렌드세터를 알아보자.

## 무슬림 트렌드세터, 신세대 파워 엘리트

인구구성이 소비패턴에 미치는 영향을 분석한 유로모니터Euro-monitor의 2012년 자료에 따르면, 2012년 30세 미만 인구는 전 세계

인구의 50.5%로, 대부분 개발도상국인 중동과 아프리카, 인도에 집중되어 있다(Euromonitor, 2012. 2. 13.). 비록 무슬림 여성의 사회 진출 및 교육 기간 연장 등으로 이 지역은 세계적인 저출산 흐름에 동참할 것으로 예상되지만, 여전히 타 지역에 비해 높은 출산율을 유지하고 있다. 자료를 보면 2010~2015년 무슬림 국가의 평균 출산율은 2.9명, 비무슬림 개발도상국의 평균 출산율은 2.3명, 중도국의 평균 출산율은 1.6명일 것으로 추산되는데, 2020~2025년이 되면 평균 출산율이 각각 2.6명, 2.3명, 1.7명이 될 것으로 예상된다(Pew Research Center, 2012. 12. 18.). 유로모니터는 중동과 아프리카, 그리고 인도의 젊은 인구수 증가와 함께 그들의 잠재적 소비 파워와 글로벌 시장에 미칠 소비패턴의 영향력에 주목하고 있다. 이 지역 젊은 노동인구의 증가는 곧 가처분소득으로 이어질 것이며, 이는 잠재적 소비력의 향상을 의미하기 때문이다. 유엔은 이들을 '세계를 재편할 새로운 글로벌 파워new global power reshaping world'로 지칭하기도 했다(Pew Research Center, 2011b).

　오늘날 신세대 무슬림 젊은이는 한마디로 개성 있는 소비자라고 정의할 수 있다. 그들은 과거 무슬림과는 차별화된 자신들만의 소비문화를 즐기고 있다. 이미 앞에서도 언급했듯이 과거 무슬림이 당시 엘리트문화의 상징이었던 서구의 소비문화를 그대로 답습했다면, 세계문화가 지역문화와 조우하는 오늘날 무슬림은 이슬람의 가치에 맞는 새로운 소비문화를 창출하고 있다. 새로운 문화를 선도하는 이른바 문화 엘리트들은 무슬림이라는 자부심과 함께 세계화된 서구의 자본주의 시장에 깊숙이 침투해 그들의 종교성과 신념을 더욱 경쟁력 있는 문화상품으로 생산하고 있다. 혹자는 이들을 '무슬림 퓨처리스트futurist'라고 부르기도 하는데, 이들은 교육열이 강한 부모 세대의 영향으로 지식인 엘리트 계층이 주류를 이루며 경제적으로도 부유한 특징을 보인다. 또한 글로벌 문화에도

그림 5-1 **신세대 무슬림 파워 엘리트의 특성**

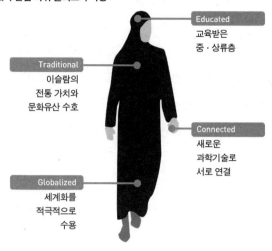

노출되어 세련된 국제 감각과 매너를 지니고 있으며, 인터넷과 같은 새로운 기술을 이용하는 데도 능숙해서 이를 통해 서로 잘 연결되어 있다. 동시에 이들은 공동체와 가족을 중시하는 자신들의 고유한 전통 가치와 이슬람의 문화유산도 중시한다.

무엇보다 주지할 만한 사실은 이들이 스스로 무슬림임을 자랑스럽게 여기고 있다는 것이다. 국제사회에서 상당한 경쟁력을 지닌 이들의 능력 때문에 우리는 부상하는 이슬람 시장을 간과할 수 없는 것이다. 즉, 이들이 서구의 소비와 유행의 주역인 Y세대와 다른 점은 종교의 핵심 가치를 이해하며 종교 안에서 성공을 모색하고 있다는 점이다.

무슬림 트렌드세터의 성향을 잘 이해하는 데 무슬림 젊은이들이 가장 존경하고 닮고 싶어 하는 인물에 대한 탐구는 큰 의미가 있다. 여기서는 무슬림 젊은이들의 롤모델을 소개하고 이들의 개성 있는 가치소비를 분석한다.

## 무슬림 젊은이들의 롤모델

### 종교인이자 정치인 그리고 경제인이었던 사도 무함마드

무슬림 젊은이들이 존경하는 인물은 한 시대가 처한 상황이나 나이와 계층에 따라 달라지지만, 이와 관계없이 이슬람의 역사를 통틀어 가장 존경받는 인물은 바로 이슬람교의 창시자 사도 무함마드(570~632년)다. 무슬림은 사도 무함마드를 가장 완벽한 인간으로 간주한다. 그래서 모든 무슬림은 그의 성품을 가장 닮아야 할 이상형으로 꼽는다.

사도 무함마드의 리더십을 연구한 존 어데어 John Adair(2010)는 무함마드가 어린 시절 베두윈 양부모의 보호 아래 사막에서 컸기 때문에 베두윈의 성품인 진정한 용맹, 정직, 인내, 상냥하고 관대하고 온화한 기질을 두루 갖추었다고 소개했다. 도시화와 세계화가 진행된 오늘날 아랍 도시민들은 베두윈을 거칠고 쉽게 흥분하며 믿음직스럽지 못하다고 평가하기도 하지만, 전통적으로 아랍인은 베두윈의 혈통을 고귀하게 여기는 경향이 있었다. 이후 청년이 된 무함마드는 대상이 되어 낙타와 상인을 이끌고 사막을 횡단하는 책임을 맡았다. 당시 대상은 다른 부족으로부터 돈을 위탁받아 이윤을 공평하게 분배해야 하는 위치에 있었기 때문에 탁월한 협상력이 요구되는 직업이었다. 또한 험한 사막의 무역로를 횡단해야 했기 때문에 지도력과 책임감을 두루 갖춰야 했다. 대상을 하면서 그는 이러한 지도자의 성품을 기를 수 있었다. 이후 40세의 나이에 계시를 받으면서 시작한 이슬람교의 지도자로서 그의 지위는 또 다른 리더십을 필요로 했다. 이슬람교를 창시하고 포교하는 과정에서 무함마드는 지혜와 명예를 쌓을 수 있었으며, 지도자의 반열에 들어선 후에도 사치보다는 어려서 사막생활을 통해 몸에 밴 검소를 실천해 많은 이에게 존경을 받았다. 이슬람교를 통해 무슬림의 통합을 이끌어내는 과정에서 좁게는 타인, 넓게는 다른 부족과 공존하고 화합하는 관용과 외교력을 손수 보여줄 수 있었다.

## 두바이의 통치자, 셰이크 모하메드 빈 라시드 알 마크툼

셰이크 모하메드 빈 라시드 알 마크툼
© World Economic Forum

역사적 인물인 사도 무함마드 이외에도 현재를 사는 젊은 무슬림들이 존경하는 인물로 두바이의 통치자 셰이크 모하메드 빈 라시드 알 마크툼Mohammed bin Rashid Al Maktoum, 1949~ 이 있다. 그는 아랍인의 전통에 따라 어린 시절 사막에서 유목 생활을 하며 아랍 전통시를 지어 시인으로도 유명하다. 시인다운 상상력과 역발상의 창조적 사고, 그리고 뛰어난 추진력으로 무장한 그는 사막에 스키장을 만들고 인공 섬을 건설하는 등 아랍의 한 작은 도시국가를 세계 최대의 무역항이자 물류·금융·관광 산업의 중심지로 탈바꿈시킨 위대한 지도자로 인정받는다.

젊은이들이 두바이의 통치자 셰이크 모하메드를 존경하는 이유는 전통과 미래, 이슬람과 서구에 대한 비전에서 균형을 잃지 않고 열린 경영을 실천했다는 점이다. 세계화의 추세에 문을 단단히 걸어 잠그고 전통에 집착하며 이슬람에 귀의하려는 다른 아랍 국가와 달리 두바이는 그의 개방적이고 혁신적인 사고방식을 바탕으로 이제 전 세계인이 부러워하며 한 번쯤 살고 싶은 곳이 되었다. 아랍에미리트 국가 브랜드의 향상은 자국민은 물론, 더 나아가 공동의 정체성을 공유하는 아랍 젊은이에게도 무슬림으로서 자신감을 심어줄 뿐 아니라 경제적 성공에 대해 많은 영감을 준다.

### 종교인, 아므르 칼레드

**아므르 칼레드**
© wikipedia.org

젊은 무슬림이 존경하는 종교인으로는 이집트 출신 아므르 칼레드Amr Khaled, 1967~가 있다. 아므르 칼레드는 이집트의 중산층 가정에서 태어났으며, 처음에는 종교인이 아니라 회계사의 길을 걸었다. 이러한 그의 교육 배경이 암시하듯 그는 과거 사원에서 종교적인 절제를 외쳤던 전형적인 이맘의 이미지를 탈피해 실용적인 이슬람을 설파하면서 부유층 젊은이들 사이에서 명성을 날리기 시작했다. 그의 설교는 아랍에서 가장 인기 있는 가수인 아므르 디압의 유행을 창조하는 능력, 전도사인 빌리 그레이엄Billy Graham과 같은 설득력, 미국의 유명한 쇼호스트인 닥터 필Dr. Phil과 같은 치유력을 갖추었으며, 이 점이 무슬림 젊은이에게 매력적으로 다가왔다(Hammond, 2007: 94). 특히 이슬람교를 현대식으로 재해석하는 동시에 세속과 협상할 수 있는 길을 제시하고 인간의 기본적인 욕구 중 하나인 경제적 성공을 옹호한 그의 설교는 서구식 물질문명과 이슬람의 교리 사이에서 방황하는 젊은이들에게 설득력이 있었다. 즉, 서구의 물질문명을 동경하는 무슬림 젊은이들의 죄책감을 씻어주는 동시에 자칫 와해될 수 있는 무슬림의 정체성을 더욱 공고히 할 수 있었던 것이다. 그의 설교는 텔레비전이나 라디오, 위성 TV와 인터넷 등을 통해 이집트뿐 아니라 전 세계 무슬림 젊은이의 관심을 사로잡고 있다.

## 예능인, 아므르 디압

무슬림 젊은이들에게 인기 있는 대표적인 예능인으로는 지난 십 년간 중동 지역 최고 인기 가수로 활동 중인 이집트 출신 아므르 디압Amr Diab, 1961~ 등이 있다. 그는 보수적인 이슬람 문화권에서 서구식 뮤직비디오의 형식을 아랍 음악에 접목해 재해석한 인물이다. 이슬람의 보수적인 사회 분위기에서도 과감한 패션 스타일과 근육질의 몸매를 드러낸 그의 뮤

**아므르 디압**
© wikipedia.org

직비디오는 매일같이 아랍 각국 TV에 방영될 정도로 인기가 많다. 특히 연예인은 한국과 마찬가지로 젊은이들에게 주요 롤모델이 되는데, 이 때문에 그들의 외모나 패션 스타일 등은 젊은이의 소비문화에 많은 영향을 끼친다.

그러나 염두할 점은 연예인을 모방하는 소비문화가 항상 서구화와 글로벌화를 추구하는 개방적인 방향으로만 흐르지는 않는다는 것이다. 소비패턴의 이슬람화가 극명하게 나타난 사례로는, 비록 비아랍 국가이기는 하지만, 인도네시아를 들 수 있다. 1997년 아시아 금융위기 이후 경제적 어려움을 겪던 인도네시아 젊은이들은 경제위기에 대한 불안감을 종

교에 의지해 해소하려는 경향이 짙어졌다. 특히 이러한 움직임은 인도네시아 젊은 부유층 무슬림에게서 나타났는데, 이들은 자신의 도덕성과 종교심을 나타내는 신호로 종교적 보수화를 택했다. 그러던 중 당시 인도네시아의 가장 유명한 배우였던 이네케 코서르스와티Inneke Koesherswati가 대중에게 어필할 목적으로 자신의 이미지를 경건하고 신실한 무슬림으로 설정했으며, 이후 베일을 쓰고 방송에 출현했다. 종교성을 강조한 그녀의 새로운 이미지는 정체성 상실과 공허감으로 방황하던 많은 인도네시아 무슬림에게 위안을 주었고, 인도네시아의 많은 젊은 여성들은 그녀의 스타일을 따라하게 되었다. 이러한 트렌드는 지금까지 이어져 오늘날 인도네시아에서는 무슬림 젊은이들이 자신의 정체성과 경제력을 표출하는 하나의 방식으로 '현대화된' 이슬람식 소비문화를 창출하고 있다. 즉, 이슬람은 부활했으나 현대 젊은이들의 취향에 맞게 재해석되어 세련되고 고급스럽게 표출된 것이다. 결국 인도네시아에서 이슬람식 소비문화는 새로운 계층 구분 짓기 현상으로 귀결되었으며, 인도네시아 무슬림 젊은이들은 자신의 도덕성과 종교성을 상품을 통해 강조했다.

## 아랍의 여성 롤모델

아랍 여성은 지금까지 이슬람 문화권에서는 '보이지 않는' 존재로 여겨져 왔다. 따라서 사회의 전면에 나서서 활동하는 인물은 그리 많지 않다. 또한 아랍 사회의 전통적인 가치에 따르면 여성의 이상적인 자리는 '가정'이고 이상적인 역할은 '육아와 가사'로 여겨졌던 점을 감안할 때 활발하게 사회활동을 펼치는 여성에 대한 사회적 호감도는 그리 높지 않다. 이러한 보수적인 사회 분위기 때문에 아랍 사회에서는 일반 여성의 출세보다 가문의 권력과 경제력을 배경으로 성공한 여성들이 더 부각되는 실정이다. 그래서 무슬림 여성 롤모델 역시 지도자 가문에 한정되어 있다.

라니아 왕비(왼쪽)와 셰이카 모자 왕비(오른쪽)
© wikipedia.org

　무슬림 여성 롤모델로는 먼저, 평민 출신으로 1993년에 요르단의 압둘라 왕Abdullah II과 결혼한 이후 교육의 중요성을 역설하면서 사회운동을 적극적으로 펼치고 있는 요르단의 라니아Rania Al Abdullah, 1970~ 왕비와 역시 교육 분야에 많은 관심을 쏟고 있는 카타르의 셰이카 모자Sheikha Mozah bint Nasser Al Missned, 1959~ 왕비가 있다. 특히 카타르의 셰이카 모자 왕비는 보수적 성향의 일반 아랍 왕실의 여성과 달리 카타르 정치에 적극적으로 개입하는 모습을 보인다. 또한 카타르의 교육과 과학 분야의 진흥을 위해 설립한 카타르 파운데이션Qatar Foundation을 운영하면서 아랍 여성과 어린이의 교육에 많은 후원을 하고 있다. 게다가 셰이카 모자 왕비의 보수적이면서 세련되고 화려한 이슬람식 패션 스타일은 카타르 젊은 여성들에게 모델이 되고 있다.

　그렇다면 지금까지 언급한 아랍 젊은이들의 롤모델이 지닌 공통점은 무엇일까? 그것은 바로 보수와 개방, 전통과 현대, 서구와 이슬람 사이에서 균형을 잃지 않으면서 경제적으로 성공한 인물이라는 점이다. 이는 앞서 설명한 것처럼 오늘날 무슬림 젊은이들이 전통과 이슬람의 핵심 가치를 이해하며 자신의 정체성을 중시하는 동시에 경제적 성공도 모색하고 있다는 데 그 배경이 있다고 할 수 있다. 한편으로 무슬림 젊은이들의 이러한 성향은 소비시장에서 바로 가치소비라는 새로운 패턴으로 나타나고 있다.

## ☾ 무슬림 젊은이들의 새로운 소비 트렌드, 가치소비

최근 글로벌 소비 트렌드를 분석한 여러 자료와 언론을 보면 '가치소비'라는 말이 자주 회자되고 있음을 알 수 있다. 가치소비란 소비자가 직접적인 가치판단에 따라 상품에 대한 사전 정보를 토대로 비교해보고 용도나 가격, 만족도 등을 고려해 체계적이고 합리적으로 소비하는 방식을 일컫는다. 가치소비자는 실용품을 알뜰하게 구매하는 반면, 자신의 가치에 부합하는 물품이라면 가격에 상관없이 구매하는 소비의 양극화 현상을 보이기도 한다.

가치소비가 새로운 소비 트렌드로 자리 잡은 배경으로는 교육수준 향상, 삶의 질 향상, 정보기술 발달과 소셜 네트워크 서비스 확산에 따른 고급 정보의 전파 등을 들 수 있다. 유통이 제한되고 선택할 대안도 적어 '필요'에 따라 소비했던 과거의 '단순 구매자'와 달리, 이들은 새로운 소비를 창출하는 능동적인 생산자이자 똑똑한 소비자다(서재근, 2007).

진화된 현대의 소비자들은 기업의 일방적인 광고와 설명, 그리고 생산자 입장에서 정리된 제품 정보에 의존하기보다는 인터넷의 장점을 활용해 커뮤니티를 만들어 소비자 입장에서 분석된 제품 정보를 토대로 자신에게 맞는 합리적이고 현명한 소비를 한다. 또한 문제가 되는 제품을 판매하거나 비윤리적인 기업에 대해서는 사이버 불매 운동도 활발하게 전개하면서 소비문화를 주도한다. 소비재 선택 시 자신의 개성과 가치를 최우선으로 고려하기 때문에 과감한 소비를 하기도 하는데, 최근 한국 사회에서도 인기를 끄는 명품 소비와 친환경 제품 소비도 가치소비의 틀에서 이해할 수 있다.

이처럼 오늘날 소비 트렌드가 변화함으로써, 시장 세분화의 전통적 단위인 연령, 지역, 직업, 소득수준 등을 통한 인구통계학적 분석은 변화무쌍한 소비시장을 설명하기에 충분치 않게 되었다. 즉, 오늘날 소비자들은 성별, 나이, 개성 등 과거 전통적인 방식에서 구분 짓던 단순한 소비 정체성에서 벗어나 '지킬 앤드 하이드'와 같은 다중 정체성을 띤 소비를 하며 이들의 소비성향은 수시로 변화하고 있다. 현대의 소비자는 하나의 정체성에 묶여 있기보다 가치관이나 욕구를 매순간 변화시키며 그에 부합하는 능동적인 소비를 하는 주체다. 이를 반영하듯 최근 소비자들의 소비성향을 분석해보면 남녀 또는 나이 구분이 점차 모호해지는 경향을 발견할 수 있다. 또한 소비자들은 친환경 트렌드를 추구하지만 소비자 개인의 편익을 담보할 수 있을 때에만 유효한 이기적이면서도 동시에 이타적인 소비 방식을 선호하고 있다. 게다가 소비자들은 느리면서도 빠르게 사는 것을 추구하고, 합리적이면서 동시에 사치성 있는 모순적인 소비를 선호한다(김난도 외, 2011).

다중적이고 상황에 따라 유동적으로 변하는 현대인의 소비성향은 중동 지역 신세대 무슬림에게서도 나타난다. 최근 신세대 무슬림 소비자에 대한 연구가 활발히 진행되는 가운데 이들의 정체성에 대한 연구 자료를 분석하면 무슬림 젊은이들에게서도 모순적인 소비성향을 읽을 수 있다.

신세대 무슬림 소비자들은 세계화에 개방적인 태도를 보이는 동시에 자신의 전통과 뿌리에 집착하며, 또한 물질적인 성공을 추구하는 동시에 종교적 윤리를 중시하는 경향을 보인다(Ogilvynoor, 2010). 그리고 전통과 관습을 존중하는 보수성을 띠는 동시에 최첨단 신기술을 선호하며(Abdullah, 2010), 개인주의에 목말라하면서도 집단주의 가족문화를 동경하기도 하고, 집단의 의사를 존중하면서도 개인의 의사 표현을 중시한다(Vohra et al., 2009). 결국 신세대 무슬림들은 소비의 선택 문제에서 최대 만족을 추구하고자 다양하면서 모순적인 요소들을 놓고 능동적으로 협상하는 실용적인 가치소비를 한다는 것을 알 수 있다. 아랍 무슬림 젊은이들의 가치소비에 대한 예는 다음과 같다.

**무슬림 젊은이의 가치소비 1: 루키즘과 다이어트 산업**

사회에서 외모가 경쟁력을 갖는 요즘은 타인에게 보이는 것이 중요한 시대다. 이러한 현상을 반영하듯 최근 한국에서도 '루키즘lookism'이 지나치리만큼 심하게 나타나고 있다. 국어사전 정의에 따르면, 루키즘은 외모가 개인 간 우열과 인생의 성패를 가름하는 기준이라 믿으며 집착하는 외모지상주의 또는 외모차별주의를 지칭한다. 그래서 남녀노소를 불문하고 사람들은 남에게 잘 보이기 위해 너도나도 '몸짱'과 '얼짱'에 대한 강박관념에 사로잡혀 있다. 살 빼는 것을 평생의 과제로 생각하며, 더욱 젊어 보이고 더욱 예뻐 보이기 위해 주름을 펴고 쌍꺼풀을 만들고 코도 세운다. 심지어는 요즘 유행하는 이른바 'V 라인'의 얼굴을 만들기 위해 얼굴의 윤곽을 변형하는 성형수술도 서슴지 않는다.

　루키즘 현상은 비단 한국에서만 일어나는 것이 아니다. 요즘 아랍 여성들도 루키즘에 사로잡혀 있다. 이들은 다이어트를 사명으로 여기고, 성형수술을 하기 위해 적금을 들기도 한다. 아랍의 여러 도시 중에서도 과거 '중동의 파리'라 불렸던 레바논의 베이루트는 중동에서 서구의 최신 유행이 시작되는 곳으로도 유명하다. 아랍 여성은 서구보다 지리적으로 가깝고, 언어가 통하며, 저렴하게 성형수술을 할 수 있는 베이루트와 또 다른 유행 창조의 도시인 카이로로 몰려든다. 아랍 여성들 사이에는 빛나는 피부 톤을 얻기 위한 필링 시술, 섹시하고 고양이 같은 눈을 만들기 위한 눈꼬리 성형수술, 머리카락 이식수술, 입술 부풀리기 수술 등이 인기라고 한다. 아랍권 포털사이트인 알바와바Al Bawaba에 따르면, 아랍 지역에서 행해지는 성형수술 건수가 2003년에 65만여 건으로 그 전해의 38만여 건과 비교해 약 2배 정도 늘었고, 이집트에서만 같은 기간에 약 5만 5,000건에서 약 12만 건으로 증가했다(Hammond, 2007: 126).

그렇다면 왜 아랍 여성들은 루키즘에 사로잡혔을까? 물론 한국과 마찬가지로 아랍 무슬림 여성은 스스로 만족감을 얻는 동시에 자신의 가치를 더 높이고자 외모를 가꾸지만, 그 속사정에는 일부다처제가 허용되는 이슬람 문화권의 남성 중심적인 사회적 관습이 자리하고 있다. 일례로 아랍 여성 사이에는 "아랍 여성들은 평생 다이어트를 한다. 결혼 전에는 좋은 신랑감을 찾기 위해, 결혼 후에는 신랑을 다른 여성에게 빼앗기지 않기 위해"라는 말이 회자될 정도다. 주목해야 할 점은 남성 중심 문화에서 남성의 시선이 여성의 몸을 변화시키고 있다는 점이다. 날씬한 몸을 선호하는 오늘날 아랍 여성들은 다이어트에 목숨을 걸지만, 1970년대만 하더라도 이상적인 여성상은 통통한 여성이었다. 먹을 것이 풍부하지 않았던 그 당시만 하더라도 통통한 여성은 윤택한 삶의 상징이었기 때문이다. 그래서 마른 여성은 인기가 없었으며 결혼 전 여성들은 살을 찌우기 위해 노력했다. 이처럼 여성의 이상형 변화는 아랍 여성의 몸이 시대적 상황에 따라, 그리고 사회의 눈에 의해 통제되고 있음을 잘 보여준다.

그렇다면 아랍 무슬림 여성이 사회가 요구하는 이상적 외모에 강박관념을 보이는 데에는 어떤 배경이 자리하고 있을까? 여기에는 혼전 이성과의 만남을 불명예로 여기는 사회 분위기와 앞서 잠깐 언급한 바처럼 이슬람 율법에 따라 일부다처제가 허용되는 이슬람 사회의 법제도가 한몫하고 있다. 즉, 결혼 전에는 연애 기간이 없기 때문에 여성들은 결혼 시장에서 자신의 가치를 극대화하기 위해 외모를 꾸미며, 결혼 후에는 남편의 시선을 자신에게만 묶어두기 위해 자신의 외모를 가꾸는 것이다. 아랍 여성은 자신의 남자가 자신을 다른 여성과 비교하는 것에 특히 민감한데, 최근 인터넷과 위성 TV의 등장, 그리고 다양한 미디어에서 보여주는 다양한 여성상 때문에 아랍 여성은 또 다른 부담과 긴장감을 느끼고 있다.

외모를 아름답게 가꾸기 위해 많은 아랍 여성은 일생 동안 다이어트의 강박관념에 시달린다. 앞서 언급했듯이 전통적으로 아랍 세계에서는 통통하고 둥글둥글한 여성의 몸이 인기가 있었다. 오늘날처럼 먹을 것이 풍족하지 못했던 시기에 사람들은 잘 먹고 살찐 몸을 부와 건강, 다산의 상징으로 여겼기 때문이다. 그러나 '비만은 곧 병'으로 인지되는 새로운 문화적·의학적 맥락에서 살이 찐 것은 긍정적인 의미보다 게으름, 나태, 자기 관리 부족이라는 부정적 이미지를 가지게 되었다. 광고, 패션, TV 등 방송매체는 살과 관련해 여성의 이분법적인 이미지를 더욱 극단적으로 보여준다. 아랍 지역 여성의 몸과 다이어트를 연구한 바시요니Iman Farid Basyouny(1997: 5)에 따르면, 아랍 지역 방송 매체에서는 뚱뚱한 여성을 통해서 가족을 위해 음식을 준비하고 빨래하고 청소하고 아이의 기저귀를 갈아주는 '전통'적인 여성의 이미지를 보여주는 반면, 날씬한 여성을 통해서는 해변과 쇼핑몰을 거닐며 신용카드를 쓰고, 고급차를 운전하는 등 세련되고 현대적인 이미지를 보여준다.

WHO에 따르면, 중동 지역 여성의 반이 과체중이나 비만에 시달리고 있다. WHO는 그 요인으로 석유를 통해 늘어난 부와 서구식 식습관을

그림 5-2  **20세 이상 여성의 평균 체질량지수(BMI) 분포도(2008년 기준)**

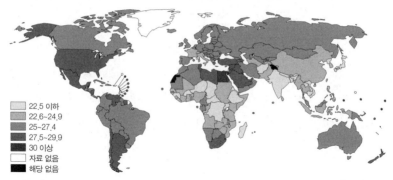

22.5 이하
22.6~24.9
25~27.4
27.5~29.9
30 이상
자료 없음
해당 없음

주: 체질량지수(BMI)는 몸무게를 키의 제곱으로 나눈 값이며, 보통 20 미만은 저체중, 20~24는 정상체중, 25~30는
　　경도비만, 30 이상은 비만으로 본다.
자료: WHO.

지목했다. 런던에 있는 국제 비만 태스크 포스International Obesity Task Force
에 따르면, 바레인 여성의 83%, 아랍에미리트 여성의 74%, 레바논 여성
의 75%가 비만에 속한다(*Wall Street Journal*, 2004년 12월 29일 자). 이 수
치에서 짐작할 수 있듯이 다이어트에 대한 강박관념은 걸프 지역 여성들
에게 특히 큰 부담이다. 타 아랍 지역과 달리 걸프 지역 여성들은 인도나
스리랑카, 필리핀 등지에서 온 값싼 외국인 노동력(한 달 평균임금 미화 약
150달러)을 고용해 다른 지역 여성보다 가사와 육아노동으로부터 좀 더
자유롭다. 게다가 아랍의 전통적인 고칼로리 음식 섭취와 에너지를 소비
할 만한 일거리가 없는 걸프 지역 여성들의 비만율은 다른 지역 여성에
비해 훨씬 높다. 여성의 운동량이 부족한 데에는 더운 사막 기후라는 아
랍의 환경적 요소뿐 아니라 여성의 바깥출입을 부정적으로 보는 사회적
시선도 한몫한다. 이러한 환경 속에서 다이어트에 대한 여성들의 강박관
념은 점차 커지고 다이어트 음식과 운동에 대한 화제는 일상생활을 가득
메우고 있다. 이 때문에 최근 무슬림 여성 사이에서는 다이어트 관련 상
품, 화장품, 패션 상품이 각광을 받고 있다.

**무슬림 젊은이의 가치소비 2: 무슬림 여성의 히잡, 억압의 상징에서 패션코드로**

무슬림 여성의 옷 시장이 최근 새로운 블루오션으로 부상하고 있다. 무슬림 여성의 옷 시장은 연간 약 2,500억 달러의 가치가 있는 것으로 추정된다. 이처럼 무슬림 여성의 옷 시장 규모가 커지는 데에는 최근 무슬림 여성들 사이에 이슬람의 전통 의상인 베일을 착용하는 수가 증가하는 것도 큰 요인으로 작용한다. 베일에 부여된 의미와 착탈을 놓고 벌어지는 논쟁은 문화적·사회적·종교적·정치적·경제적 맥락에서 다양하게 진행되어왔다. 베일은 해석하기에 따라 때로는 억압의 상징으로, 그리고 때로는 자유의 상징으로 인식된다. 그렇다면 무슬림 여성은 왜 그들의 전통 복장으로 회귀하는 것일까?

무슬림 여성들이 베일을 착용하는 이유는 다양하다. 우선 무슬림 여성은 자신의 종교적 정체성과 경건함을 나타내기 위해 베일을 쓴다. 베일을 씀으로써 이들은 이슬람이라는 종교 안에서 하나가 되는 동질감과 소속감을 느낀다. 그뿐 아니라 도덕적으로 타락한 서양의 문화와 반대되는 이슬람 혹은 동양의 정숙하고 깨끗한 문화적 전통을 표현하기 위해 베일을 쓰기도 한다. 베일에는 전통적으로 정숙의 의미가 부여되었기 때문이다. 또한 무슬림 여성은 자신의 도덕성을 타인에게 표출하거나 거리 또는 직장 등 공공장소에서 일어날 수 있는 성희롱으로부터 자신을 보호할 목적으로 베일을 쓰기도 한다. 베일을 쓴 여성은 암묵적으로 도덕적인 여성으로 인식되는 사회 분위기에서 남성은 베일을 쓴 여성에게 함부로 접근할 수 없기 때문이다. 결혼 적령기에 이른 여성들은 결혼 시장에서 상대방에게 더 정숙한 이미지를 보여주기 위해 베일을 쓰기도 한다.

역설적이게도 베일에 부여된 정숙이라는 사회적 합의로 여성은 행동의 자유를 얻기도 한다. 베일을 쓴 여성은 베일을 쓰지 않은 여성에 비해

남성의 시선을 의식하지 않고
길거리와 직장을 포함한 공공
장소에서 자유롭게 활동할 수
있기 때문이다. 베일에 함의
된 도덕성과 종교적 메시지를
이용해 일부 아랍 여성은 라
마단 기간에만 경건의 의미로
베일을 착용하기도 하는데,
이는 오늘날 베일의 착탈에

**아랍 무슬림 여성 패션쇼에서 소개된 다양한 베일 연출**
© Abaya Trade(Flickr.com)

대한 규정이 과거에 비해 상당히 유연해졌음을 시사한다.

그러나 무엇보다도 오늘날 무슬림 여성 대부분은 미적 표현의 한 수단
으로 베일을 이용하기도 한다. 베일은 21세기 새로운 패션코드로 등장했
으며, 다양해진 베일의 매듭 스타일이나 문양 그리고 옷감은 이를 말해
준다. 중동 이슬람 문화권 여성들은 전통과 현대, 이슬람과 서구화의 물
결 속에서 전통적인 이슬람의 복장 착용의 형식에서 벗어나 좀 더 자유
롭고 다채로운 스타일의 베일을 연출함으로써 전통적인 이슬람식 복장
착용에서 융통성을 발휘하고 있다.

**무슬림 젊은이의 가치소비 3: 내 인생에 가장 중요한 것은 내 아이**
어린이 소비시장은 1970년대를 시작으로 1980년대부터 미국을 비롯한
서구 선진국의 중산층과 엘리트 사이에서 폭발적으로 성장하기 시작했
다. 서구에서 어린이 산업이 성장하게 된 배경으로는 가구 예산 규모 증
가, 물건 소유에 대한 경쟁적인 과시욕 출현, 광고 규제 완화로 미디어를
통해 어린이에게 직접적으로 호소하는 회사들의 마케팅 전략 등장 등이
있다(Kuppinger, 2009: 192). 새로운 상품에 대한 욕구와 필요를 만들어내

는 회사들은 어른을 설득하기보다 광고를 통해 아이들에게 브랜드를 인식시키고 브랜드에 대한 충성심을 심어준다. 반면 아이들은 상품을 갖기 위해 부모를 설득하고, 밖에서 일해야 하는 바쁜 부모는 죄책감과 보상 심리에서 아이에게 원하는 물건을 사주게 된다. 유아부터 아동에 이르기까지 어린이 장난감, 오락, 옷, 음식 등을 취급하는 어린이 관련 산업은 서구뿐 아니라 최근에는 전 세계적으로 각광받는 시장으로 부상했고, 인류가 생존하는 한 끝없는 이윤 창출도 가능하다.

아랍 시장 역시 어린이 관련 산업이 부흥기를 맞이하고 있다. 아랍 지역의 새로운 소비문화의 공간으로 부상한 몰에는 어린이 옷, 장난감, 도서를 파는 상점이 즐비할 뿐만 아니라 키자니아KidZania처럼 어린이가 직접 즐기고 체험하면서 배울 수 있는 '에듀테인먼트edutainment' 공간과 부모가 쇼핑하는 동안 어린이를 돌보는 보육시설 등이 마련되어 있다.

아랍 지역에서 어린이 산업이 부흥하는 배경에는 여성의 교육수준 향상과 사회 진출 증가에 따른 자녀 수 감소가 가장 크게 작용한다. 전통적으로 이슬람 사회에서 무슬림 여성의 가치는 결혼과 자녀 생산에 있었다. 결혼하지 않은 여성이나 결혼했어도 아이를 낳지 못한 여성은 불완전한 여성이라는 사회적 오명을 벗을 수 없었다. 그런데 이러한 전통적인 가치는 여성의 교육수준이 향상되고 사회 진출이 활발해지면서 변화하고 있다. 통계에 따르면, 아랍에서 이상적인 결혼 연령은 1970년대에는 18~21세, 1990년대에는 22~25세였으며 이는 점점 늦춰지는 경향을 보인다. 또한 6명에 이르던 출산율도 현재 3명 이하로 줄어드는 추세다 (Roudi-Fahimi and Kent, 2008). 자녀 수가 감소하면서 자녀 1인당 교육에 대한 투자가 늘고 있다. 한국과 마찬가지로 무슬림도 자녀 교육에 많은 투자를 하는데, 이는 교육이 사회계층 상승, 즉 출세를 위한 사다리 역할을 하기 때문이다.

그런데 오늘날 신세대 무슬림 부모는 서구의 교육 스타일을 그대로 따르지는 않는다. 현대화와 세계화 과정에서 무슬림 부모들은 자신의 종교적 정체성을 유지하면서 동시에 글로벌화에 발맞추어 아이를 양육하고 싶어 한다. 이러한 점을 파고든 것이 바로 글로벌 문화를 이슬람식으로 재포장해 이슬람의 고유한 가치를 살린 상품들이다. 일례로 할리우드의 스파이더맨이나 슈퍼맨 대신 이슬람의 용사 이야기인 〈THE 99〉, 금발의 바비 인형 대신 풀라와 라잔 인형, 그리고 각종 게임을 통해 이슬람을 교육하는 다양한 비디오 게임 등이 있다.

### 무슬림 슈퍼히어로 스토리, 〈THE 99〉

〈THE 99〉은 슈퍼맨, 스파이더맨, 배트맨, 엑스맨 등 서구의 전형적인 슈퍼히어로를 대신해 이슬람의 정체성을 담은 슈퍼히어로 만화 시리즈다. 이는 쿠웨이트 출신 사업가인 나이프 알 무타와 박사Naif Al-Mutawa가 이슬람의 역사와 전통문화에서 영감을 받아 긍정적인 무슬림의 이미지를 홍보하려는 노력으로 만들어졌다. 줄거리는 관대, 순수, 자비, 인내, 사랑 등 알라의 속성을 지닌 99개의 보석이 전 세계로 흩어져 이 보석들을 소유한 영웅들이 99개의 각기 다른 나라에서

〈THE 99〉의 캐릭터들(위)과 다국적 기업인 네슬레 상품 홍보에 사용된 〈THE 99〉 이미지(아래)
© Teshkeel Media Group, Nestle Waters

활약하는 이야기로, 선악이 대립하는 모험담이다. 여기에서 전 세계로 퍼진 99개의 보석은 이슬람의 확산을 상징한다.

〈THE 99〉의 한 에피소드에 등장하는 누라Noora the Light라는 인물은 빛의 성질을 지닌 아랍에미리트 출신의 영웅으로 진실을 읽고 사람들을 도와준다. 99명의 캐릭터 중 반 정도는 여성이고 그중 31명이 히잡을 착용했다. 〈THE 99〉은 무슬림 어린이뿐 아니라 비무슬림에게도 어필한다. 이는 이 만화의 주된 내용이 관용, 힘, 지혜, 자비 등 알라의 속성을 토대로 하지만 이를 이슬람의 가치로 전면에 내세우는 대신 이러한 속성이 인류가 추구해야 할 보편적인 속성임을 내세우기 때문이다. 〈THE 99〉이 유명세를 타면서 이를 소재로 한 테마공원과 상품이 출시되기도 했다.

## 무슬림의 바비 인형, 풀라

이슬람의 정체성에 기반을 둔 또 다른 가치소비의 예로는 풀라 인형이 있다. 시리아의 한 사기업에서 2003년에 출시한 이 인형은 전 세계 무슬림 아이들의 사랑을 받고 있다. 인형의 생김새는 서구형 섹스심벌인 미국의 바비 인형과 비슷하지만, 이슬람의 전통 의상을 입는다는 점, 이슬람 금기 사항을 고려해 바비의 남자 친구 캐릭터인 켄Ken 대신 야스민Yasmin과 나다Nada라는 여자 친구가 있다는 점, 무슬림이 가장 선망하는 선생님을 직업으로 설정한 점은 바비 인형과 여러 면에서 대조적이다. 또한 바비와 풀라는 삶의 방식도 여러 면에서 차별화된다. 바비가 비키니를 입고 해변에 가거나 밤에 도시를 돌아다니는 반면, 풀라는 집에서 요리와 독서, 쇼핑, 스포츠 등을 즐긴다. 이러한 점 때문에 풀라 인형은 무슬림 아이들에게 롤모델이 되고 있으며, 많은 무슬림 부모 또한 놀이를 통해 이슬람의 가치에 부합하는 성 역할을 자연스럽게 습득할 수 있다면 면에서 이를 반긴다.

풀라와 비슷한 계열의 인형인 라잔, 린Leen과 사라Sara도 출시되었으나 그중에서도 풀라가 좀 더 인기가 있다. 이는 무슬림의 개성과 정체성이 풀라에 좀 더 잘 드러나기 때문이다. 풀라의 옷장에는 다양한 색의 히잡이 청바지 같은 일반 옷과 함께 있어 선택의 여지가 많고 외출용 옷도 더 많이 갖추고 있다. 아이들도 이슬람의 가치를 일상생활에서 실천할 수 있도록 아이들용 가구, 보석과 같은

**풀라 인형**
© your pal ryan(Flickr.com)

액세서리도 출시되었으며, 어린이를 위한 핑크색 풀라 기도 매트, 풀라 자전거, 풀라 학교 가방, 풀라 수영장 용품, 풀라 껌, 풀라 시리얼 등이 큰 인기를 모으고 있다.

풀라 인형은 무슬림뿐 아니라 비무슬림에게도 인기가 있다. 이는 다문화를 교육하는 데 유용하기 때문이다. 비록 사람을 형상화하는 것을 우상숭배로 보아 금기시하는 이슬람 문화에서 이러한 제품의 적법성을 놓고 논쟁이 치열한데도 풀라 인형이 성공할 수 있었던 배경에는 부모에게 '좋은 이유로 돈을 쓰는spending money for a good cause' 전략이 통했기 때문이다. 풀라 인형은 무슬림 아이들에게 이슬람식 삶을 살아가는 동기를 부여하고 자연스럽게 이를 내면화하는 교육을 시키기 때문이다. 풀라 인형은 이슬람의 가치가 녹아든 상품의 소비를 통해 아이들조차 일상생활에서 이슬람교를 구체적으로 실현할 수 있는 동기를 제공한다.

### 새로운 교육매체로 등장한 비디오 게임

비디오 게임은 아랍의 젊은 층뿐만 아니라 성인에게도 가장 흔하게 볼 수 있는 오락거리 중 하나다. 특히 디지털 게임은 아랍이 주요 시장 중 하나인데, 아랍의 성인들은 수입의 상당 부분을 게임 관련 하드웨어와 프로그램에 지출하고 있다. 비디오 게임 산업은 부유한 걸프 지역뿐만 아니라 인터넷 카페의 확산으로 중동의 다른 지역 젊은 층의 주요 오락거리로 간주된다. 아랍의 젊은이들은 게임을 직접 하거나 다른 사람이 게임하는 것에 훈수를 두면서 게임을 매개로 서로 어울리기도 한다(Isler, 2009: 243). 그런데 아랍에서는 어린이용 비디오와 디지털 게임 시장 또한 틈새시장으로 성장하고 있다. 이는 풀라 인형이 부모에게 '좋은 이유로 돈을 쓰는' 전략으로 성공한 것과 같은 맥락으로 어린이에게 이슬람의 기본적인 교리를 가르치는 것을 오락에 접목했기 때문이다. 다시 말해 비디오 게임은 무슬림 어린이들에게 이슬람의 역사를 교육하기 때문에 어린이에게 '안전한safe' 오락거리를 제공한다는 면에서 부모에게 호소력을 발휘하고 있다. 과거 무슬림 어린이를 위한 전형적인 오락거리에는 단순한 오락게임, 퍼즐이 있었으며, 교육용 오락거리는 이슬람의 메시지가 직접적으로 드러나는 퀴즈 게임(기도와 세정 의식, 또는 사도 무함마드의 언행록인 하디스의 교리를 맞추는 것)이 주를 이루었다. 그런데 최근에 등장한 좀 더 진화된 형태의 게임은 무슬림 어린이들이 가상현실 속에서 흥미롭게 이슬람에 대해 배울 수 있도록 개발되었다.

일례로 시리아의 한 회사에서 2005년에 개발한 '쿠라이시Quraysh'라는 게임은 이슬람 도래 이전 시기 전후를 역사적 배경으로 설정하여 이슬람의 기원과 확산 배경을 다루고 있다. 게임에 등장하는 인물은 이슬람을 믿지 않는 이교도 베두윈, 아랍 무슬림, 조로아스터교 페르시아인, 로마 기독교인 등이며, 게이머는 이 중 한 팀을 선택한다. 게임 전에 이슬람 이

전 아랍의 문화와 초기 이슬람 역사를 간결하고 짜임새 있게 소개하기 때문에 게임을 하는 어린이들은 자연스럽게 아랍의 문화유산에 관한 지식을 쌓을 수 있다. 각 팀에게는 실제 역사에 존재했던 지형을 배경으로 미션

**쿠라이시 게임의 한 장면**
© Afkar Media

이 주어져 참가자들이 가상현실에서 자연스럽게 당시 지정학적·사회적·경제적 상황과 이슬람의 도덕적 가치를 꽤 깊이 있게 공부할 수 있도록 설계되어 있다.

이와 비슷한 게임으로는 무슬림의 5대 의무 사항 중 하나인 순례를 모티브로 2008년 출시된 '핫즈Hajj'가 있다. 핫즈 게임의 참가자들은 경비병 역할을 하면서 다양한 순례 단계에서 행해야 할 일과 응급조치, 그리고 관련 서비스에 대한 지식을 자연스럽게 습득할 수 있다.

소수의 한국 게임 업체도 아랍 지역을 겨냥해 진출해 있다. 한국콘텐츠진흥원의 「중동 지역의 온라인 게임시장 및 결제환경조사」(2011)에 따르면, 향후 이 지역의 게임 산업은 여가문화의 발달과 인터넷 결제 환경이 개선되면 지속적으로 성장할 것으로 예측된다. 여기서는 한국과 문화적으로 많이 다른 이슬람 지역에 진출하려면 '현지화 전략'이 필요하다고 강조하고 있다. 이슬람의 교리와 맞지 않는 게임의 판타지 세계관과 여성관 등에 대한 고려가 그중 하나다. 우상숭배와 이에 따른 형상 묘사가 금지된 이슬람 문화권의 특성상 신이나 천사의 모습에 대한 형상화나 지나치게 폭력적이거나 선정적인 내용은 규제 대상이다. 또한 여성 캐릭터의 과도한 노출도 자제해야 한다. 한편으로 아랍 여성의 교육수준이 높

아지면서 문화적 즐길 거리에 대한 욕구가 커지고 있는 상황을 고려할 때 아랍 여성을 대상으로 한 게임도 주목할 만한 틈새시장이다.

## 무슬림 젊은이의 가치소비 4: 커피 업계에 부는 낙타 바람

무슬림 젊은이의 가치소비 바람은 커피 업계에도 불고 있다. 전통적으로 커피는 아랍인의 여가와 사교 문화의 중심에 있었다. 손님을 맞는 주인에게 커피는 환대의 의미로서 빠질 수 없는 대접 품목이었고, 주인이 내놓은 커피를 마시는 것은 손님에게 일종의 의무와 같았다. 아랍인에게 커피는 관계 형성을 위한 출발점이자 대화의 윤활유가 되었던 것이다.

아랍인이 전통적으로 즐겨 마신 커피는 아랍식 또는 터키식 커피다. 아랍식 커피는 분쇄한 커피 가루에 각종 향신료를 섞어 끓인 뒤 여과해 맑은 빛을 띠며, 주로 아라비아반도에 거주하는 사람들이 애호한다. 반면 터키식 커피는 분쇄한 커피 가루에 설탕을 넣어 끓인 후 침전된 가루를 제외하고 마시는 방식으로, 주로 지중해 지역에서 선호한다. 과거 커피를 둘러싼 문화적 공간이 주로 집 — 남성에게는 종종 길거리에 마련된 커피 하우스 — 이었다면, 그것이 오늘날에는 아랍 지역 곳곳에 등장한 서구식 커피 전문점으로 대체되고 있다. 아랍 젊은이들의 생활 패턴과 소비문화가 서구화되면서 이들의 사교문화 역시 서구화되고 있으며, 북적이는 글로벌 커피 전문점은 아랍 젊은이의 사교문화 패턴의 변화를 잘 보여준다.

국제 커피 기구International Coffee Organization: ICO에 따르면, 아랍 젊은이들의 새로운 커피 문화의 형성과 함께 아랍 지역의 커피 소비도 지난 10년간 3배 정도 증가했다고 한다. 아랍 지역 중에서도 아랍에미리트의 커피 판매율은 다른 지역보다 2배 정도 많다. 아랍에미리트에서는 하루에 약 14억 컵의 커피가 판매되며, 이는 1년에 1인당 약 3.5킬로그램에 해당

To revive Bedouin traditions, we have infused an old Arab cuisine with a modern lifestyle drink. Curious to try the milk?

Café2go 홈페이지에서는 베두윈의 삶과 낙타젖에 관한 전통을 소개한다.
© Café2go

하는 양이다(*Arabian Gazette*, 2012년 7월 15일 자).

이처럼 커피를 많이 마시는 아랍에미리트에서 최근 'Café2go'라는 낙타 카페가 등장해 화제다. 이 카페는 서구의 글로벌 기업이 선점한 커피 시장에서 과거 자신들의 조상들이 생존하기 위해 의존했던 '낙타'라는 동물을 전면에 부각해 차별화를 꾀했다. 홈페이지 전면에는 베두윈의 전통적인 삶, 그리고 소젖과 다른 낙타젖의 유용성을 알리면서 소비자의 관심을 끌기 위해 '전통'에 호소하고 있다. 그러나 이 카페의 메뉴는 전혀 전통적이지 않다. 소젖 대신 낙타젖을 사용하되 이미 서구화된 젊은 고객들의 입맛에 맞추기 위해 카멜치노(카푸치노), 카멜라테(커피라테)를 비롯해 낙타밀크 스무디, 낙타밀크 쉐이크, 낙타젤라토, 샌드위치, 핫도그, 치즈, 살라미 등 다양한 메뉴를 선보이고 있다. 2011년 두바이에서 처음으로 문을 연 이 카페는 젊은 비즈니스 리더들에게 두바이 통치자가 수여하는 무함마드 빈 라시드 상Mohammad Bin Rashid Award을 받기도 했으며, 다른 아랍 국가에도 분점 개점을 추진 중이다. 이처럼 아랍의 시장 개척자들도 변화하는 전통을 서구화된 현지 소비문화의 틀에 적용해 아랍 소비자들의 가치소비에 호소하고 있다.

# Chapter 6

# 이슬람 시장의 진화
## : 수끄에서 온라인까지

### 도시의 형성과 시장의 발달

도시는 한 지역 거주민들이 역사를 거치면서 축적한 그들의 기억과 경험을 반영한다(Stewart, 1999). 그래서 우리는 도시의 공간과 이를 사용하는 사람들의 활용 방식을 통해 좁게는 당대 사람들의 사회상과 가치관의 변화를 읽을 수 있고, 넓게는 한 국가의 정치적·경제적 상황의 변화를 짐작할 수 있다. 예컨대 우리는 역사 속 서울이라는 도시 공간에 지어진 건물을 통해, 그리고 최근 신도시의 공간 구획을 통해 과거 한양에 살았던 조선 사람들의 삶의 패턴을 알 수 있다. 또한 일본의 지배와 이로부터의 독립, 대한민국 건국과 근대 역사에 축적된 도시화와 산업화, 그리고 현대화와 글로벌화에 따른 변화, 전통과 모더니즘의 긴장감, 계층의 다양성과 관련한 역사와 기억을 모두 재구성할 수 있다.

**아랍의 다양한 도시 모습(왼쪽은 두바이, 오른쪽은 카이로)**
© huskyte77 (Flickr.com)(왼쪽), 엄익란(오른쪽)

도시에 새겨진 이러한 유무형의 다양한 경험은 아랍 도시에서도 나타 난다. 아랍 도시를 떠올릴 때 혹자는 전통성을 생각하면서 이슬람 사원 과 첨탑, 미로처럼 얽혀 있는 좁은 골목길, 남자들로 넘쳐나는 길거리의 커피 하우스, 여성들이 숨어버린 폐쇄적인 도시 공간을 먼저 떠올릴 수 도 있다. 혹은 이와 반대로 최근 집중 조명되는 아랍 도시의 현대성을 떠 올리면서 '세계 최대'와 '세계 최초'의 기록을 수시로 갈아치우는 고층 건 물과 소비문화를 상징하는 아랍에미리트의 거대한 쇼핑몰을 연상할 수 도 있다. 이러한 인식은 직접적인 경험을 통해 얻었거나 언론 매체를 통 해 간접적으로 만들어진 것이다. 그러나 분명한 것은 아랍의 도시만큼이 나 전통과 현대, 종교와 세속, 감추기와 드러내기 등 역설과 모순이 한 공간에 공존하는 곳을 보기 어렵다는 점이다. 이는 아마도 아랍의 도시 들이 세계 그 어떤 도시보다 오랜 역사를 지녔고, 그만큼 각 도시들이 다 른 문화와 교류하며 쌓아온 경험이 많기 때문일 것이다.

도시의 중심에는 예외 없이 시장이 존재한다. 시장은 도시의 중심부 에서 거주민들의 필요를 충족시키기 위해 의도적으로 생겨난 공간일 수 도 있고, 여러 농경 지역이 교차하고 교통이 편리한 곳에서 거주민 간에 만남이 이루어지면서 자연스럽게 생겨난 공간일 수도 있다. 시장은 인류의 역사만큼이나 오래전부터 존재해왔다. 시장은 사람들이 모여서 갖가지 물건을 사고파는 공간으로서 사람, 상품, 공간이 유기적으로 결합되어 경제활동을 하는 사회적 산물이다(박은숙, 2008). 시장은 경제활동의 기능 외에도 사회적 교환 장소의 역할을 담당한다. 시장에서 거래되는 물품과 유행, 그리고 사람들 간에 회자되는 정보와 소문을 통해 당대의 시대상과 가치관을 읽을 수 있기 때문이다. 시장은 또한 한 지역의 역사를 반영한다. 시대마다 달리 거래되는 상품의 유통 방식과 쓰임새, 그리고 소멸의 역사를 통해 한 사회의 전통, 관습, 문화, 가치 기준을 읽을 수 있으며, 사회 변화도 읽을 수 있다.

이처럼 경제적·사회적 교류의 장인 시장이 한편으로 권력과 투쟁의 장으로서도 기능한다는 점은 무척 흥미롭다. 시장이라는 공간은 국가권력을 확립하는 장소로도 활용되었다. 역사적으로 많은 국가에서 국가권력에 대항한 죄인들을 처벌하는 장소로 시장의 광장을 사용해왔다는 점을 예로 들 수 있다. 시장에서 죄인을 공개적으로 처형함으로써 통치자는 군중에게 경고 메시지의 효과를 극대화하고 지배 질서를 공고히 할 수 있었다. 그러나 위에서 아래로의 권력 행사와는 반대로 시장은 국가권력에 대항하는 장소로 사용되기도 했다. 예컨대 우리의 역사에서 유관순 열사의 독립운동은 천안의 아우내장터에서 일어났고, 최근 아랍 지역에서 독재정권 타파를 외치며 일어난 민주화 혁명인 '아랍의 봄' 역시 사람들이 많이 모였던 시장과 광장 주변에서 발생했다.

이러한 시장의 경제적·사회적·정치적 기능을 고려하면서, 이번 장에서는 아랍 이슬람 지역을 관통했던 실크로드와 아랍 지역의 가장 오래된 시장인 사우디아라비아의 메카, 우마이야 시대의 수도였던 다마스쿠스, 아바스 왕조 시대의 수도였던 바그다드, 그리고 북아프리카 지역의 중심 무역로였던 카이로 시장의 옛 모습과 그 변화를 오늘날 아랍의 현대식 시장인 몰과 연계해 소개한다. 또한 아랍의 디지털 세대의 출현과 그에 따른 온라인 쇼핑 문화의 발달도 함께 짚어본다.

## 수끄에서 몰까지, 이슬람 지역의 도시와 시장 발달

### 이슬람교의 태동과 메카

이슬람교와 시장의 인연은 특별하다. 사람들은 종종 이슬람교를 사막의 종교라고 생각하지만, 사실 이슬람교는 아라비아반도에서 정기적으로 열리던 시장에서 그 싹을 틔웠다. 이슬람교를 태동시킨 사도 무함마드 역시 젊은 시절 아라비아반도에서 시리아를 오가던 상단에 속한 상인이었다. 이슬람교가 태동한 지역은 당시 아라비아반도를 관통하는 중요한 상업도시인 메카였으며, 무함마드는 사람들이 가장 많이 모이는 시장을 중심으로 이슬람교의 교리와 가치를 설파했다. 즉, 이슬람교는 암스트롱이 지적한 대로 철저히 '도시의 산물'인 셈이다(암스트롱, 2001: 155). 이를 반증하듯 아랍 도시의 구도심에서 시장은 항상 사원을 중심으로 형성되었다. 지금도 아랍 지역의 오래된 도시를 방문하면 이슬람교에서 가장 '성스러운' 장소인 사원의 벽을 따라 상점이 즐비하게 배치되어 있는 것을 한눈에 확인할 수 있다. 성스러운 사원 옆에 문을 연 상점의 점원들은 지나가는 손님을 호객하는 지극히 '세속적인' 행위를 하는데, 이러한 광경은 이슬람 세계의 신성하고 근엄한 '성'의 속성과 세속적이고 인간적인 '속'의 속성이 아이러니하게 조화를 이루는 모습을 보여준다.

이슬람 지역에서 시장은 '바자르bazar' 혹은 '수끄souq'로 불린다. 바자르는 이슬람 지역의 독특한 문명을 반영한다. 이슬람이 태동한 아랍 지역에 거주하는 사람들은 기후와 주변의 불안정한 정치 환경 때문에 농경보다는 무역업을 택했다. 예측하기 어려운 날씨 변화, 물 부족, 농경에 부적합한 사막 기후, 게다가 언제 습격할지 모를 유목민에 대한 긴장과 농부의 낮은 사회적 지위 때문에 대규모 농경지 경작은 어려웠으며, 그 대신에 사람들은 농사보다 품위 있고 안전한 상업에 많은 공을 들였다. 고대부터 아랍 지역에는 오아시스와 도시를 잇는 카라반이 있었는데, 이들은 외부인과 활발히 교류했다. 카라반은 기원전 300년경에 발달했다 (Weiss, 1998: 24).

'닭이 먼저냐, 달걀이 먼저냐'를 놓고 벌어지는 오래된 논쟁처럼, 고대 아랍인은 무역업에 종사해서인지 상술과 대화술에 능통했다. 그래서 사람들은 이야기를 잘하고 시를 잘 짓는 사람을 최고로 여겼다. 이러한 전통 때문에 아랍에서는 구전문학이 먼저 발달했다. 한편 상인들은 무역로를 통해 무기나 금속, 보석, 직물, 음식 등을 낙타나 당나귀에 싣고 가 유프라테스 강, 티그리스 강, 나일 강 주변에서 교역했다. 이후 인도와 남아라비아 지역에서 향수와 향신료, 아프리카에서 상아, 카스피 해에서 나무와 털이 유입되었다. 아라비아반도는 고대부터 무역의 중심지였으며, 이집트와 바빌론 지역에 거주하던 이들에게 중요한 종교 용품인 몰약과 향료를 포함한 향수 무역의 중심지였다. 이후 사도 무함마드가 사망하고 아랍인을 주축으로 한 이슬람교의 정복사업이 본격화되자 아랍어의 위상도 높아졌으며 무역과 시장에서 주요 통용어가 되었다.

## 메카의 고대 시장, 우카즈

이슬람교가 태동할 무렵 아랍인들에게 가장 유명했던 시장은 메카 근처에서 20일 동안 열렸던 우카즈'Ukaz 시장이다. 당시 우카즈 시장은 사막에 흩어져 살던 많은 부족들이 한곳에 모여 정보와 물건을 교환하고 사회적 관계망을 확대하고 공고히 했던 중요한 사회적 공간이었다. 시장은 다양한 부족 출신의 아랍인, 이방인, 유대교인와 기독교인, 정주민과 유목민 등 모두가 모일 수 있는 교환의 장이었기 때문이다. "오늘 우카즈 시장에서 회자된 말은 '화살보다 더 빨리 사막을 가로질러' 날아갔다"(니콜슨, 1995)라는 말이 전해질 정도로 당시 우카즈 시장을 비롯한 아랍의 주요 시장들은 정보 교환의 중심에 있었다. 『아랍문학사』를 저술한 니콜슨(1995)에 따르면, 고대 그리스·로마나 근대 영국에서 운동경기를 통해 그랬듯이 아랍인은 시장에서 시나 웅변을 통해 자신의 신분과 부족의 고결함을 서로 경쟁적으로 알렸다. 일단 장이 서면 맞수가 되는 시인들이 각자의 시를 웅변조로 낭송했고, 정평이 난 시인들이 이들의 시에 등급을 매겨 평가했다. 즉, 시장은 시인의 등용 무대 역할도 한 것이다.

이슬람교의 창시자인 사도 무함마드도 젊은 시절 우카즈 시장에서 시인들의 시를 듣곤 했다고 전해진다. 우카즈 시장의 경연 대회에서 시인들의 평가를 통해 우수성이 알려진 시는 '무알라까트muaallaqaat'로 불린다. 무알라까트는 아랍어로 '걸린'을 의미한다. 이는 경연 대회에서 우승한 시가 메카의 카으바 신전 문에 이집트산 아마포 조각에 금빛 문자로 옮겨 써서 내걸렸다는 데서 유래한다. 무알라까트는 오늘날까지도 아랍 시의 중요한 장르로 자리매김하고 있다. 그런데 무알라까트는 고대 아랍 문학 분야뿐만 아니라 아랍인의 생활상을 연구하는 데도 중요한 사료로 인정받는다. 구전을 중시하던 아랍인들의 전통 때문에 고대 아랍인의 삶을 입증하고 재현할 수 있는 역사 문헌은 많이 남아 있지 않다. 그래서 무알라까트는 오늘날까지도 이슬람교의 태동 배경과 고대 아랍인에 관해 연구하는 데 중요한 자료로 활용된다(니콜슨, 1995: 166).

이 외에도 이슬람교에서 시장이 활성화되고 무슬림이 상업 활동에 호의적이었던 이유는 이슬람교를 포용하고 지지했던 세력이 — 비록 처음에는 기득권을 지키려고 이슬람교를 탄압하고 무함마드를 비난했으나 — 메카의

그림 6-1 **사우디아라비아의 헤자즈와 나즈드 지역**

상업 활동을 통해 성장한 귀족 출신이라는 데서도 찾아볼 수 있다. 메카는 6세기 후반부터 아라비아반도의 상업 중심지로 성장했다. 메카는 상업 활동에 안정적인 지리적 이점을 확보하고 있었다. 홍해의 동쪽 해안을 따라 예멘과 시리아, 팔레스타인, 요르단을 연결하는 헤자즈 길과 예멘과 이라크를 연결하는 나즈드 길 등 아라비아반도의 중심 교역로가 만나는 지역에 위치하고 있었기 때문이다.

당시 아라비아반도에는 중앙정부가 없었고 부족 연맹체가 도시를 지배했다. 5세기부터는 예언자 무함마드가 속한 쿠라이시 부족이 이 지역을 지배했으며, 대상이었던 쿠라이시 부족은 도시를 다스리고 성소를 관리하면서 메카의 유력 가문으로 성장했다. 무함마드 역시 쿠라이시 부족 출신이지만, 그는 쿠라이시 부족에 속한 3대 연맹 씨족 중 힘없는 하심가 출신이었다. 비록 권력과 부는 가지지 못했으나, 그의 할아버지가 이슬람교에서 신성시하는 성천인 잠잠 샘물을 관리하고 있었기 때문에 명예로운 가문으로 존경받고 있었다. 7세기경 쿠라이시 부족은 상업 활동과 전통적인 가축 사육을 병행하면서 교역에 종사하기 시작했다. 무함마드도 대상인 카디자와 결혼하기 전까지 시리아를 오가던 상인 출신이었다.

쿠라이시 부족이 메카를 지배하던 유력 가문으로 부상한 것은 뛰어난 외교력이 뒷받침되었기 때문이었다. 쿠라이시 부족은 당시 주요 무역로에서 도적질을 일삼아 상단을 위협하던 베두윈과 대립하기보다 이들과

연맹하는 정책을 폈다. 이로써 자신들이 거주하던 도시의 안전을 확보했을 뿐만 아니라 안정적인 교역로도 확보할 수 있었다(암스트롱, 2001: 151). 사막에서 일어나는 부족 간 불안정한 세력 다툼을 자신에게 유리하게 만든 쿠라이시 부족의 탁월한 외교와 상술 덕분에 그들은 빠른 기간에 아라비아반도에 흘러들어 온 거대한 자본을 축적할 수 있었으며 권력과 함께 부도 맛볼 수 있었다.

**중세 도시의 발전과 시장의 역사: 다마스쿠스, 바그다드, 카이로**

중세 이슬람 지역의 주요 아랍 도시는 다마스쿠스, 바그다드, 카이로다. 그중 우마이야 왕조의 수도이자 오늘날 시리아의 다마스쿠스만이 오래된 무역도시이자 고대부터 사람들이 거주했던 곳이고, 아바스 왕조의 수도인 바그다드와 파티마 왕조의 수도인 카이로는 각각 아바스 왕조 시대(750~1258년)와 파티마 왕조 시대(909~1171년)에 새롭게 구축된 도시다.

이슬람교를 창시한 사도 무함마드가 사망한 뒤 네 명의 칼리파〔아부바크르(632~634년), 오마르(634~644), 오스만(644~656), 알리(656~661)〕는 그의 뒤를 이어 본격적인 정복사업을 벌인 결과 이슬람 제국의 기틀을 마련할 수 있었다. 이를 라쉬둔al-rashiduun 시대로 일컫는다. 라쉬둔이란 '올바르게 이끌어진'이라는 뜻으로, 정통 칼리파 시대를 의미한다. 라쉬둔 시대가 끝나고 무아위야가 즉위하면서 우마이야 왕조가 들어섰다. 우마이야 왕조는 이슬람 제국의 수도를 현재 시리아의 수도인 다마스쿠스로 옮겼다. 이로써 메카는 이슬람 제국 수도의 위상을 잃었고, 이슬람교의 종교적 중심지로 자리매김했다. 오늘날에도 메카에서는 성지순례를 온 무슬림을 위한 각종 편의시설과 숙박시설, 그리고 교육시설과 관련한 산업이 주된 경제활동이다.

메카를 대신해서 7세기경에 다마스쿠스는 번영하는 오아시스 도시로 떠올랐다. 1183~1185년과 1217년에 근동을 여행한 이븐 주바이르Ibn Jubayr는 그의 여행기에서 "지상에 낙원이 있다면 틀림없이 다마스쿠스일 것이다. 진짜 낙원이 있다면 다마스쿠스는 지상낙원이다"라고 다마스쿠스의 위상을 묘사하기도 했다.

다마스쿠스는 고대부터 수많은 대상 행렬이 유프라테스 강을 따라 북동쪽으로 이동하면서 지나치게 되는 곳으로 아시아 무역의 길목 역할을 했으며, 남쪽과 동쪽 방면의 길은 이집트, 예멘, 인도의 항구와 연결되었다. 다양한 문화가 서로 교차했기 때문에 다마스쿠스는 우마이야 왕조의 시작과 함께 이슬람 문화권의 정치적 중심지뿐만 아니라 문화와 종교의 중심지로 변모했다. 게다가 풍부한 강수량과 지중해의 온화한 자연환경 덕에 농산물이 풍족했으며, 그 영향으로 음식문화도 이전 세대가 누렸던 사막의 투박하고 검소한 형태에서 벗어나 제국의 세련된 스타일에 걸맞게 발전할 수 있었다(엄익란, 2011b). 다마스쿠스의 시장에서는 팔레스타인의 올리브, 말린 무화과, 건포도, 실크와 면이 섞인 직물, 비누와 스카프, 요르단의 수도인 암만 지역의 곡물, 양, 꿀, 시리아 알레포 지역의 면화, 옷, 말린 허브, 그리고 중세 이슬람 세계를 상징하는 직물, 종이, 약품 등이 거래되었다(Lindsay, 2005: 96).

우마이야 왕조 시대 메카 귀족들은 이슬람 제국의 부를 향유하면서 시와 음악을 중심으로 세련된 삶을 영위했다. 그러나 불행히도 우마이야 왕조의 운명은 들어선 지 100년도 채 되지 않아 끝나게 된다. 넓은 제국을 다스리기에 우마이야의 지나친 아랍 순혈주의 정책과 아랍 중심의 정서는 맞지 않았기 때문이다. 또한 그들은 선조들이 실천했던 이슬람교의 신앙심과 사막 생활을 통해 몸에 밴 검소함을 실천하기보다 정복 사업에 성공하면서 쌓은 많은 부를 사치와 향락에 소모했다. 게다가 사도 무함마드의 친인척을 학살하고 승리한 전쟁을 통해 왕조를 세웠던 탓에 무슬림이 우마이야 왕조를 보는 시선은 처음부터 그리 곱지 않았다. 오히려 무슬림은 왕조의 멸망을 이슬람 불충에 대한 당연한 결과로 간주했다. 결국 우마이야 왕조는 750년 무함마드 숙부의 후손임을 내세워 칼리파 위를 요구하고 나선 아바스 가문에게 패배했다.

아바스 가문은 왕조 설립에 도움을 준 페르시아 민족에게 조금이라도 보답하고자 다양한 민족을 포용하는 다문화 정책을 수립했다. 또한 이슬람 제국의 수도를 시리아의 다마스쿠스에서 동진해 페르시아에 가까운 오늘날 이라크 지역의 바그다드로 옮겨 1258년 몽골의 침략으로 멸망하기 전까지 이슬람 제국의 태평성대를 이어가게 된다.

바그다드는 762년 티그리스 강 서안에 아바스 왕조의 제2대 칼리파인 만수르에 의해 도시로 건설되었다. 페르시아의 한 조그마한 촌락을 마음에 둔 그는 손수 첫 벽돌을 쌓았다. 당시 바그다드는 고대 근동에서 일반적인 도시 형태였던 요새화한 원형 도시를 중심으로 건설되었다. 중심부 주변에 시가지가 있었고 중심부에는 주거지와 시장, 광장이 배치되었다. 남쪽에는 상업 지역이 위치하고, 북쪽에는 군대가 자리했다. 공사는 만수르의 진두지휘 아래 여러 나라에서 불러들인 석공과 건축기사, 측량기사에 의해 진척되었다. 계획도시의 첫 삽을 뜬 지 4년 만에 바그다드가 완공되었다(니콜슨, 1995: 357). 바그다드는 이슬람 세계의 전성기인 8~13세기에 발전해 아랍 이슬람 문명의 전형으로 간주되며, 『천일야화Alf Lailah and Lailha』의 주요 무대로도 알려진다. 지배 귀족의 적극적인 지원 아래 군대, 관료, 상인, 기술자, 지식인, 학자 등이 힘을 모아 풍요로운 도시문화를 형성했다.

아바스 왕조가 과거 우마이야 제국이 추구했던 아랍인 중심의 타민족 배타주의를 버리고 다문화와 보편주의 정책을 펼친 영향으로 바그다드에는 다양한 민족이 모여들었고, 서로 다른 여러 가지 문명과 문화가 공

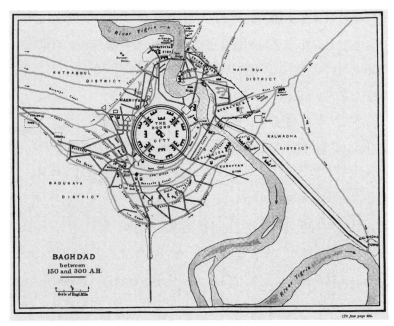

767~912년(이슬람력 150~300년)의 바그다드를 재구성한 지도(William Muir, 1883년)
© muhammadanism.org

존할 수 있었다. 그 결과 학문과 과학, 문화 활동을 포함해 중세 세계 최고의 대도시로 성장할 수 있었다. 도시에는 수많은 공공도서관이 건립되었으며 저명인사와 학자들이 후원하는 사설도서관이 종교학과 세속 학문의 발달에 기여했다. 특히 '바이트 히크마 Bayt al-Hikma(지혜의 집)'는 그리스 학문 등을 아랍어로 번역해 소개하는 데 중요한 몫을 담당했다. 바그다드는 지적 활동의 중심지였을 뿐만 아니라 상업의 중추이기도 했다. 도시에는 세계 각지에서 모여든 각종 희귀한 물건과 사치품이 넘쳐났다. 이는 이슬람 제국 내 다른 도시는 물론 아프리카와 유럽, 인도와 중국, 대서양 너머까지 뻗은 방대한 교역망 덕에 가능했다. 바그다드는 1258년 몽골에 함락되기 전까지 중세 상업과 금융거래의 중심지로 성장했다 (Weiss, 1998).

한편 1258년 몽골이 바그다드를 침략한 뒤 새로운 이슬람 제국의 중심지로 부상한 곳이 바로 카이로다. 카이로는 아바스 왕조가 쇠퇴기에 접어들자 아랍 지역 곳곳에 난립해 있던 군소 왕국인 파티마 왕조가 969년에 건설했다. 카이로는 원래 파티마 왕조의 종교와 군사를 위해 건립된 도시였다. 카이로의 중심부에는 970년 거대한 알 아즈하르Al-Azhar 사원이 완공되어 중세 이슬람의 학문과 종교의 중심지가 되었다. 도

**카이로의 칸 엘 칼릴리 시장**
© wikipedia.org

시의 중심에 사람들이 모이자 이들의 필요에 따라 시장도 발전했다. 도시 내부의 시장은 조직적으로 발전했으며, 유럽의 길드와 유사한 형태를 보였다. 상인들은 조직에 의무적으로 가입해야 했으며, 이들은 국가의 통제를 받았다(Stewart, 1999). 카이로는 훗날 아이유브 왕조(1169~1252년) 치하에서 글로벌 상업 중심지로 성장했고, 당시 세워진 칸 엘 칼릴리 Khan el- Khalil 시장은 오늘날까지도 유명하다.

카이로는 인도양에서 지중해로 가는 수익성 높은 향료 무역으로 부를 쌓을 수 있었다. 또한 유럽과의 중개무역의 이점을 살려 향신료와 후추 가격을 300%나 올려 받았다(Stewart, 1999). 게다가 매년 나일 강이 범람해 비옥해지는 흑토에 자리 잡은 덕에 농업도 활기를 띠었다. 14세기 모로코 출신 탐험가인 이븐 바투타Ibn Batutha는 카이로에 대해 "이곳은 도시들의 어머니다. …… 넓은 땅과 비옥한 토지, 수없이 많은 건물, 이름

다움과 웅장함이 그 어디에도 비할 데 없는 도시다"라며 극찬하기도 했다(Weiss, 1998).

하지만 카이로는 1517년 오스만 제국의 통치 이후 쇠락하기 시작했고, 이집트도 중심국에서 주변국으로 전락했다. 1798년 이집트가 나폴레옹의 침략을 받기 전까지 카이로의 도시 분위기는 파티마 왕조의 영향으로 이슬람 색채를 띠었다. 10세기 초반 이후 파티마 왕조의 강력했던 정교 일치의 통치전략을 바탕으로 카이로는 아프리카·아시아·유럽을 잇는 무역의 중심지로 떠올랐다. 세 대륙의 중심지 역할을 하던 당시 카이로의 명성은 '세상의 어머니umm al-dunniya'라는 별칭에서도 찾아볼 수 있다.

### 중세의 이슬람 시장과 문화, 수끄

이슬람에서 무역은 영예로운 일로 여겨진다. 사도 무함마드와 그의 아내 카디자, 사도 무함마드 사후 그의 뒤를 이었던 정통 칼리파들 모두 한때 메카와 메디나 출신의 성공적인 상인이자 여행자였다. 인간의 물질적이고 육체적인 욕망을 인정하는 이슬람교에서 부를 축적하고 소유하는 행위는 도덕적이고 종교적인 의무를 다하는 한 비난받을 일이 아니다. 경제활동에 대한 이러한 이슬람의 분위기 덕에 9~14세기 아랍 이슬람 지역에서는 무역이 활발하게 이루어졌다. 중세 이슬람 사회 사람들의 일상은 사원과 시장을 중심으로 돌아갔다고 해도 과언이 아니다(Guthrie, 2001: 89; Lindsay, 2005: 88). 지금도 그렇듯이 이슬람 문화권에서 시장과 사원은 대개 사람들이 쉽게 모일 수 있는 도시의 중앙에 위치한다.

다마스쿠스, 바그다드, 카이로 등 대도시로 흘러들어온 물건은 사람들의 호기심과 욕구를 자극했고, 권력자나 이방인 사이의 유행을 따르도록 만들었다. 기존에 주로 육로를 통해 이루어지던 장거리 무역은 사람들의 욕구와 수요가 늘고 교통체계가 발달하면서 인도양을 중심으로 한 해상

무역으로 변화했다(후라니, 2010: 97~98). 해상이 육로보다 물건을 운송하기에 더 빠르고 경제적이었기 때문이다. 그 결과 걸프 해와 홍해를 잇는 무역로는 새로운 변화기를 맞게 된다. 이슬람 역사 초기의 수입 물품은 걸프 해의 항구와 시라프(오늘날 이란의 도시), 바스라(오늘날 이라크의 도시)를 통해 들어왔으나 나중에는 홍해를 따라 이집트의 항구로 들어온 뒤 다시 카이로로 운송되어 육로나 해로를 따라 지중해 전역으로 공급되었다(후라니, 2010: 217).

해상무역 이전에 아랍인들은 장거리 교역을 할 때 주로 낙타를 이용했다. 낙타는 베두윈에게는 '신의 선물'이자 '사막의 배'로 간주된다. 아랍의 사막 지형에 거주하는 낙타는 주로 외봉 낙타다. 낙타는 한 시간에 20킬로, 하루에 약 150킬로미터를 이동할 수 있으며, 짐을 싣고는 4~5킬로 정도를 이동할 수 있다. 낙타의 생명은 25년에서 30년 정도이며 물을 채우기 위해 2주마다 한 번씩만 쉬면 된다. 고대 중동 상인들이 낙타를 이용한 육로 점령에 적극적이었던 반면 바닷길 점령에는 소극적이었던 것은 모잠비크 동쪽 해로가 세상의 끝이라고 믿었기 때문이라고 한다 (Weiss, 1998: 32~35). 그런데 좀 더 실질적인 이유는 아라비아반도에 배가 다닐 수 있는 강이나 천연 항구가 부족했다는 데서 찾을 수 있다. 또한 배를 건설하는 데 필요한 나무와 송진, 돛을 만드는 데 필요한 아마 등의 재료도 부족했다. 기술적으로도 배를 만들 수 있는 기술이 부족했다. 아랍인은 유럽과 중국에서처럼 못을 사용하기보다 코코넛 섬유로 만든 밧줄을 이용해 배를 건조했는데, 이는 지탱력이 떨어졌다고 한다. 한편 무역로는 이미 육로로 연결되어 있었기 때문에 위험도가 큰 해로 개척의 필요성도 크지 않았던 것으로 보인다.

이븐 바투타의 여행기에 따르면, 아랍 상인들은 '칸Khan'이라는 숙박시설에 머물렀다. 칸은 사각형의 빌딩으로 입구는 하나였다. 여기에는 상인과 여행객을 위한 숙소뿐만 아니라 건물 안 중앙 정원을 둘러싸고 마구간이 있어 짐을 운송하던 낙타나 말을 쉬게 할 수 있었다. 또한 칸 주위에는 상점과 빵집, 방앗간, 티 하우스, 목욕탕과 모스크가 있었다. 칸 이외에 주로 도시의 사원 근처에 호텔도 있었다. 여기에서는 자선사업을 하기도 했는데, 자선가들이 궁핍한 자를 대상으로 숙소나 의료 서비스를 제공했다(Lindsay, 2005).

중세 이슬람 사회에서는 처음에 비잔틴과 사산 왕조에서 썼던 화폐를 그대로 사용했다. 그러다가 우마이야 왕조의 칼리파 압둘 말리크 시절 (685~705)에 아랍 고유의 화폐제도가 처음으로 도입되었다. 기존에 통용되던 화폐는 대부분 인간의 형상을 새겨놓은 것이었으나, 새로 주조된 화폐에는 '알라는 유일신이며 그의 사도가 전한 이슬람은 진리'라는 내용의 문자만 새겨놓았다. 우마이야 왕조는 새롭게 주조된 화폐를 통해 권력과 이슬람의 정체성을 알릴 수 있었다(후라니, 2010: 65). 당시 유통되던 화폐의 종류는 세 가지였다. '디나르dinar'로 불리는 금전과 '디르함 dirham'으로 불리는 은전, '팔스fals'로 불리는 구리전이 그것이다. 시장에서는 '사이라피sayrafi'로 불리는 사람만이 돈을 교환할 수 있었다. 그러나 장거리를 여행하는 사람에게 현금은 항상 부담이 되게 마련이다. 그래서 아랍 상인들은 거래 시 현금 대신 수표나 신용장을 사용했다. 수표를 뜻하는 'cheque'라는 영어 단어도 사실 아랍어에서 유래한 것이다.

## 아랍의 근대화와 도시의 발달

아랍의 도시는 19세기 중반부터 시작해 제1차 세계대전 이후 오스만 제국의 멸망을 계기로 본격적으로 그리고 단기간에 변화했다. 이들은 오스만 튀르크 시대의 종료와 함께 공통적으로 '식민 지배기, 독립, 산업화·도시화, 글로벌화'라는 패러다임 변동을 겪었다. 사람과 마찬가지로 도시도 주변 환경에 따라 역동적으로 변한다. 19세기 이래 아랍 도시 변화의 가장 큰 특징은 변화의 주체가 외부 세력, 즉 '서구'였다는 것이다. 당시 아랍을 식민지화하기 위해 본격적으로 이 지역에 진출했던 영국과 프랑스는 아랍 지역 도시 발전 계획에 간섭하기 시작했고, 자신의 편의와 취향에 따라 건축물을 디자인하고 신도시를 설계했다. 또한 서구 문물을 적극적으로 받아들인 아랍의 엘리트와 부유층을 중심으로 서구식 건축물이 등장하기도 했다. 즉, 도시의 변화는 '위에서 아래로' 진행되었으며, 그 결과 새로 지어진 건물들은 유럽의 건축 디자인을 모방한 형태를 보였다.

유럽은 아랍 지역에서 유럽식으로 지어진 건물들을 통해 자신의 권력과 위용을 드러낼 수 있었다. 아랍의 대표적인 도시인 카이로와 베이루트는 유럽의 이름 난 도시를 그대로 모방했으며, 그 결과 도시의 이미지는 '구도시'와 '신도시'로 양분되었다. 건물뿐만이 아니다. 서구화로 사람들의 생활방식과 사고방식도 전통과 현대, 아랍과 서구, 하층민과 상류층, 이슬람과 비이슬람 등 모든 면에서 대립되었다. 유럽의 영향력은 제1차 세계대전 이후 더욱 강해졌으며, 이라크와 레바논, 이스라엘·팔레스타인, 시리아 등지에서 유럽과 프랑스의 영향이 두드러지게 나타났다.

제2차 세계대전 이후 아랍의 독립과 함께 도시계획은 새로운 단계에 접어들었다. 서구의 아랍 지역 식민 지배는 북아프리카와 레반트 지역에서는 1950년대에, 걸프 산유국에서는 1970년대에 거의 막을 내렸고, 서구가 물러난

**카이로의 유럽식 건물**
© 엄익란

이후 아랍 지역의 도시 건설은 전적으로 국가 주도로 이루어졌다. 아랍 국가에 등장한 새로운 정부는 수도에 주목했으며, 신생 독립국가에 정당성을 부여하기 위해 국가적 상징이 될 만한 건축물을 지었다. 일례로 영국으로부터 독립한 이집트는 더 이상 유럽을 발전 모델로 삼지 않았다. 이집트에 '새로운 국가 건설'을 모토로 한 사회주의 정책을 편 나세르 정부가 들어서자 정부는 유럽의 식민 지배하에 일부 부르주아와 엘리트 계층에게만 쏠렸던 관심을 대중에게 돌렸다. 특히 사회주의를 지향하면서 친소련 정책을 펼친 나세르 통치 기간에 도시에서 유럽의 색채는 점차 지워졌다. 대신 새로 지어진 건물들은 멋보다 효율성과 생산성에 비중을 두었으며, 발전 모델은 소련이 되었다. 당시 지어진 대표적인 이집트 건축물로는 카이로에 있는 정부종합청사인 무감마mugamma를 들 수 있다. 당시 사회의 분위기는 새로운 국가 건설에 대한 희망과 꿈이 가득 차 있었고, 그 꿈을 따라 지방 사람들의 도시로의 이주가 이어졌다. 그 결과 아랍의 각 지역에서는 도시화가 급속히 진행되어 인구수 증가와 함께 그 크기도 점차 확대되었다. 또한 지속적으로 늘어나는 인구를 수용하기 위한 위성도시도 건설되었다.

한편 1974년부터 약 10년간 지속된 오일 붐으로 걸프 지역의 산유국들은 빠르게 변화했다. 사우디아라비아, 쿠웨이트, 아랍에미리트를 위시한 산유국에서는 대규모 국책 건설 사업을 발주했고, 이를 통해 도로, 병원, 아파트, 빌딩, 항만 시설 등 국가 기반 인프라가 새로 건설되었다. 부족한 자국

**카이로에 있는 정부종합청사 '무감마'**
© Wikipedia.org

민 노동력을 메우기 위해 산유국에서는 문화가 비슷하고 같은 언어를 쓰는 아랍의 비산유국 출신 노동자를 대규모로 유치했다. 이주민을 포용하면서 산유국의 전통적인 소도시는 대도시로 탈바꿈했다. 일례로 쿠웨이트의 수도인 쿠웨이트시티는 오일 붐 시대를 거치면서 대규모 계획도시를 개발했으며, 고층 건물과 다차선 도로, 타워 등을 건립했다.

1980년대 오일 붐 시대의 종료와 함께 아랍 도시의 탈바꿈은 멈춘 것처럼 보인다. 또한 지방 거주민의 이주에 따른 도시의 과부하와 오일 붐의 종료와 함께 자국으로 돌아온 이들로 인한 도시 지역 거주지의 부족, 인구 팽창, 실업률 상승에 따른 삶의 질 하락 등으로 도시의 사정은 오히려 악화되는 듯 보인다. 그러나 글로벌 시대에 도시와 시장은 끊임없이 발전해 사람들의 새로운 욕구를 탄생시키며 충족하고 있다. 특히 몰과 백화점, 하이퍼마켓은 사람들의 새로운 욕구를 끊임없이 창출해낸다. 현대식 소비문화의 발전과 함께 전통시장인 '수끄'는 자연스럽게 쇠퇴의 길로 접어들었다. 자신들의 빛나는 과거의 영예를 현대인들을 위한 새로운 소비문화의 공간인 몰과 마트에 내준 채 수끄는 아랍의 전통문화를 체험하려는 관광객들을 위한 새로운 공간으로 재탄생했다.

## 미래도시 두바이와 새로운 소비문화, 몰의 발달●

도시는 과거의 기억과 경험만을 담고 있지 않다. 사람들의 필요에 따라 끊임없이 새로운 공간이 창조된다. 대표적인 예로 최근 두바이의 변화를 들 수 있다. 두바이는 이전에 부유한 산유국 정도로만 알려졌으나 이제는 미래 도시의 원형으로 간주된다. 역발상과 상상력을 토대로 '세계 최

---

● 이슬람 문화와 몰링에 관한 이 글은 학술지에 실린 필자의 다음 논문에서 일부를 발췌해 수정한 것이다. 엄익란, 「걸프지역 내 쇼핑몰의 확산과 아랍 무슬림의 소비 문화코드 연구」, ≪한국이슬람학회 논총≫, 제19권 2호(2009), 159~180쪽.

대'와 '세계 최초'의 초고층 건물과 인공섬이 속속 생겨나고 있다. 두바이를 비롯한 걸프 지역 석유 부국들의 움직임은 여기에서 그치지 않는다. 최근 아라비아 걸프 지역에 위치한 산유국들은 천연 에너지자원의 유한성을 인식하고 포스트 오일 시대를 대비하는 전략을 다방면에서 구축하고 있다. 그 일환으로 두바이를 중심으로 한 걸프 지역에서는 관광·물류·교육·스포츠·예술·문화 산업 등의 개발과 육성을 국가 주요 정책으로 강력하게 추진하고 있다.

걸프 지역이 최근 주목받는 배경에 오일머니라는 경제적 혜택만 있는 것은 아니다. 걸프 지역은 2011년 전 아랍 세계를 휩쓴 '아랍의 봄'을 바로 옆에서 지켜보면서도 비교적 안정적인 정치 환경을 유지해왔다. 강력한 중앙집권체제를 유지했던 튀니지, 리비아, 이집트에서 독재자가 떠난 뒤 남은 것은 국민이 열망하던 자유와 평등이 아니라 종파 간, 부족 간 이해관계에 얽힌 유혈 충돌이었다. 반면에 탄탄한 왕정을 유지하고자 그동안 폐쇄적인 정책을 펴왔던 걸프 지역 국가들은 비록 '민주화'와는 다소 거리가 있지만 다른 아랍 국가에 비해 높은 경제성장을 이루고 국민의 복지 증진에 많은 노력을 기울여왔다. 그 결과 '아랍의 봄'이라는 정치적 역동기에서도 버틸 수 있었다. 걸프 지역에 위치한 도시들은 이슬람과 아랍에 기반을 둔 자신들의 문화 정체성을 유지하는 동시에 글로벌 문화를 선별적으로 선택해 발전해왔던 것이다. 특히 관광, 예술, 문화를 선전 구호로 내건 걸프 지역의 도시들은 아랍의 이국적인 문화를 체험하고자 하는 외국인 관광객뿐만 아니라, 지리적으로 가깝고 자신들에게 친숙한 이슬람 문화를 즐기면서 동시에 서구와 글로벌 문화를 즐기길 원하는 역내 아랍 무슬림 관광객에게도 강하게 어필하고 있다.

사람들의 삶의 패턴 변화와 함께 소비문화도 급속도로 변화하게 된다. 대표적인 것이 복합 쇼핑 공간인 몰과 그 안에서 쇼핑, 엔터테인먼트, 공연, 영화, 교육 등을 모두 해결하는 '몰링malling'이다. 몰링은 세계적으로 등장한 현상으로 외식과 쇼핑, 여가를 동시에 한 공간에서 즐기려는 소비자들의 새로운 소비패턴을 반영한다. 이슬람 지역도 예외는 아니어서 세계적인 흐름에 발맞추어 최첨단 기술로 만들어진 몰이 속속 들어서고 있다. 걸프 마켓 리포트Gulf Market Report는 향후 10년 내에 중동과 북아프리카, 남아시아에 약 400개의 몰이 새로 개장할 것으로 예측하기도 했다. 더욱이 이 지역 국민의 50% 이상이 20세 미만(약 2억 명)이므로 실질 구매력과 더불어 잠재 구매력이 크다고 보았다(Gulf News, 2008년 5월 19일 자).

이슬람 지역 중에서도 오일머니의 혜택을 가장 많이 입은 걸프 지역이 단연 몰링 문화를 선도하고 있다. 걸프 지역 국가들이 서로 앞다퉈 막대한 오일머니를 몰 사업에 투자하는 것은 포스트 오일 시대를 대비해 기존의 석유 경제를 다각화하는 전략 중 하나라고 볼 수 있다.

## 전통시장 수끄에서 현대 소비문화의 장인 몰링으로의 진화

몰링 문화의 등장으로 아랍인들의 소비패턴에도 변화가 일어나고 있다. 가장 큰 변화는 아랍인들의 사교문화를 꼽을 수 있다. 아랍인들의 전통적인 사교문화는 집에서 시작되었다. 아랍인들은 음식점이나 커피숍에서 사람들을 만나기보다 자신의 집으로 초대하거나 상대의 집을 방문해 모이면서 관계를 맺어왔다. 그런데 아랍 지역에 몰이 등장하면서 그러한 사교문화는 조금씩 변화하고 있다. 사교문화의 공간이 집과 같은 사적인 곳에서 몰과 같은 공적인 곳으로 이동하고 있는 것이다. 가장 큰 이유는 몰이 이슬람의 종교적·사회적 제약으로부터 벗어날 수 있는 출구의 역할을 한다는 데 있다. 이집트의 쇼핑몰과 소비문화를 연구한 모나 아바자(Abaza, 2001)는 쇼핑몰을 1990년대 이후 공적 공간에서 강화된 이슬람

아랍에미리트 두바이에 위치한 세계 최대 쇼핑몰 중 하나인 두바이몰(Dubai Mall)에서 쇼핑과 담소를 즐기는 사람들의 모습
© Bernard Oh (Flickr.com)

의 영향력과 이러한 움직임에 도전하는 젊은이들의 글로벌 소비문화에 대한 욕구가 공존하는 역설적인 공간으로 보았다. 이슬람의 엄격한 종교적·사회적 규범에 싫증난 젊은이들은 세련되고 깔끔하게 단장된 몰에서 쇼핑뿐만 아니라 이성과 데이트를 즐기거나 심지어 처음 본 이성과 휴대전화 블루투스 기능으로 메시지를 교환하며 대화를 나누기도 한다. 아바자는 공적 공간에서 남녀유별을 추구하는 이슬람의 규범이 몰의 등장과 함께 완화되는 현상을 보이며, 글로벌 소비문화에 노출된 젊은이들의 취향 역시 다변화되고 있음을 지적했다(엄익란, 2009). 이러한 현상은 이슬람 문화권 중에서도 가장 보수적인 지역으로 알려진 걸프 지역에도 공통적으로 나타난다.

사람들이 몰에 몰리는 것은 이 지역에 젊은이들을 위한 문화가 부재한 것과도 관련 있다. 걸프 지역에서 젊은 인구는 전체 인구의 50% 이상을 차지하지만 그들을 위한 여가문화는 거의 전무하다. 기온이 섭씨 30~40도를 육박하는 여름이 6개월 이상 지속되는 이 지역의 기후도 젊은 세대를 위한 문화 발달에 부정적인 영향을 미친다. 이러한 현상은 사회활동이 제한된 아랍 여성에게 더욱 두드러지게 나타난다. 여성의 공적 활동을 부정적으로 인식하는 사회 분위기 속에서 아랍 여성들은 그나마 자신들에게 허락된 공간인 몰에서 여가 시간을 보내고 있으며, 몰은 여성에게 엄격한 이슬람의 교리와 사회적 제약으로부터 탈출할 수 있는 장을 제공하고 있다.

## 시장의 주체로 떠오른 아랍 여성

이슬람이 태동한 지 1,400년이 흘렀다. 그런데 그 긴 세월 동안 이슬람의 도시와 시장에서 공통적으로 나타난 모습이 있다. 공공장소에서 여성을 거의 볼 수 없었다는 점이다. 물론 간혹 시장에서 물건을 팔거나 계산을 하는 여성을 마주칠 수는 있었다. 그러나 그러한 여성은 주로 자신과 가족의 체면이나 명예보다는 직면한 생활고를 해결해야 하는 저소득층 또는 어린아이나 외국인 노동자가 대부분이었다.

아랍 지역의 무슬림 여성만큼 성에 따른 공간의 제한을 엄격하게 받는 사람은 없을 것이다. 남녀 분리를 존중하는 이슬람의 가치에 따라 이슬람 문화권에서 여성의 바깥 활동은 엄격히 제한되었다. 성에 따라 달리 적용되는 아랍 이슬람 지역의 공간 개념에 대한 연구에 따르면, 아랍 무슬림 남성은 '공적 공간'에 배치된 반면, 여성은 '사적 공간'에 배치된다. 반면 성에 대한 사회적 통념에 따라 이미 정해진 '이분화된' 공간은 남성과 여성이 서로 넘을 수 없는 공간으로 엄격히 구분된다. 그리고 공간에 권력이 부여되기도 하며 반대로 박탈되기도 한다. 예컨대 공적 공간을 점령하는 남성에게는 권력이 부여되는 반면, 사적 공간으로 제한된 여성은 권력을 행사할 수 없었다. 그래서 '힘없는' 아랍 여성 혹은 이슬람 여성에 대한 이미지가 우리에게는 뿌리 깊이 박혀 있다. 누구든 성에 따라 사회적으로 엄격히 분리된 공간을 넘을 경우, 특히 그것이 여성이라면 사회적 비난을 감수해야 하고 명예가 실추된다. 그래서 과거 아랍 지역 여성은 '하렘harem'으로 불리는 사적 공간에 머물러야 했고, 부득이하게 공적 공간으로 나갈 때에는 베일을 써서 자신의 존재를 가려야 했다.

수많은 장소 중에도 '시장'은 특히 성에 근거한 이슬람의 남녀 분리 원칙이 가장 잘 드러나는 공간이다. 인도네시아 무슬림의 공간 개념을 연구한 길세넌Michael Gilsenan(1982)에 따르면, 성에 따라 분리된 공간을 침범한 여성에 대해 사회는 그 여성을 '마치 없는 것처럼' 투명인간 취급했다고 한다. 남성은 베일을 두르고 공적 공간으로 나온 여성과 눈을 맞추지 않으며 말도 건네지 않았다. 사회적으로 용인되는 이성 간의 공간 침범은 체면과 명예와 관련된 것이었다. 특히 이슬람 지역에서 시장은 도시의 중심지 또는 사원 옆에 위치해 있어, 성스러운 공공장소인 사원에서 여성의 존재는 더욱 부각되었을 것이다. 그래서 상류층 여성일수록 공적 공간에 모습을 드러내지 않았다. 이는 이슬람 지역의 주거 환경에도 영향을 미쳤다. 상류층일수록 여성들이 담 안에서 머무르는 데 지루해하지 않고 그 안에서 모든 것을 해결할 수 있도록 주거 공간의 규모를 크게 했다. 자신의 모습을 공공장소에서 잘 드러내지 않는 상류층 여성과 달리 하층민 여성은 시장에 나와 적극적으로 물건을 사고파는 행위를 했다. 그도 그럴 것이 이들에게는 사회의 관습과 종교적 가치를 지키는 것보다 하루하루 살아가는 생계가 더욱 중요했기 때문이다. 바로 이런 이유에서 오늘날까지도 아랍 지역에서는 여성을 대신해 남성이 가족을 위해서 장을 보는 모습을 흔하게 볼 수 있다.

성과 계층에 따라 구분되는 전통적인 시장의 공간 활용과 달리 오늘날 아랍 지역 시장의 모습은 변화하고 있다. 그동안 아랍 지역 여성들은 자신들의 모습을 공적 공간에서 드러내는 데 소극적이었다. 하지만 새로운

쇼핑 공간으로 탄생한 몰에서는 적극적인 소비자의 역할을 담당하고 있다. 오늘날 아랍의 무슬림 여성들은 몰이라는 특수한 공간에서 '공적 공간은 남성의 영역', '사적 공간은 여성의 영역'이라는 전통적인 이분법적 문화 인식에서 탈피해 자신의 의견을 소비활동에 적극 반영하고 있다. 아랍 여성은 몰에서 친구들과 어울리며 자신의 개성과 욕구를 충족하고 있다. 몰 내에 여성용 신발, 옷, 화장품 등의 매장이 많이 들어서 있는 것은 구매력 있는 젊은 여성들 사이에 '나'를 위한 소비가 늘고 있음을 보여준다. 이들은 최고급 핸드백과 선글라스, 휴대전화 등으로 자신의 구매력을 타인에게 드러내고자 한다.

걸프 지역 여성들의 과시적 소비 현상은 여성의 경제력 향상과 함께 더욱 두드러지고 있다. 저녁 시간대가 되면 아랍에서는 가장 보수적인 걸프 지역에서조차 아바야를 입은 젊은 여성들이 예전에는 금기시되었던 영화 관람을 하기 위해 극장 앞에 모여 친구들을 기다리기도 하며, 친구들과 음식점이나 커피숍에서 시간을 보내기도 한다. 이슬람의 교리에 따라 공적인 공간에서는 '감춰진' 여성이 역설적이게도 글로벌 소비문화의 공간에서는 가장 '드러나는' 문화코드로 부상한 것이다(엄익란, 2009). 다시 말해, 시대의 변화와 함께 아랍 여성은 몰에서 보고 먹고 즐기고 구매하는 적극적인 문화의 향유자이자 패션 창출의 선도자로 떠올랐다.

## 무슬림 온라인 시장과 전자결제 시스템의 발달

전 세계적으로 온라인 시장 규모는 이용의 편리성과 간편성, 그리고 경제성 때문에 규모가 커지고 있는 실정이다. 아랍 지역도 예외는 아니다. 중동과 아프리카 지역의 온라인 시장은 현재 활황기에 있으며, 스마트폰의 확산과 함께 향후 시장의 규모도 확대될 전망이다. 구글 Google에 따르면, 아랍에미리트 인구의 74%, 그리고 사우디아라비아 인구의 73%가 스마트폰을 소유하고 있다. 한편 에이티커니의 조사에서는 스마트폰 보급률이 높고 인터넷망이 잘 구축되어 있는 아랍에미리트의 온라인 시장 규모가 전 세계 25위를 차지한 것으로 나타났고, 유로모니터에서는 중동의 소비자들이 온라인 시장에서 2016년까지 약 22억 달러를 지출하게 될 것으로 예측했다(*Gulf Business*, 2013년 12월 10일 자). 인터넷월드스탯츠InternetWorldStats의 조사에 따르면, 이슬람 국가 중 온라인 이용 규모는 인도네시아, 터키, 말레이시아, 파키스탄의 순으로 컸고, 온라인 사용자 비중은 말레이시아, 아랍에미리트, 브루나이, 카타르 순으로 높았다. 이마케터 eMarketer 에서는 이슬람 국가 중 두바이가 인터넷 비즈니스 환경이 가장 나은 것으로, 그리고 말레이시아, 터키, 사우디아라비아가 그 뒤를 잇는 것으로 평가했다(*Muslim Consumer*, 2007년 4월 11

영국을 기반으로 운영 중
인 온라인 히잡 판매 사
이트
© Hijab Store Online

일 자).

　특히 아랍 지역의 온라인 시장은 공적 공간에서의 활동에 많은 제약을
받는 여성에게 매력 있는 시장으로 주목받고 있다. 예컨대 사우디아라비
아와 같이 자국민 여성의 운전을 금지하는 보수적인 국가에서 온라인 시
장은 여성과 바깥세상을 이어주는 통로의 역할을 한다.

　온라인 시장은 아랍 지역 무슬림뿐만 아니라 비이슬람 지역에 거주하
는 무슬림에게도 매력적인 시장이다. 온라인을 통해 이슬람 관련 제품을
좀 더 쉽게 구매할 수 있기 때문이다. 소비자뿐만 아니라 판매자에게도
온라인 시장은 매력적이다. 우선 판매자는 온라인 시장에서 브랜드 가치
를 좀 더 쉽게 만들 수 있으며, 저비용으로 새로운 고객을 유치할 수 있
다. 일단 소비자와 소통이 이뤄지면 지속적인 온라인 교류를 통해 고객
의 관심을 유지할 수도 있다. 또한 이메일과 소셜 네트워크 서비스 등을
통해 자사 제품을 선전할 수 있어 광고에 드는 비용을 절감하면서 동시
에 저비용으로 글로벌 소비자를 대상으로 시장을 확대할 수도 있다. 한

표 6-1 **지역별 온라인 광고 지출 비중**

| 지역 | 2011년 | 2012년 | 2013년 | 2014년 | 2015년 |
|---|---|---|---|---|---|
| 북미 | 41.7% | 41.8% | 41.5% | 40.7% | 40.2% |
| 서유럽 | 28.8% | 28.0% | 27.3% | 27.0% | 26.5% |
| 아시아-태평양 | 24.1% | 24.6% | 25.1% | 25.8% | 26.2% |
| 동유럽 | 2.7% | 2.7% | 2.7% | 2.8% | 2.8% |
| 남미 | 2.2% | 2.4% | 2.5% | 2.8% | 3.1% |
| 중동·아프리카 | 0.5% | 0.7% | 0.9% | 1.1% | 1.3% |

자료: eMarketer.com

편으로 온라인 판매자는 소비자에게 종교적 정체성을 분명히 드러내지 않고 무슬림과 비무슬림 모두를 상대로 판매를 할 수 있다는 장점도 있다. 일례로 애초에 공공장소에서의 신체 노출을 꺼리는 무슬림 여성을 대상으로 선보인 부르끼니 수영복은 출시 의도와 달리 비무슬림에게도 햇빛을 차단하는 수영복으로 선택되고 있다.

아랍 지역의 디지털 방송매체의 확산과 함께 온라인 광고 시장도 함께 성장하고 있다. 표 6-1에서 나타나듯이 중동·아프리카 지역의 온라인 광고 시장은 지속적으로 성장하는 추세다. 연구에 따르면, 아랍 지역에서 온라인 광고 시장은 전 세계에서 가장 빠른 성장세를 보일 것으로 예상되며, 2015년까지 약 2배로 성장해 그 시장 규모는 5억 8,000만 달러에 이를 것으로 전망된다(Ehulool, 2013년 1월 6일 자).

그런데 온라인으로 물품을 구매할 때 무슬림 소비자가 직면하는 가장 큰 문제 가운데 하나가 바로 결제 시스템이다. 이슬람 율법인 샤리아에 따라 이슬람 금융에서는 '리바riba'라고 부르는 이자 수취에 부정적이다. 기본적으로 신용카드는 이자 발생을 목적으로 하기 때문에 이슬람교의 가치에 따라 소비하기를 희망하는 의식 있는 무슬림은 일반적인 신용카드 결제를 꺼린다. 또한 이슬람 율법에서는 불확실한 예측에 의존하거나 도박을 하는 것도 금한다. 그래서 무슬림은 구매 대금 결제 시 일반적인 신용카드보다는 현금이나 직불카드를 사용해왔다. 그러나 무슬림의 온라인 소비활동이 늘면서, 이슬람 사회에서는 이슬람 율법에 어긋나지 않되 편리하고 효율적인 결제 시스템의 필요성이 제기되고 있다.

원칙적으로 이슬람 세계에서는 무슬림의 신용카드 사용에 부정적이다. 비록 개인이 일정한 시간에 이자를 발생시키지 않고 이를 미리 상환한다 하더라도 신용카드는 기본적으로 이자 발생을 포함하는 거래 개념이기 때문이다. 그러나 이와 관련해 이슬람 세계에서도 반론이 만만치 않게 제기된다. 무슬림의 신용카드 사용을 옹호하는 이슬람 법학자들은 이자가 발생하기 이전에 비용을 지급한다면 이것을 할랄, 즉 이슬람교에서 허용된 행위로 볼 수 있다고 주장한다. 하지만 여전히 많은 이슬람 학자들은 신용카드 사용이 이슬람에서 금지된 것이라는 데 동의하는 편이다. 신용카드 자체가 서구의 소비문화를 바탕으로 만들어진 것이기 때문이다. 무슬림의 소비행태에 대한 이슬람의 종교적 요구와 소비자의 욕구에 모두 부응하기 위해 최근 이슬람 금융업계에서는 이슬람 율법에 어긋나지 않되 무슬림 소비자를 만족시키고자 다양한 아이디어를 담은 상품을 속속 출시하고 있다.

이자에 대한 이슬람의 종교 규범을 만족하는 카드는 크게 세 가지 형태로 나뉜다. 첫째는 '카팔라kafalah'로, 은행이 소비자의 카드 결제에 대해 안전을 보장하는 보증자의 역할을 하는 개념이다. 은행은 선불카드를 발급하고 사용자는 선불카드를 미리 충전하면 결제 시 이 금액 내에서 출금된다. 이때 이자는 발생하지 않는다. 둘째는 '까르드qard'로, 은행이 카드 사용자에 대해 대출자의 역할을 담당하는 개념이다. 소비자가 카드로 결제하면 은행은 미리 선불 결제하며 일정 기간 내에 사용자가 이를 결제하면 된다. 셋째는 '바이 알 이나흐bay al inah'로, 카드를 사용하는 동시에 은행이 구매자의 역할을 담당하는 개념이다. 은행이 사용자에게 수

표 6-2 일반 신용카드와 샤리아에 부합하는 신용카드 비교

| 구분 | 샤리아에 부합하는 신용카드 | 일반 신용카드 |
|---|---|---|
| 이자 | 이자 개념 없음, 은행은 매월 고정 금액을 보상받음 | 거래액에 따라 이자 변동 |
| 담보 | 많은 경우 담보 필요하며, 은행 대부분이 기본적인 예치금을 필요로 함 | 불필요 |
| 계약 종류 | 임대차의 개념 | 대출의 개념 |
| 거래 제한 | 술이나 담배, 도박, 돼지고기, 성 관련 상품 구매 불가 | 없음 |
| 예치금 이윤 | 이윤을 은행과 고객이 나누며, 복리로 계산되지 않음 | 예치금 없음 |
| 연체 이자 | 체납액의 3%로 고정되며 자선의 목적으로 기부됨 | 변동, 복리 계산 |

자료: Rogak(2008. 7. 29).

**샤리아에 부합하는 신용카드**
© Emirates Islamic Group

수료를 부과해 이윤을 남기는 형식으로, 시간이 지나면서 결제가 완전히 끝날 때 은행의 소유권은 자동적으로 소비자에게 넘어간다(*Gulf News*, 2012년 5월 28일 자).

비록 무슬림을 겨냥해 출시된 신용카드는 그 취지가 이슬람 율법에 부합하는 점에서 무슬림에게 긍정적으로 인식되지만, 기존의 일반 신용카드에 비해 서비스 비용, 멤버십 비용, 재발급 비용을 비롯해 제반 비용이 훨씬 많이 든다. 그런데도 현재 비자카드나 마스터카드 등에서 이슬람 율법에 부합하는 신용카드를 출시해 무슬림 사이에 인기를 끌고 있다.

이에 더해 무슬림 소비자들의 호응을 얻기 위해 신용카드에 무슬림의 생활방식을 고려한 기능을 추가해 선보이기도 했다. 예컨대 기도 방향을

알 수 있도록 카드에 나침반을 내장하고, 카드 사용으로 쌓인 포인트를 적립해 메카로 성지순례를 가거나 자선을 행하는 데 사용할 수도 있게 했다.

성장하는 아랍 여성의 소비 파워를 감지한 은행들도 발 빠른 움직임으로 여성 소비자의 마음을 사로잡고 있다. 특히 아랍에미리트 은행 서비스는 여성 전용 창구 개설이라는 전형적인 여성 맞춤 서비스 제공에서 한 단계 도약해 이제는 공적 공간에서 활동이 많아진 여성의 새로운 라이프 스타일에 맞는 서비스를 제공하고 있다. 여성 소비자를 위해 각 은행은 연회비 면제, 신용카드 수수료 감면, 자동차 금융 서비스 제공, 쇼핑 할인 등 다양한 서비스를 선보이고 있다. 아랍에미리트에서 여성을 대상으로 한 은행 서비스는 이미 10년 전에 소개되었으나, 여성이 본격적으로 사회에 진출하면서 더욱 다양해진 고객의 취향과 눈높이에 맞춰 진화화고 있는 것이다.

아랍에미리트의 대표적인 카드 회사와 서비스는 다음과 같다.

**Ajman Bank의 Mahra 카드** 한 달 회비는 75디르함이며, 여성 고객은 아부다비, 샤르자, 두바이에 있는 여성 전용 클럽을 무제한으로 이용할 수 있다. 또한 음식점, 호텔, 리조트에서 요금을 할인받을 수 있으며, 심부름 서비스와 대리 주차 서비스를 받을 수 있다.

**National Bank of Abu Dhabi(NBAD)의 Al Nada 카드** 한 달 회비는 15디르함(타 은행 23.88디르함)이며, 신용카드와 대출에 대한 이자가 18% 수준으로 가장 저렴하다. 금고 이용 대금도 가장 저렴하며 아울렛 할인이 적용된다. 여성 전용 지점이 알 아인과 아부다비에 있다.

**Emirates Islamic Bank의 Al Reem Ladies Banking Service** 회비는 없으며 여성이라면 모두 서비스 혜택을 받을 수 있다. 10%의 여행 할인, 금고 이

용 대금 20% 할인, 무료 긴급 출동, 여성 전용 이벤트 초청 등의 서비스를 제공한다.

**Dubai Islamic Bank의 Johara 카드**  회비는 없으며 쇼핑 할인이 적용된다. 여성전용 금융 서비스가 제공되며 대출 할인과 가계금융 할인을 제공한다. 2003년 설립된 이래 아랍에미리트에서는 여성 고객만 응대하는 여성 전용 서비스 제공지가 10군데 있다.

# Chapter 7

# 아랍 이슬람 시장의
## 보이지 않는 큰손, 여성

글로벌 리서치 회사인 에스피리토산타Espirito Santa는 향후 5년간 전 세계 여성의 수입이 5조 달러(중국과 인도 GDP의 약 2배)에 달할 것으로 예상되는 가운데 여성 시장이 향후 10년간 주목해야 할 이머징 마켓으로 부상할 것이라고 밝혔다(*Times of India*, 2012년 10월 18일 자). 한편 최근 여성 경제학을 지칭하는 신조어로, 'women'과 'economics'를 합친 '위미노믹스womenomics'라는 말이 등장했다. 이는 오늘날 여성의 지위가 향상되고 소득이 늘어나면서 강력한 소비주체로 떠오른 현상을 반영한다. 위미노믹스 마케팅은 전통적으로 남성 중심적이라 간주되었던 항공·자동차·전자 업계에서도 펼쳐지고 있다. 마케팅 전문가들은 여성 시장이 중국 시장보다 더 큰 시장이라고 강조하기도 한다(≪조선일보≫, 2013년 1월 20일 자). 이와 더불어 지금껏 잠재되어 있던 아랍 지역 여성들의 소비력이 본격적으로 분출할 것을 고려해볼 때, 여성을 위한 소비시장은 새로운

표 7-1 **아랍 세계 인구와 여성 인구 비율**

| 지역 구분 | 국가명 | 전체 인구(명) | 여성 인구 비율(%) |
|---|---|---|---|
| 걸프 지역 | 사우디아라비아 | 28,290,000 | 42.9 |
| | 쿠웨이트 | 3,250,000 | 40.2 |
| | 바레인 | 1,318,000 | 37.7 |
| | 카타르 | 2,051,000 | 23.5 |
| | 아랍에미리트 | 9,206,000 | 29.6 |
| | 오만 | 3,314,000 | 37.9 |
| | 예멘 | 23,850,000 | 49.6 |
| 레반트 지역 | 이라크 | 32,580,000 | 49.4 |
| | 시리아 | 22,400,000 | 49.0 |
| | 레바논 | 4,425,000 | 49.1 |
| | 요르단 | 6,318,000 | 48.9 |
| | 팔레스타인 | 4,047,000 | 49.2 |
| 북아프리카 지역 | 이집트 | 80,720,000 | 49.8 |
| | 수단 | 32,200,000 | 49.8 |
| | 리비아 | 6,155,000 | 49.6 |
| | 튀니지 | 10,780,000 | 50.4 |
| | 알제리 | 38,480,000 | 49.4 |
| | 모로코 | 32,520,000 | 50.7 |
| 합계 | | 341,904,000 | 44.8 |

주: 걸프 지역은 외국인 노동자 수도 여성 인구 비율에 포함되었기 때문에 실제 순수 자국민 여성 인구수는 이보다
    훨씬 줄어든다.
자료: World Bank (2013).

블루오션이라고 할 수 있다. 이와 관련해 이번 장에서는 아랍 소비시장
에서 나타나는 아랍 여성의 현실과 변화에 대해 알아볼 것이다.

## 국제 성별 격차 지수로 본 아랍 여성의 현실

아랍 세계에 거주하는 여성 수는 지역 전체 인구 약 3억 4,190만
명의 44.8%인 약 1억 5,000만 명 정도다. 인구수 면에서 아랍 사

표 7-2 아랍 세계 국가별 성별 격차 지수 순위

| 지역 구분 | 국가명 | 전체 순위 | 경제 | 교육 | 보건 | 정치 |
|---|---|---|---|---|---|---|
| 걸프 지역 | 사우디아라비아 | 127 | 134 | 90 | 52 | 105 |
| | 쿠웨이트 | 116 | 115 | 57 | 112 | 126 |
| | 바레인 | 112 | 117 | 71 | 112 | 113 |
| | 카타르 | 115 | 106 | 53 | 129 | 135 |
| | 아랍에미리트 | 109 | 122 | 1 | 112 | 81 |
| | 오만 | 122 | 123 | 94 | 59 | 132 |
| | 예멘 | 136 | 132 | 134 | 81 | 131 |
| 레반트 지역 | 이라크 | - | - | - | - | - |
| | 시리아 | 133 | 136 | 96 | 58 | 112 |
| | 레바논 | 123 | 126 | 87 | 1 | 133 |
| | 요르단 | 119 | 128 | 68 | 90 | 117 |
| | 팔레스타인 | - | - | - | - | - |
| 북아프리카 지역 | 이집트 | 125 | 125 | 108 | 51 | 128 |
| | 수단 | - | - | - | - | - |
| | 리비아 | - | - | - | - | - |
| | 튀니지 | - | - | - | - | - |
| | 알제리 | 124 | 133 | 106 | 108 | 62 |
| | 모로코 | 129 | 129 | 109 | 88 | 111 |

자료: World Economic Forum(2013).

회의 반을 차지하는 여성은 현대사회에 들어서서도 여전히 사회의 구조적 차별을 받고 있다. 아랍 여성은 가부장 중심의 사회적 규범과 관습, 그리고 남성 법학자에 의해 여성 차별적으로 해석된 이슬람 율법인 샤리아로 말미암아 아랍 사회에서 여전히 종속적 지위에 놓여 있다.

아랍 여성의 지위에 대한 부정적 이미지는 세계경제포럼World Economic Forum: WEF에서 발표하는 성별 격차 지수Gender Gap Index: GGI를 보면 더욱 확고해진다. 이 지수는 비록 각 국가에서 남성과 여성이 누릴 수 있는 권리 자체에 대한 평가보다 정치·경제·교육·보건 서비스에 대한 남녀의 접근성을 계량화한 것이지만, 남성과 여성의 차별적인 현주소를 파악하는데 큰 도움이 된다.

2013년 발표된 성별 격차 지수를 보면 대부분 아랍 국가들은 하위권에 머물러 성 평등도가 매우 낮음을 알 수 있다. 이는 아랍 국가에서 여성은 남성에 비해 누릴 수 있는 권리가 상당히 제한적임을 의미한다. 특히 성별 격차 지수의 네 가지 평가 영역 중에서도 아랍 여성들은 경제와 정치 참여 면에서 심한 사회적 차별을 받는 것을 알 수 있다.

아랍 여성에 대해 사회적 차별이 이루어지는 배경은 다음과 같다. 우선 경제 참여의 측면에서 여성은 노동시장 참여에 제한을 받는다. 앞 장에서도 언급했듯이, 그 가장 큰 이유는 아랍 사회에서 문화적·사회적 공간 인식이 '공적 공간은 남성의 영역', '사적 공간은 여성의 영역'으로 엄격하게 이분되어 있다는 데 있다. 이러한 전통 때문에 아랍 세계의 무슬림들은 공공장소에서의 남녀 분리를 이상으로 여기며, 이는 사회적·문화적·전통적 합의에 의해 이슬람 문화권에서 계속해서 유지되었다. 게다가 성 분리에 대한 문화적 규범을 잘 따르는 무슬림 여성에게는 도덕적이고 훌륭한 여성이라는 명예를 부여함으로써 보수적인 종교 관습에 대한 여성의 자발적 참여를 유도했다. 결국 관습적·문화적 측면에서 무슬림 여성의 사회활동은 그리 선호되지 않는다.

여성의 사회 참여에 대한 부정적 인식은 특히 보수적인 걸프 지역에서 더욱 확연하게 나타난다. 걸프 지역 여성의 노동시장 참여는 20세기 후반에 이 지역에서 서구가 물러나고 현대 국가가 탄생하면서 성문법이나 관습법에 의해 구조적으로 제한되어왔다. 특히 걸프 지역 대부분의 국가에서는 노동법을 통해 여성의 근무 환경에 많은 제한을 가하고 있다. 예컨대 여성은 야간에 근무하는 직종에서 일할 수 없을 뿐만 아니라, 신체나 도덕성이 훼손되는 분야에서는 절대 일할 수 없다. 그 결과 아랍 여성은 국가를 막론하고 여성의 본질에 가장 부합하다고 여기는 교육이나 의료분야에 많이 진출해왔다.

표 7-3 **아랍 세계 여성 참정권 허용 현황**

| 지역 구분 | 국가명 | 여성 참정권 허용 연도 |
|---|---|---|
| 걸프 지역 | 사우디아라비아 | 2015년 예정 |
| | 쿠웨이트 | 1985년, 이후 취소되었다가 2005년 재부여 |
| | 바레인 | 1973년 |
| | 카타르 | 1999년 |
| | 아랍에미리트 | 2006년 |
| | 오만 | 1994년 |
| | 예멘 | 1970년 |
| 레반트 지역 | 이라크 | 1980년 (완전한 권리) |
| | 시리아 | 1949년 부분적으로 허용, 1953년 제한 철폐 |
| | 레바논 | 1952년 |
| | 요르단 | 1974년 |
| | 팔레스타인 | - |
| 북아프리카 지역 | 이집트 | 1956년 |
| | 수단 | 1964년 |
| | 리비아 | 1964년 |
| | 튀니지 | 1959년 |
| | 알제리 | 1962년 |
| | 모로코 | 1963년 |

주: 대체로 아라비아반도 국가들의 여성 참정권 허용 시기가 늦은 편이다.
자료: "Women's Suffrage: A Timeline", http://www.iwdc.org/resources/suffrage.htm

아랍 여성의 정치 참여도 상당히 부정적으로 여겨진다. 아랍 이슬람 문화권에서는 여성의 이성적 판단을 신뢰하지 않는 경향이 있기 때문이다. 그 결과 일부 아랍 국가에서는 여성의 정치 참여와 법 분야에서의 활동이 활발하지 않다. 비록 몇몇 국가에서 무슬림 여성이 고위직에 오르는 등 진보적인 사례가 종종 보도되기는 하지만, 대부분이 외부, 특히 아랍 지역의 인권에 부정적인 시선을 보내는 국제사회에 보이기 위한 '전시용' 정책이라 볼 수 있다. 게다가 고위직은 지도층 가문에게만 한정되어 있다는 점을 감안할 때 실질적으로 일반 여성이 사회적으로 성공할 기회는 거의 없다. 그나마 아랍 국가에서도 공화국 체제를 유지하는 국가에서는 서구로부터 독립한 1950년대부터 여성에게 참정권을 부여해 정치 참여를 허용했다. 그러나 아랍 사회에서 여전히 정치는 남성의 영역으로 간주되며, 실질적으로 여성의 고위직 진출은 드문 상황이다.

왕정 제도를 유지하는 국가에서 여성의 정치 참여는 더욱 어려운 상황이다. 예컨대 아랍에미리트는 2006년에 이르러서야 여성에게 정치 참정권을 허용하기 시작했다. 사우디아라비아는 여전히 여성에게 참정권을 허용하지 않고 있으며, 2015년에 여성에게도 참정권을 허용할 예정이다.

## 왜 아랍 여성은 종속적인가

아랍 세계의 여성들은 보수적인 이슬람 문화권의 가부장 중심 제도 때문에 많은 부분에서 차별을 받고 있다. 아랍 여성들의 종속적 지위는 이슬람 문화의 종교적 특성, 남아를 선호하는 아랍 사회의 관습과 문화에서 비롯되었다. 그 밖에 아랍 사회의 구조적·제도적 차원에서도 그 배경을 찾아볼 수 있다. 그런데 주지할 점은 '남성은 우월', '여성은 종속'이라는 이분법적 성 인식과 위계질서가 아랍 세계에만 해당하는 모델이 아니라 모든 가부장 사회에서 공통적으로 나타난다는 점이다. 전 지구적으로 나타나는 보편적인 여성 종속 이론과 관련해 오트너와 화이트헤드(Ortner and Whitehead, 1981)는 여성의 활동 영역과 신체 조건에 따른 여성의 사회적 역할에 집중했다. 이들의 연구는 아랍에서 여성이 남성보다 열등하게 인식되는 이유를 탐구하는 데에도 도움을 준다.

오트너와 화이트헤드는 우선 공간 차원에서 '남성은 우월', '여성은 종속'이라는 사회적 인식을 설명한다. 그들은 일반적으로 가부장적 사회에서 여성의 활동이 사적 공간에 한정되며 이들의 주된 역할이 육아와 가사 업무라는 점에 주목한다. 이때 사적 공간에서 여성의 활동은 남성의 공적이고 공식적인 활동에 비해 사소하고 비공식적인 활동으로 여겨지며, 그 결과 일상생활에서 여성의 역할과 활동의 가치가 남성의 그것에 비해 폄하되는 경향이 있다. 게다가 자본주의의 관점에서 볼 때 사적 공간에 배치되어 어떠한 재화를 생산할 수 없는 '여성의 무능력'은 공적 공간에서 생산활동에 전념하는 남성과 달리 의미 없는 일로 간주된다. 여성의 노동에 대한 부정적 평가는 결국 가부장 사회에서 여성의 종속적인 지위로 고착된 것이다.

오트너와 화이트헤드가 설명한 공간적 차원에서의 '남성은 우월', '여성은 종속'이라는 구조적 위계질서를 아랍 세계에도 적용해볼 수 있다. 이를 통해 보면 남녀 분리의 이슬람 문화 이념과 이를 현실에서 뒷받침하는 법제도가 남성에 대한 여성의 종속적인 지위를 더욱 확고히 한다고 볼 수 있다. 이는 일상생활에서 발생할 수 있는 가장 기본적인 경제활동에서도 목격된다. 예컨대 아랍 여성은 자신의 이름으로 은행에서 계좌를 개설하거나 사업체를 운영하기가 어렵다. 실제로 아랍 여성 중 약 13%만이 자신의 독립적인 은행 계좌를 가지고 있다고 한다(*Huffington Post*, 2013년 11월 4일 자). 그 대신에 이들은 남성 보호자의 이름을 빌려 사업체를 운영하거나 계좌를 개설한다. 결국 아랍 여성은 '합법적이며 공식적인 경제활동'에서 가장 기본적인 기회조차 박탈당한 것이다. 이러한 현실을 감안할 때 아랍 세계 여성이 노동시장에 자유롭게 참여하고 경제적으로 독립하는 데에는 앞으로 더 많은 시간이 걸릴 것으로 예상된다.

한편 신체적 기능도 여성의 종속적 지위에 결정적인 요인이라 할 수 있다. '문명'으로 대표되는 남성과 달리 여성은 생리와 출산이라는 생리적 기능상 '자연'으로 대표된다. 문명과 대치되는 자연의 습성을 모더니즘의 관점에서 해석한다면 여성성을 지닌 자연은 과학과 기술로 대표되는 남성성을 지닌 문명보다 열등하게 인식된다. 그 결과 여성은 자연스럽게 남성에 대해 종속적인 지위를 갖게 된 것이다. 여성의 신체적 조건에 따른 종속적인 지위에서 벗어나기 위해 일부 급진적인 서구 여성 학자들은 출산을 피하려는 목적으로 동성연애를 선택하기도 했다. 서구에서와 마찬가지로 이슬람교의 관점에서도 생리와 출산을 하는 여성의 역할은 자연과 동일선상에서 이해된다. 이때 여성의 생리적 현상은 부정적으로 인식된다. 코란에서는 생리하는 여성에 관해 다음과 같이 언급하고 있다.

> 사람들이 그대에게 여성의 생리에 대해 묻거든 이는 깨끗한 것이 아니라 일러 가로되 생리 중에 있는 여성과 멀리하고 생리가 끝날 때까지 가까이 하지 말라 그러나 생리가 끝났을 때는 가까이 하라 이는 하나님의 명령이니라 하나님은 항상 회개하는 자와 함께 있으니 청결을 기뻐하시느니라 (제2장 222절).

이 코란 구절에서 언급된 바처럼 여성의 생리에 대한 부정적인 인식으로 이슬람교에서는 생리 중인 여성과 부부관계를 맺는 것을 철저히 금한다. 그 밖에도 여성은 생리 기간 중에 기도를 할 수 없으며, 라마단 때 금식에도 참여할 수 없다. 또한 이슬람교의 성스러운 경전인 코란을 만질수 없으며, 코란 구절을 암송할 수도 없다. 사원 출입도 제한되며, 이슬람의 5대 의무 사항인 순례 역시 금지된다. 이러한 제한은 이슬람교에서 '자연'의 습성을 닮은 여성을 얼마나 부정적으로 인식하는지 보여준다.

아랍 지역에서 여성을 종속적으로 보던 문화적 인식들은 아랍 지역의 독립과 신생국가 형성 이후에도 지속되었다. 그런데 주목할 점은 신생국가 건설 이전에는 가족이나 부족의 차원에서 행해지던 가부장제도가 이제는 국가 수준으로 확대되었다는 점이다. 다시 말해 국가의 다양한 제도적 차원에서 남성과 여성의 지배와 종속 관계는 더욱 공고히 안착되었다. 이를 '국가적 차원의 가부장제state patriarchy'라 한다. 가정의 범주를 벗어나 국가 차원에서 행해지는 가부장제의 예로는 아랍 여성의 경제·정치 분야 참여 제한뿐만 아니라 시민권과 관련한 법 규정을 들 수 있다. 남성의 혈통만을 인정하는 대부분의 아랍 국가에서 여성은 자신의 시민권을 외국인 남편이나 자녀에게 물려줄 수 없다. 게다가 '후견인 제도'를 통해 여성은 이동의 자유가 묶여 있다. 이 법에서는 여성이 후견인의 동의 없이 학업이나 여행을 하는 것을 금지한다. 일례로 카타르에서는 남편의 동의 없이 아내가 운전면허증을 취득할 수 없으며, 요르단에서는 2003년이 되어서야 비로소 남편의 동의 없이 여성이 여권을 신청할 수 있게 되었다. 또한 사우디아라비아에서는 아내, 자녀, 그리고 가사 도우미를 포함한 피후견인이 여행의 목적으로 국경을 넘나들 때 자동적으로 후견인에게 문자메시지가 전달된다. 이러한 규정에 대해 여성단체에서는 보호의 이름하에 행해지는 지배라며 비난하고 있다.

아랍 세계에서 개인과 가족에 대한 법 규정은 대부분 '가족법Personal Status Law'에 의해 규정되는데, 이 가족법의 내용 또한 남성 중심적이다. 가족법은 무슬림의 결혼, 이혼, 상속, 가정폭력 등에 대해 규정한다. 이 법에 따르면, 여성은 남성 후견인의 허락 없이 결혼할 수 없으며, 대부분의 아랍 국가에서는 일부다처제의 관습을 인정한다. 아랍 국가에서 이혼할 권리는 남성에게만 부여하는데, 이는 여성을 비이성적인 존재라고 보는 문화적 인식 때문이다. 여성의 이혼권은 이집트에서 '쿨으khulu' 법을 도입하면서 제한적으로 인정되고 있는데, 이 법에 따르면 무슬림 여성은 이혼이나 남편의 사망 시 여성의 몫으로 지정된 후불 혼납금을 포기하는 조건으로 이혼권을 행사할 수 있다. 그러나 쿨으는 남편의 후불 혼납금에 의지할 필요가 없을 정도로 경제적 여유가 있는 상류층 여성의 전유

표 7-4 **아랍 세계에서의 일부다처제 현황**

| 지역 구분 | 국가명 | 일부다처제에 대한 법적 규정 |
|---|---|---|
| 걸프 지역 | 사우디아라비아 | |
| | 쿠웨이트 | |
| | 바레인 | |
| | 카타르 | |
| | 아랍에미리트 | |
| | 오만 | |
| | 예멘 | |
| 레반트 지역 | 이라크 | 1959년에 폐지 |
| | 시리아 | 1953년에 판사에게 일부다처제 거부권을 부여해 제한 |
| | 레바논 | |
| | 요르단 | |
| | 팔레스타인 | |
| 북아프리카 지역 | 이집트 | 1979년과 1985년에 일부다처제를 제한 |
| | 수단 | |
| | 리비아 | |
| | 튀니지 | 1956년 폐지 |
| | 알제리 | |
| | 모로코 | 2003년 일부다처제를 제한 |

주: 별도의 표기가 없는 국가에서는 일부다처제를 법적으로 인정한다.
자료: wikipedia.org.

물로만 인식되고 있다. 게다가 계층적 요소를 고려하지 않더라도 이혼한 여성에게 남는 사회적 낙인 탓에 쿨으 법이 있어도 여성이 이혼권을 행사하기란 현실적으로 어렵다고 볼 수 있다.

그 밖에도 아랍 여성들은 순결을 강조하는 사회 분위기에서 명예살인과 여성의 성기 훼손인 할례라는 심각한 폭력에도 노출되어 있다. 명예살인은 특히 요르단, 시리아, 팔레스타인, 이집트, 이라크, 이란, 예멘 등지에서 많이 일어나며, 18개 아랍 국가에서는 유일하게 요르단만이 가정폭력으로부터 여성을 보호하는 법안을 2008년 제정했다(Freedom House, 2010). 그러나 배우자 강간을 포함해 일반적으로 일어나는 여성의 가정폭력에 대해 대부분의 아랍 국가에서는 침묵을 지키고 있다. 이는 가족의 명예와 관련된 것이라 대부분의 사람들이 공론화하기를 꺼리기 때문이다. 또한 한국과 마찬가지로 공권력이 가정폭력을 사적인 일로 간주해 이에 개입하지 않는 경향이 있으며, 이 때문에 가정 내에서 일어나는 여성에 대한 폭력은 현재 상황으로서는 규제하기가 어렵다.

## ☾ 아랍 여성과 변화의 조짐

아랍 지역을 연구한 인류학자와 사회학자에 따르면, 일반적으로 아랍 사회를 구성하는 가장 작은 단위는 개인이 아니라 가족이다. 이러한 사회에서 여성은 완전한 인간으로 취급받지 못했다. 후견인 제도에 따라 아랍 여성은 남성에게 보호를 받는 존재로 취급되며, 상속도 남자 형제의 절반 정도만 받을 수 있다. 또한 법정 증언도 반만 인정된다.

비록 아랍 세계에서 여성은 사회의 온전한 인간으로 인정받지 못했지만, 최근 들어 변화의 조짐이 포착되고 있다. 2010년 실시된 프리덤하우스Freedom House의 조사에서는 아랍 여성의 경제·정치 참여가 바로 직전인 2005년 조사 때보다 나아진 모습을 보였다. 아랍 국가 18개국을 대상으로 여성의 권리를 조사한 프리덤하우스는 아랍 여성의 경제활동이 활발해진 배경으로 교육의 확대를 지적했다. 실제로 대부분의 아랍 국가에서 여성의 고등교육기관 진학률은 점차 늘고 있는 추세다. 심지어 상당수 아랍 국가에서 여성의 고등교육기관 진학률이 남성을 추월했다(표 7-5 참조).

그럼에도 불구하고 여전히 아랍 지역 여성의 노동시장 참여율은 다른 지역에 비해 매우 낮은 수준을 보이며(그림 7-1 참조), 아시아, 유럽, 중앙아시아, 카리브 연안 등 타 지역 여성의 노동시장 참여가 지난 15년간

표 7-5 **아랍 지역 여성의 대학 진학률**

| 지역 구분 | 국가명 | 2009년 | 2010년 | 2011년 | 남성(100) 대비 여성의 대학 진학률(2012년) |
|---|---|---|---|---|---|
| 걸프 지역 | 사우디아라비아 | 31 | 37 | 41 | 106 |
| | 쿠웨이트 | 13(2003년) | | | 220(2004년) |
| | 바레인 | 30(2006년) | | | 252(2006년) |
| | 카타르 | 10 | 10 | 12 | 560 |
| | 아랍에미리트 | | - | | |
| | 오만 | 24 | 24 | 29 | 138 |
| | 예멘 | 10(2007년) | | | 42(2007년) |
| 레반트 지역 | 이라크 | 16(2005년) | | | 60(2006년) |
| | 시리아 | 15(1995년) | | | 72(1995년) |
| | 레바논 | 53 | 54 | 58 | 115 |
| | 요르단 | 42 | 38 | 38 | 90 |
| | 팔레스타인 | 49 | 50 | 51 | 138 |
| 북아프리카 지역 | 이집트 | 31 | 32 | 28 | 90(2011년) |
| | 수단 | 6(2000년) | | | 92(2000년) |
| | 리비아 | 54(2003년) | | | 109(2003년) |
| | 튀니지 | 34 | 36 | 37 | 152 |
| | 알제리 | 31 | 31 | 32 | 146 |
| | 모로코 | 13 | 14 | - | 89(2010년) |

자료: World Bank(2013).

그림 7-1 **15세 이상 64세 미만 전 세계 남녀 노동시장 참여율 비교** (단위: %)

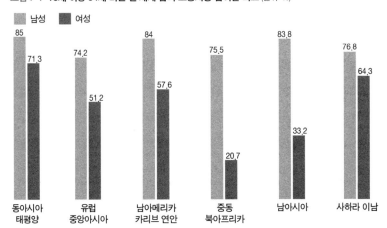

자료: World Bank(2013).

표 7-6 **아랍 지역 여성의 노동시장 참여 현황**

| 지역 구분 | 국가명 | 여성의 노동시장 참여율(%) |
|---|---|---|
| 걸프 지역 | 사우디아라비아 | 18 |
| | 쿠웨이트 | 43 |
| | 바레인 | 39 |
| | 카타르 | 52 |
| | 아랍에미리트 | 44 |
| | 오만 | 28 |
| | 예멘 | 25 |
| 레반트 지역 | 이라크 | 15 |
| | 시리아 | 13 |
| | 레바논 | 23 |
| | 요르단 | 16 |
| | 팔레스타인 | - |
| 북아프리카 지역 | 이집트 | 24 |
| | 수단 | 31 |
| | 리비아 | 30 |
| | 튀니지 | 26 |
| | 알제리 | 15 |
| | 모로코 | 26 |

자료: World Bank(2013); http://www.bqdoha.com/2013/08/the-gulf-explained-in-20-maps

50%이상 증가한 데 비해 중동과 북아프리카 지역은 25.2% 증가하는 데 그쳐 변화의 속도도 더디다(World Bank, 2013). 특히 아랍 지역에서도 여성에게 가장 보수적인 정책을 시행해온 사우디아라비아가 여성의 노동시장 참여율에서 중동과 북아프리카 지역 중 최하위권을 기록하고 있다(표 7-6 참조). 세계은행에 따르면 사우디아라비아 여성의 노동시장 참여율은 18%로 추산되지만, 이는 외국인 노동자를 포함한 수로 외국인 노동자 수를 제외하면 그 수치가 6.1%까지 떨어진다(*Arab News*, 2013년 3월 25일 자).

그러나 이제는 아랍 세계에서도 여성의 경제활동 참여가 더 이상 선택이 아니라 가정경제 차원에서 필수적인 일이 되어가고 있다. 특히 아랍의 젊은 남성들도 남성을 유일한 가정경제의 수입원으로 간주하던 과거의 성역할에 대한 지배담론에 얽매이지 않고 오히려 여성의 경제활동을 적극 지지하는 입장을 취하고 있다. 소비지향적인 사회에서 남성 역시 홀로 가정경제를 책임지는 데 부담을 느끼기 때문이다. 그 밖에 여성의 노동시장 참여는 국가의 인적 자원 활용 면에서도 그 필요성이 점차 증가하는 추세다. 예컨대 걸프 지역을 중심으로 추진 중인 '노동력의 자국민화' 프로젝트에서는 여성 인력 활용 정도에 따라 정책의 성패가 갈릴 것으로 인식된다. 걸프 지역 산유국들은 석유 발견 이래 국가의 발전을 석유 자원과 외국인 노동력에 전적으로 의지해왔다. 하지만 이들은 머지 않은 미래에 석유가 고갈될 것을 대비해 1990년대부터 경제구조 다변화 전략을 구상하고 실행했다. 그 노력의 일환으로 걸프 지역 국가들은 자국민 인적 자원을 개발하고자 교육에 많은 투자를 했으며, 특히 그중에서도 종교와 관습의 이름하에 사적인 영역에 갇혀 있던 여성 인력 활용을 주요 쟁점으로 내세웠다.

아랍 여성의 교육과 노동시장 진출 결과 재정적 독립을 이룬 여성들은 가정 내 발언권과 결정권이 커지고 있다. 특히 남편과 이혼 또는 사별한 여성은 전통에 따라 자신의 부모에게 의존하기보다 이제 자신의 일자리를 찾아 독립하는 경향이 늘어나고 있다. 아랍 여성의 경제력 향상과 독립은 소비시장에서 새로운 흐름을 만들고 있다. 아랍 사회에서 여성 권리의 신장은 공적 공간에 진출할수록 더 많은 권력을 획득할 수 있다는 오트너와 화이트헤드의 이론을 반증하는 것이기도 하다.

그런데 지난 2011년 발발한 아랍의 민주화 운동인 '아랍의 봄'은 역설적이게도 아랍 여성의 권리 면에서 오히려 부정적인 결과를 야기했다. 아랍의 봄을 겪은 국가에서는 대부분 보수적인 이슬람 관련 정당이 집권했는데, 이로써 무슬림 여성에 대한 정책이 더욱 보수적인 경향으로 돌아서고 있는 것이다.

일례로 민주화 혁명이 격렬했던 이집트 등지에서 시위에 참석한 여성들은 다른 남성 시위대에게 성희롱이나 성폭행을 당하기도 했으며, 공권력은 시위에 참석한 여성을 대상으로 '처녀성' 검사를 행하기도 했다. 이 사건은 국가가 여성의 몸을 직접 통제한 극단적인 사례라 할 수 있다.

이처럼 일부 아랍 국가에서 여성의 권리는 아랍의 봄을 계기로 후퇴했지만, 아랍 국가들이 여성의 교육과 경제활동 참여에 마냥 보수적인 입장을 고수할 상황은 아니다. 대부분의 아랍 국가에서, 심지어 이슬람 세계에서 가장 보수적이라는 사우디아라비아조차 여성 인력 활용이 앞으로 국가의 발전과 생존에 필수적인 과제임을 인정하는 분위기다. 따라서 아랍 국가에서는 국제사회의 감시와 요구 또는 국가 내부적 필요와 자각에 따라 여성의 공적 영역 참여가 향후 더욱 활발해질 전망이다.

## 왜 아랍 세계 여성 소비자를 주목해야 하는가

정치적·경제적으로 여성의 활동이 제한되는 아랍 현실을 고려할 때, '왜 우리가 아랍 세계 여성 소비자를 주목해야 하는가' 하는 질문에 회의가 생길 수 있다. 그러나 아랍 여성의 교육과 노동시장 진출이 서서히 시작되는 상황에서, 그리고 그들의 잠재된 소비력과 결정권이 향후 시장에 미칠 영향력을 고려할 때, 우리가 관심을 가져야 할 이유는 충분하다.

### 아랍 여성의 잠재적 소비 파워
아랍 여성의 경제활동이 아직 미진한 수준인 만큼 이들의 가처분소득 또한 남성보다 훨씬 떨어진다. 유로모니터에 따르면, 2012년 중동과 북아프리카 지역 여성의 연간 가처분소득이 남성보다 67.4% 낮은 것으로 조사되었다. 특히 걸프협력회의GCC 국가에서 1인당 연간 가처분소득이 여성은 4,004달러인 데 비해 남성은 1만 7,021달러로 3배 정도 많다(*Arab News*, 2013년 6월 19일 자). 그런데 주목해야 할 점은 비록 여성의 가처분소득은 적지만 이슬람 세계를 지배하는 남성성과 여성성의 문화적 이데올로기를 고려할 때 여성이 활용할 수 있는 소득이 실제로는 많다는 점이다. 이와 관련해 코란 제4장 34절에서는 다음과 같이 언급한다.

남성은 여성의 보호자라. 이는 하나님께서 여성들보다 강한 힘을 주었기 때문이라. 남성은 여성을 그들의 모든 수단으로써 부양하나니 건전한 여성은 헌신적으로 남성을 따를 것이며 남성이 부재 시 남편의 명예와 자신의 순결을 보호할 것이다.

이러한 이슬람의 가르침에 따라 아랍 세계에서 남성은 수입의 상당 부분을 배우자와 가족을 부양하는 데 쓰며, 여성은 가정 내에서 그러한 자산을 관리하고 지출한다. 따라서 아랍 여성은 남성보다 수입이 적은데도 소비력은 오히려 높은 경우가 많다. 이와 관련해 아랍 여성의 소비력과 결정권에 관한 연구에서는 아랍 여성은 종속적일 것이라는 우리의 편견과 달리 아랍 여성의 가정 내 소비 결정권이 서구 여성과 비슷한 수준인 것으로 나타났다(*Brand Channel*, 2009년 5월 4일 자). 특히 이러한 현상은 부유한 걸프 지역에서 더 많이 나타나는데, 걸프 지역 여성들은 자신에게 주어진 자산을 자유롭게 관리하는 것으로 나타났다. 흥미롭게도 이 연구에서는 아랍 여성의 구매 결정권에 대한 이유로 종교적 이유를 들고 있다. 앞서 인용한 코란 구절처럼 이슬람 문화권에서는 남성이 가족을 부양할 의무를 지는 반면, 여성의 수입과 그 사용에 대해서는 전적으로 여성 자신만이 관리할 수 있도록 남성은 어떠한 요구도 하지 않는 것이 미덕으로 여겨지기 때문이다.

결국 무슬림 여성은 비록 직접 형성한 가처분소득이 상대적으로 적더라도 이슬람 교리에 따라 자신의 수입뿐 아니라 남편의 수입에 대해서도 영향력을 행사할 수 있어 실제 소비력은 크다. 결국 소비시장에서 아랍여성은 결코 무시할 수 없을 만큼 소비 파워를 지닌 큰 존재라고 볼 수 있다.

## 가족구조의 변화와 여성의 구매력 향상

오늘날 아랍 여성의 높은 구매력은 가족구조의 변화에서도 그 배경을 찾아볼 수 있다. 전통적으로 아랍은 대가족제도를 유지해왔지만, 오늘날에는 젊은 사람들을 중심으로 핵가족화가 빠르게 진행되고 있다. 그리고 핵가족화된 가정에서 가족 간의 관계도 변화하고 있다. 가부장 또는 부모에 대해 수직적이며 종속적이던 관계에서 이제 부모와 자녀 그리고 부부 간의 관계는 수평적이며 민주적으로 변하고 있으며, 심리적 거리 또한 가까워지고 있다. 이러한 변화는 소비주체의 변화로 이어지고 있다. 그동안 무력한 존재로 인식되던 젊은이, 특히 젊은 여성과 어린이가 소비문화를 주도하는 새로운 권력층으로 떠올라 아랍의 소비시장 변화를 이끌고 있다.

이러한 현상은 아랍 지역에서 속속 개장한 몰의 매장과 종류에도 반영된다. 대체로 몰에 입점한 매장의 약 3분의 2가 여성과 어린이 용품을 다루고 있어 주로 여성을 대상으로 영업하고 있다. 또한 전통적으로 여성의 영역으로 간주된 사적 영역, 즉 인테리어 물품과 부엌 용품 등을 판매하는 매장 수는 여성의 늘어난 구매력을 반영한다.

이처럼 아랍 지역 여성의 구매력이 향상된 원인은 핵가족화로 가정에서 여성의 결정권이 강화되고, 교육수준이 향상되면서 사회 진출 기회가 늘어 여성 개인의 경제력이 증가한 것 등에서 찾을 수 있다. 다른 한편으로 자녀 수가 감소하면서 자녀 1인당 양육 비용 또한 증가하고 있다. 아랍 지역에서도 부모의 교육수준이 높고 수입이 많을수록 자녀 수가 감소하는 추세이며, 자녀 양육에 많은 비용을 투자하고 있다. 몰에 어린이 관련 용품 매장이 많이 들어선 모습은 이를 잘 반영한다(엄익란, 2009).

한편 구매력이 있으면서 미혼인 젊은 여성 사이에서는 자신을 위한 소비가 늘고 있는 추세다. 특히 걸프 지역에서는 전통 의상을 입은 여성들이 자신의 구매력을 옷을 통해 직접적으로 노출할 수 없어 이를 대신해 전통 복장인 아바야의 모양과 스타일, 최고급 핸드백과 선글라스, 최신 휴대전화 등을 통해 자신의 소비력을 타인에게 드러낸다. 이슬람의 교리에 따라 공적인 공간에서는 '감춰진' 여성이 역설적으로 글로벌 소비문화의 공간에서는 가장 '드러나는' 문화코드로 부상한 것이다(엄익란, 2009). 다시 말해 가부장 중심의 공동체문화에 가려 가장 힘없는 객체로 간주되어왔던 여성이 소비를 통해 자신의 취향과 경제력을 보여주며 소비문화를 선도하는 새로운 문화코드로 떠오르고 있다.

### 사회와 문화의 경계를 넘어선 아랍 여성들의 창업 활동

아랍 여성의 사회활동이 증가하면서 중동과 북아프리카 지역의 여성 기업가나 고위 임직원도 늘어나는 추세다. 여성의 사회 참여에 부정적인 기존 관습에 맞서 사회 속으로 뛰어든 아랍 여성들은 사도 무함마드의 아내 카디자를 롤모델로 삼아 아랍 여성의 수동적이고 종속적인 이미지에 반기를 들고 있다. 사도 무함마드의 아내였던 카디자는 당시 카라반을 운영하던 성공한 부호였으며, 무함마드는 이슬람의 계시를 받기 전까

표 7-7 **가족기업 내 가장 영향력 있는 아랍 여성**

| 순위 | 이름 | 국적 | 회사명 | 직위 |
|---|---|---|---|---|
| 1 | Raja Easa Al Gurg | 아랍에미리트 | Easa Saleh Al Gurg Group | 상무이사 |
| 2 | Lubna Olayan | 사우디아라비아 | Olayan Group | 부회장, CEO |
| 3 | Mona Almoayyed | 바레인 | Y.K. Almoayyed & Sons Group | 상무이사 |
| 4 | Fatima Al Jaber | 아랍에미리트 | Al Jaber Group | COO, 이사 |
| 5 | Aisha Almana | 사우디아라비아 | Ebrahim M. Almana Bros. Ltd | 이사 |
| 6 | Deeman Sukhtian | 요르단 | Munir Sukhtian Group | 상무이사, CEO |
| 7 | Amna BinHendi | 아랍에미리트 | BinHendi Enterprises | CEO |
| 8 | Nashwa Abdel Hadi Taher | 사우디아라비아 | Al Taher Group | 부사장 |
| 9 | Suad Al Humaidi | 쿠웨이트 | Hamad Saleh Al Humaizi Establishment | 이사 |
| 10 | Hind S. Bahwan | 오만 | Bahwan Cybertek Group | 회장 |

주: 원자료에는 총 12개국 출신 33인을 선정했으나 여기서는 상위 10명만 소개한다.
자료: http://english.forbesmiddleeast.com/view.php?list=44470

지 그녀의 카라반을 관리하던 상인으로 활동했다.

2013년 ≪포브스 미들이스트Forbes Middle East≫에서는 가족기업 내 가장 영향력 있는 아랍 여성 33인을 선정했다(표 7-7 참조). 비록 이는 가족이 운영하던 기업에서 성공한 여성들을 대상으로 한 조사이지만, 비즈니스 분야에서 아랍 여성의 파워가 이미 상당함을 알 수 있다.

그런데 최근 아랍 세계에서 불고 있는 비즈니스 분야에서의 여성 파워는 그러한 지지 기반이 없는 일반 여성들을 통해서도 나타나고 있다. 그중 상당수는 큰 자본 없이 자신이 보유한 기술로 시작할 수 있는 베이커리, 수공예와 농업, 직물과 관련한 분야에서 활동하고 있다. 하지만 아랍 여성의 교육 기회가 확대되면서 여성의 진출 분야 역시 다양해지고 있다. 특히 아랍 여성들은 여성 인력을 효과적으로 운영하기 위해 개설된 각종 창업 훈련 프로그램에 적극 참여하여 이를 바탕으로 과학·기술, 정보통신, 미디어 분야에까지 진출하고 있다. 다만 여성의 공적 활동에 여전히 보수적인 시선을 지닌 아랍 세계의 특성상 아직까지 아랍 여성들은 창업의 꿈을 주로 온라인 비즈니스에서 이루고 있다. 온라인 비즈니스가 여성들의 노동시장 참여에 활로가 되고 있는 것이다.

시장에서의 우먼파워 물결은 아랍 세계에서 가장 보수적인 사우디아라비아도 비켜가지 않는다. 사우디아라비아는 2005년 압둘라 국왕이 집권한 이래 노동력의 자국민화 프로젝트의 일환으로 자국민 여성의 교육과 훈련에 많은 공을 들여왔다. 2005년 이래 사우디아라비아는 킹 압둘라 해외장학금, 구직보조금 지급, 직업훈련 등을 통해 자국민을 해외로 보내 교육시키고 있다. 사우디아라비아 여성들도 장학금의 혜택을 받아 남성 보호자의 허락과 동반하에 외국으로 유학을 떠났으며, 이제 그 결실이 서서히 나타나고 있다.

일례로 사우디아라비아의 한 여성은 국가가 지원하는 기술 기반 비즈니스 지원사업인 바디르Badir 프로그램의 혜택을 받아, 상용화를 목적으로 한 아랍식 커피메이커를 개발하는 데 성공했다. 이 기계를 이용하면, 추출 방식이 복잡하고 까다로운 아랍식 전통 커피를 누구나 쉽고 빠르게 만들 수 있다. 물론 주목할 만한 것은 이 기계의 획기적인 사업 아이템뿐 아니라 이 기계를 개발한 사람이 사우디아라비아의 소수 여성 사업가 중 한 명이라는 점이다. 이 커피 추출 기계는 향후 'Made in Saudi Arabia' 표시와 함께 사우디 전역에 독점적으로 납품될 것이며, 향후 다른 걸프 지역에도 수출될 예정이다(*Arabian Business*, 2013년 11월 24일). 이처럼 아랍 세계의 여성 지도자 계층에서 일반 여성에 이르기까지 많은 여성이 전통적 여성상을 넘어 다양한 분야에서 도전을 시도하고 있다. 이러한 아랍 여성의 사회 진출과 성공은 과학기술과 정보통신기술의 발달과 더불어 더욱 늘어날 것으로 전망된다.

# 향후 주목해야 할 아랍 여성의 소비시장

아랍 사회는 오늘날 여성의 사회 진출이 확대되면서 가족의 생활 패턴 또한 변화하는 과정에 있다. 그리고 이러한 변화는 여성의 노동시장 확대와 함께 앞으로 그 속도가 더욱 빨라질 전망이다. 따라서 가정 내 '여성의 공백'이 미칠 수 있는 파장을 최소화하기 위한 가전·생활용품이나 워킹맘을 위한 서비스 시장에 주목해야 필요성이 있다.

## 여성의 사회 진출로 인한 미용 산업의 급성장

과거 집 안에만 갇혀 지내던 아랍 여성들이 노동시장에 참여하면서 가장 빠르게 확대되고 있는 시장 중 하나가 화장품 시장이다. 특히 여성의 사회 진출이 이제 막 확대되기 시작한 사우디아라비아와 아랍에미리트에서 화장품 시장이 급성장하고 있다. 뷰티세계박람회Beauty World Exhibition의 조사에 따르면, 사우디아라비아와 아랍에미리트의 화장품 시장 성장 속도는 전 세계에서 가장 빠른 것으로 나타났다. 사우디아라비아 여성은 연간 약 1,400리얄(한화 약 38만 원)을 화장품 구매에 쓰는 것으로 나타났다. 아랍에미리트는 사우디아라비아에 이어 화장품 시장이 두 번째로 빠르게 성장하고 있으며, 그 규모가 2014년에 3억 3,130만 달러에 달할 것으로 예측된다. 이는 2011년 2억 6,740만 달러에서 24% 늘어난 규모다(*Al Bawaba*, 2012년 7월 11일 자). 아랍의 화장품 시장에서는 천연 유기농 재료를 사용한 상품이 가장 잘 팔리는데, 이는 이슬람교에서 금지한 지방과 화학성분이 들어간 화장품을 기피하기 때문이다.

현재 아랍 지역에서 선전하는 화장품 회사는 영국의 사프 퓨어 스킨케어Saaf Pure Skincare, 원퓨어 할랄 뷰티OnePure Halal Beauty, 아랍어로 '나의 메이크업'을 뜻하는 미키아지Mikyajy 등이 있다. 이들 회사는 이슬람 율법

**이슬람의 할랄 시장을 겨냥한 화장품**
© Saaf Pure Skicare, OnePure Halal Beauty

에 따라 무슬림에게 식용이나 도포가 금지된 성분인 동물성 젤라틴 대신 천연성분을 이용한 식물성 힐링 제품이나 씨앗 오일을 선보이고 있다. 한편 피부 미용 제품과 더불어 네일아트나 향수, 모발 관리 등도 아랍 여성에게 인기 있는 시장이다.

## 반조리식품과 조리식품, 배달음식 시장의 확대

아랍 지역 여성의 노동시장 참여가 확대되면서 음식 서비스 시장 또한 성장할 것으로 예상된다. 전통적으로 아랍 사람들은 밖에서 음식을 사 먹는 것을 그다지 선호하지 않는 편이다. 아랍에서 가족의 저녁식사 시간은 주로 자녀가 학교를 마치는 시간과 남성 가장이 업무를 마치는 시간인 오후 4~5시를 중심으로 편성되며, 주부는 이 시간에 맞춰 가족을 위한 식사를 준비했다. 그런데 오늘날 아랍 여성들도 노동시장에 참여하면서 식사를 준비하는 데 드는 시간이 불가피하게 줄어들고 있다. 이러한 결과로 반조리식품과 조리식품, 배달음식 시장이 확대될 전망이다. 이와 관련해 유로모니터(Euromonitor, 2014)의 연구에서는 2012~2017년에 아랍 지역의 조리식품 시장이 18% 정도 성장할 것이며, 이는 전 세계 조리식품 시장 성장률의 6배에 달하는 것이라고 밝혔다. 한편 조리식품 시장의 성장과 맞물려 전자레인지 등 관련 가전제품 시장 역시 성장할 것으로 예상했다. 다음은 유로모니터에서 분석한 아랍 지역 각 시장의 조리식품 시장 현황과 전망이다.

**알제리** 알제리의 조리식품 시장은 전년 대비 15% 성장했으며, 캔 음식과 보존식 값이 비싼 편으로, 주로 고소득층 사이에서 소비된다.

**이집트** 많은 이집트 여성들은 노동시장에 참여하기보다 주로 집에 머물기 때문에 조리식품 시장이 그다지 크지 않다. 또한 만연한 빈곤 때문에 일반인들은 주로 가정식을 소비하고 고소득층은 대개 도우미가 음식을 마련하므로 조리음식 시장은 크게 발달하지 않았다. 현재 이집트의 불안한 정국과 높은 청년 실업률을 고려할 때 조리식품 시장은 앞으로 한동안 큰 성장세를 보이기 어려울 것으로 예상된다.

**사우디아라비아** 규모는 작지만 전반적으로 조리식품 시장의 현황은 좋은 편이다. 편리함을 선호하는 생활 패턴과 서구식 음식을 선호하는 식습관, 그리고 여성의 사회 참여 확대로 향후 조리음식 시장의 선전이 예상된다.

**아랍에미리트** 경제 여건이 향상되고 편리함을 추구하는 생활 패턴이 자리 잡으면서 조리음식 시장의 상황은 좋은 편이다. 그러나 건강에 대한 의식이 향상되고 아랍에미리트에 거주하는 외국인을 중심으로 조리식품보다 신선식품을 선호하는 경향이 있다.

조리식품 시장과 함께 주목해야 할 것이 바로 배달음식 시장이다. 온라인으로 음식을 주문할 수 있는 서비스가 아랍 지역에서는 빠르게 성장하고 있다. 이 서비스를 통해 소비자들은 온라인으로 메뉴를 주문하고 특정 음식점의 테이블도 미리 예약할 수 있다. 아랍 지역에서 선전하는 온라인 음식 웹사이트는 다음과 같다.

**FoodonClick** 두바이, 아부다비, 샤르자에 있는 회사로, 홈페이지에 배달 가능한 각 지역의 음식점 목록과 해당 음식점의 자세한 메뉴를 보고 선택할 수 있으며, 예상 배달 시간까지 알려준다. 또한 다음 날 아침 식사까지 미리 주문할 수 있다. 데스크톱은 물론 스마트폰 앱을 통해서도 서비스를 이용할 수 있다. 또한 라마단 기간에도 금식에 참여하지 않는 사람들을 위해 서비스를 제공한다.

**Room Service Delivery (RSD)**  두바이와 아부다비에 있으며, 홈페이지에서 메뉴를 선택하면 음식을 배달해준다. 저렴한 값에 오토바이로 배달하는 신속 서비스도 제공한다.

**Otlob**  1999년에 이집트에서 처음으로 시작했으며, 현재는 아랍에미리트, 사우디아라비아, 바레인, 수단까지 비즈니스를 확장했다. 웹사이트에서는 아랍어와 영어 서비스가 함께 제공된다.

그 밖에 아랍 여성의 노동시장 참여 확대에 따라 앞으로 성장할 것으로 예상되는 시장으로 워킹맘을 위한 이유식 시장이 있다. 여전히 모유를 선호하는 문화 때문에 현재 중동과 북아프리카에서는 이유식이 많이 판매되지 않지만, 일하는 여성이 늘어남에 따라 이 시장 역시 확대될 가능성이 큰 시장으로 꼽힌다.

### 문화적으로 민감한 분야의 새로운 소비시장: 속옷 시장과 세탁 시장

아랍 여성의 가장 큰 고민거리 중 하나는 문화적으로 민감하게 취급되는 상품에 대한 접근성이다. 이를 단적으로 보여주는 예가 여성 속옷 시장이다. 모르는 남성과의 접촉을 비도덕적인 것으로 간주하는 이슬람 문화권의 정서상 아랍 여성은 필수품인 속옷 구매에 애를 먹는다.

이러한 분위기에서 그동안 아랍 여성에게 속옷이란 필수품인데도 그저 대충 사서 입어야 하는 물품에 지나지 않았다. 자신의 신체에 관해 언급하는 것이 터부시되는 보수적인 사회 분위기에서 여성들은 자신의 신체 사이즈를 재거나 체형을 확인할 길이 없었기 때문이다. 더욱이 2012

년 무렵까지 사우디아라비아에서는 여성 속옷을 파는 상점에서 주로 외국인 남성이 물건을 팔았다. 이에 대해 사우디아라비아 여성들은 남성 직원만 있는 속옷 가게를 상대로 불매 운동을 펼치기도 했다. 그리고 이에 따라 2013년에는 현지 여성을 판매 사원으로 두어야 한다는 법적 규제가 생겼다.

비록 옷과 여성이라는 주제에 대해 엄청나게 보수적인 잣대를 들이대는 아랍 지역에서도 경제 성장과 중산층의 확산, 글로벌 패션 시장의 세분화에 따라 여성 속옷 시장도 변화의 흐름을 타고 있다. 이제 아랍 여성도 속옷을 대충 입는 옷이 아니라 자신을 체형을 보완하는 상품으로 인식하기 시작했다. 이러한 흐름을 타고 최근 아랍 지역에서 여성 패션의 틈새시장을 파고든 온라인 회사가 등장했다(*Daily Life*, 2013년 8월 19일자). 아무라닷컴Amourah.com은 중동 지역 최초의 속옷 쇼핑 블로그로, 처음부터 중동 여성의 구미에 맞춰 사업을 시작했다. 익명성이라는 온라인의 특성을 이용해 여성들이 좀 더 편하게 접근할 수 있게 함으로써 큰 호응을 얻고 있다.

세탁 시장 또한 여성을 위한 틈새시장 중 하나다. 세탁은 아주 사적인 일이다. 그런데 세탁소를 이용하려면 주로 남성과 마주쳐야 한다. 이 때문에 여성에게는 세탁을 맡기는 것이 종종 곤란한 일이 되곤 한다. 공간에 대한 남녀 구분이 확실한 이슬람 지역에서는 더욱 그러하다. 그래서 많은 아랍 여성이 세탁소에 가는 것을 꺼리게 된다. 특히 속옷과 같은 의류의 세탁을 다른 남성에게 맡기는 것은 여간 당혹스러운 일이 아닐 수 없다. 이러한 상황에서 아랍에미리트에서는 한 여성이 여성 전용 세탁소를 운영하기 시작해 그동안 세탁소를 이용하는 데 어려움을 겪던 여성들에게 좋은 반응을 얻고 있다. 이 세탁소에서는 세탁은 물론 포장과 배달에 이르기까지 모든 과정을 여성이 처리한다. 그리고 세탁 후에는 아랍인들이 즐겨 쓰는 전통 향을 옷에 입혀주기도 한다. 이 세탁소가 문을 연이후 아랍에미리트 전역에서 여성 손님들이 몰려들고 있으며, 여성들의 호응 속에 매장을 전국으로 확대할 예정이다(*Khaleej Times*, 2013년 9월 19일 자). 한편 한국의 가전제품 회사에서는 아랍의 전통 의상인 아바야 전용 세탁 코스를 적용한 세탁기를 사우디아라비아에 출시하기도 했다. 덕분에 번거롭던 의상 세탁 작업을 집에서도 직접 할 수 있게 되었다. 여성의 노동력을 대체하는 시장이 확대되면 여성의 사회 진출도 더욱 탄력을 받을 것으로 예상된다.

## ☾ 가장 보수적인 사우디아라비아의 소비시장 변화 예측

전 세계에서 가장 보수적인 곳으로 꼽히며 국제 성별 격차 지수에서도 최하위권에 머무는 사우디아라비아에서도 여성의 노동시장 참여 확대와 이에 따른 사회 변화가 곳곳에서 감지되고 있다. 특히 여성의 노동시장 참여는 사우디아라비아에서 1990년대 중반 이래 추진해온 노동력의 자국민화 정책으로 점차 확대되고 있는 상황이다. 일명 '사우디제이션saudization'으로 불리는 노동력의 자국민화 정책은 2013년 자국민 노동력 할당제도인 '니타까트nitaqat'를 바탕으로 강력하게 시행되고 있으며, 이는 사우디아라비아 자국민 여성의 노동시장 참여 확대라는 긍정적인 결과로 이어지고 있다. 특히 주목할 만한 현상은 많은 사우디아라비아 여성들이 노동시장에 참여하면서 사우디아라비아 내 소비 진작 효과도 나타나고 있다는 것이다. 조사에 따르면, 사우디아라비아에서 일하는 외국인 노동자는 월 3,000리얄(한화 약 83만 원)을 임금으로 받으며 이 중 월 700리얄(약 19만 원)을 소비하고 나머지를 본국으로 보낸다. 반면 사우디아라비아 여성은 그 돈을 대부분 자국 내에서 소비한다(*Trade Arabia*, 2013년 10월 30일 자). 이 때문에 사우디아라비아에서 여성의 노동시장 참여 확대는 내수경제 활성화에도 긍정적인 요소로 작용하고 있다.

그러나 여전히 사우디아라비아 여성들은 여성의 운전을 금지하는 관습법 때문에 이동의 자유를 제한당하고 있다. 특히 직장에 들어간 여성은 통근 수단을 찾느라 애를 먹는다. 이 때문에 많은 가정에서는 외국인 운전사를 고용한다. 보통 외국인 운전사의 월급은 약 2,000리얄(약 54만 원)에 달하는데, 이는 여성이 벌어들이는 수입의 3분의 2에 해당한다. 사우디아라비아 여성들은 남녀 분리의 종교적 교리를 따르는 데 너무나 많은 사회적 비용을 감당하고 있는 것이다.

그런데 최근 여성의 운전을 허용해야 한다는 목소리가 곳곳에서 나오고 있다. 2011년부터 사우디아라비아의 일부 여성들은 여성의 운전 허용을 촉구하는 '위민 투 드라이브Women2Drive' 캠페인을 벌여왔다. 이와 더불어 '아랍의 봄' 여파로 사우디아라비아에서는 여성의 운전 허용을 요구하는 시위가 간헐적으로 벌어지기도 했다. 여성 운전 허용을 지지하는 목소리는 사우디아라비아 왕가에서도 흘러나오고 있다. 최근에는 아랍권 경제 전문지인 ≪아라비안 비즈니스Arabian Business≫ 선정 '가장 영향력 있는 아랍인'의 자리를 8년 연속 지켜온 알 왈리드 빈 탈랄Al Waleed Bin Talal 왕자가 자국민 여성 운전 허용을 지지한다고 선언하기도 했다(≪연합뉴스≫, 2013년 4월 16일 자). 이러한 분위기를 타고 2013년 초 슈라위원회*에 여성 운전과 관련한 이슈가 상정되기도 했다.

---

* 슈라위원회는 사우디아라비아 국왕의 국정자문기구로, 2013년에는 여성의 정치 참여 확대를 위해 여성 위원 30명이 임명되었다. 그 결과 전체 150명의 위원 중 여성이 20%를 차지하게 되었다. 이는 사우디아라비아 압둘라 국왕의 여성에 대한 개혁 정책의 결과로 평가받는다.

이러한 변화 속에서 사우디아라비아가 끝까지 종교적 이념을 앞세워 보수적인 정책만을 유지할 수는 없을 것으로 예측된다. 여성의 활용이 사우디아라비아의 경제 부흥에 중요한 단초가 될 것이기 때문이다. 예컨대 여성 운전 제한 규정이 완화되어 사우디아라비아 가정에서 외국인 운전사를 고용하지 않아도 된다면 이 돈은 가계 지출 증대로 이어질 것이다. 또한 외국인 운전자가 차지하는 최소 50만 개의 일자리도 자국민에게 돌아갈 수 있을 것이다. 이와 더불어 사우디아라비아 국내에서는 포스트 오일 시대를 대비해 중동 자동차 산업의 중심지로 사우디아라비아의 얀부 지역을 특화하려는 야심찬 계획을 진행 중이다. 비록 사우디아라비아 여성 운전에 대한 캠페인과 지도층의 지지 의사가 아직은 사우디아라비아 여성 운전 허용에 결정적인 영향을 미치지는 못하지만, 사우디아라비아 정부도 여성 운전 허용으로 발생할 자국의 경제적 이익과 자동차 내수시장 확대의 긍정적 효과를 계속해서 외면할 수는 없을 것이다.

# Part 3

# 문화적 소통

## : 아랍인의 문화코드와 할랄 비즈니스

이슬람의 가장 근본적인 비즈니스 윤리는 단순한 이익 창출이 아니라 이슬람 세계를 존중하고 이슬람교가 제시한 규칙과 규율을 준수하는 것이다. 이슬람 세계에서 비즈니스의 성공 여부는 물질적인 측면, 즉 얼마나 많은 이익을 냈느냐가 아니라, 알라의 규율을 얼마나 잘 따랐느냐에 의해 평가되기 때문이다. 1977년부터 1991년까지 아랍연맹국이 이스라엘에 대한 보이콧을 철회하기까지 아랍인들은 코카콜라가 이스라엘을 지지했다는 정치적 문제를 이유로 코카콜라를 마시지 않았다. 그래서 코카콜라는 이후 아랍 시장에서 새로운 이미지를 구축하는 데 많은 자원을 투자해야 했다. 한편 코카콜라가 없는 동안 펩시는 아랍 시장에서 점유율을 높이고 있었다.

Chapter 8

# 아랍인의 문화코드와
## 비즈니스 방식

### 변화의 시대, 왜 문화코드가 유효한가

한 민족의 문화와 그 문화에 속한 사람들의 속성을 통시적으로 규정해 일반화하기란 쉽지 않다. 특정 문화권에 속한 사람들이 겪는 시대적 경험의 다양성 때문이다. 그럼에도 우리는 한국인의 '빨리빨리' 문화, 중국인의 '만만디' 문화처럼 한 국가에 속한 국민들의 문화적 특성을 일반화하려는 경향이 있다. 그런데 이러한 일반화가 무의미한 것만은 아닌 듯하다. 한국인의 문화코드를 분석한 정수복(2007)은 한 민족의 특성을 일반화한 이러한 용어가 개인이 특정 상황 속에서 보여주는 행위를 이해할 수 있는 열쇠를 제공해준다는 측면에서 매우 의미가 있다고 주장한다. 그것은 같은 문화권에 속한 사람들이 수백 년 혹은 수천 년을 거쳐 축적한 공동의 경험들이며, 그래서 한 사회 구성원들이 보여주는 행위의 밑바닥을 가로지르는 공통의 사고방식으로 작용하기 때문이다. 정수복은 이를 '문화적 문법'이라 지칭한다(정수복, 2007: 46~47). 같은 맥락에서 클로테르 라파이유Clotaire Rapaille(2007)는 우리가 타 문화권에 속한 사람들의 문화적 속성을 일반화해 재단하는 사고방식을 '문화코드'라고 지칭한다. 그에 따르면, 문화코드란 한 지역에 사는 사람들이 일정 대상에 무의식적으로 부여하는 의미로, 이는 특정 문화권의 구성원에 잠재되어 무의식적으로 작용하며, 그렇기 때문에 쉽게 변하지 않는 기층문화를 형성한다. 한 국민의 문화적 속성을 지칭하는 의미인 문화적 문법이나 문화코드는 맥락에 따라 종종 문화적 가치, 규범, 관습, 관행, 의식구조, 민족성, 문화적 유전자 등의 단어와 대체되어 사용되곤 한다.

문화적 문법에 대해 정수복은 의심의 여지가 없는 '당연의 세계'로 규정한다. 즉, 한 문화권에 속한 사람들이 공유하는 문화적 문법은 개인의 자유로운 사고와 행위를 구속하며, 독자적으로 생각하고 행위하는 것을 막는 구속력이 있다는 것이다. 그는 또한 문화적 문법을 통해 구성원들이 서로 일체감을 공고히 하면서 동시에 변화를 거부한다고 언급한다. 땅의 기저층이 쉽게 바뀔 수 없듯이 이는 오랜 전통과 관습을 통해 한 사회 구성원의 의식 속에 각인되어 그 저변에서 지속적인 힘을 발휘하는 것이라고 해석할 수 있다. 변하지 않는 당연의 세계, 즉 문화적 문법은 사회생활 측면에서 다른 사람을 판단하는 준거의 틀을 제공하며, 이 틀에 의해 사람들은 서로의 행동을 해석하며 관계를 맺는다. 정수복은 또한 개인이 출생 시점부터 조상 대대로 내려오는 정신적 유산인 문화적 문법을 가정교육과 학교교육을 통해 내면화하며, 이 과정을 거치면서 진정한 사회 구성원이 될 수 있음을 역설한다(정수복, 2007: 48). 바로 이러한 이유에서, '정보의 시대', '변화의 시대', '다양성의 시대'를 표방하는 21세기에도 왜 여전히 프랑스인은 '프랑스인'으로서, 이탈리아인은 '이탈리아인'으로서 자신의 정체성을 문화적 틀 안에서 규정하며 무의식적으로 이에 따라 행동하는지가 설명된다. 이에 이번 장에서는 소비의 또 다른 일면인 아랍인의 비즈니스 방식을 살펴봄으로써 그들의 소비 문화코드를 분석해볼 것이다.

## ☾ 아랍 문화코드의 네 가지 속성

우리는 지금까지 아랍 시장을 오로지 건설과 석유라는 경제적 관점에서만 접근해왔다. 그래서 아랍인과의 문화적 거리감은 좀처럼 줄어들지 않았다. 우리와 아랍인의 표현 방식이 서로 달라 낯설기는 해도 사실 알고 보면 그들과는 문화적 이질감보다는 동질감을 더 많이 공유하고 있다. 이는 곧 아랍 문화코드에 대한 우리의 이해 폭이 넓어질 수 있음을 시사하며, 더 나아가서는 우리와 그들의 소통 방식인 비즈니스 관계가 지금보다 더 깊어질 수 있음을 의미한다.

알 오마리Jehid Al-Omari (2008)는 다양한 국가의 문화적 차원을 설명한 홉스테드Geert Hofstede와 홀Edward T. Hall의 설명에 근거해 아랍인의 문화코드를 명료하게 분석했다. 그는 아랍인의 문화적 특성을 사회제도, 권력에 대한 의식, 시간에 대한 의식, 사람들의 대화 방식 등 네 가지 차원에서 분석했으며, 이에 따라 첫째, 집단주의collectivism 문화, 둘째, 고권력거리high power distance 문화, 셋째, 고맥락high context 문화, 넷째, 다원적 시간polychronic 문화로 규정했다.

알 오마리에 따르면, 아랍인은 첫째, 집단주의 문화권에 속한다. 집단주의 문화권에 속한 사람들은 가족, 부족, 국가를 개인보다 중시한다. 이들의 가장 큰 목적은 공동체의 유지와 발전이다. 따라서 집단주의 문화

그림 8-1 **아랍인의 문화코드**

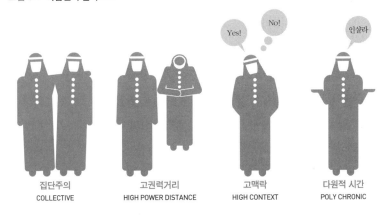

권에 속한 사람들에게는 구성원 간 조화와 관계 유지가 중요한 관심사다. 이러한 과정에서 자연스럽게 협의와 합의의 문화가 발달했다. 또한 구성원 간 갈등은 곧 집단의 와해로 이어질 수 있으므로 공개적인 논쟁은 서로 꺼리는 경향이 있다. 그래서 집단주의 문화에서는 체면과 명예를 중시하는 문화가 발달하며, 관대와 호의가 사회의 가장 중요한 가치로 부상한다. 또한 한 개인의 행동은 집단 전체의 명예와 직결된 것이어서 사람들은 내면의 가치 충족이 아니라 사회가 자신을 어떻게 평가하는지, 즉 '사회의 눈'에 더욱 민감하다. 따라서 남의 시선을 의식하는 경향이 강하며, 소문에 민감하고, 눈치가 빠르다. 알 오마리는 아랍인들의 가치, 태도, 행동 패턴의 60% 이상이 집단주의 가치나 신념에서 파생된 것이라고 주장한다. 이러한 아랍인의 집단주의 문화의 특징은 소비문화에서도 나타난다. 아랍인은 자신의 실리를 추구하는 소비를 하기보다 남의 눈을 의식하며 체면 유지를 위해 소비를 하는 경향이 강하다. 그래서 아랍인들은 더 호화로운 결혼식에 집착하고, 이웃이나 친지보다 더 비싸고 좋은 차와 최신의 휴대전화를 갖기를 원한다.

둘째, 아랍 문화는 권력거리 power distance 가 먼 문화, 즉 고권력거리 문화권에 속한다. 권력거리란 한 나라의 기관이나 조직에서 구성원들이 권력이 불평등하게 분포되어 있음을 자연스럽게 받아들이는 정도를 의미한다. 권력거리가 먼 문화권에서는 가족 내에서 여성과 자녀들이 집안을 대표하는 가부장이 자신보다 더 많은 권위와 권력을 행사하는 것을 자연스럽게 받아들이며, 이들에게 복종하는 것을 당연하게 여긴다. 또한 사람들은 가부장과 마찬가지로 부족장이나 사회 지도자에게 더 많은 특권이 부여되는 것을 인정한다. 아랍인들이 독재를 타 문화권보다 더 자연스럽게 받아들이는 것도 고권력거리를 통해 이해할 수 있다. 아랍 문화권에서는 권력이 불평등하게 분포되어 있으며, 또 사람들 간의 관계가 중시되기 때문에 네트워크(아랍어로 와쓰따wasta)가 중요한 메커니즘으로 작용한다. 네트워크는 우리의 연줄 문화와 비슷한데, 사람들은 직접 어떤 일에 나서기보다 와스따를 활용해 상대방에게 영향력을 미치며 상대의 마음을 움직이려 애쓴다. 그래서 아랍 이슬람 문화권에서는 제도보다 누구와 어떤 관계인지가 더 중요하다.

셋째, 아랍 문화권은 사람들 간 관계를 중시하기 때문에 대화 방식은 직설적이거나 명시적이지 않다. 오히려 암시적이며 애매모호하다. 아랍인들의 직설적인 대화법은 상대에게 의도치 않게 상처를 입히거나 상대의 기분을 망칠 수 있다고 생각하기 때문에 명시적인 대화 방식은 피하는 경향이 있다. 그래서 대화 방식은 섬세하고 복잡하게 발달했으며, 상대방의 체면을 고려해 쉽게 대놓고 거절하지 못한다. 따라서 아랍인의 의중을 파악하기란 어려운 일이다. 그들이 말한 '예스'가 진심인지 아닌지 알기 어렵다는 말이다. 화자의 의중을 그나마 정확히 파악하려면 그 말이 나온 정황이나 억양, 손짓, 표정 등 모든 것을 염두에 두어야 한다. 이러한 대화 스타일을 지닌 문화를 '고맥락 문화'라 한다. 즉, 청자는 화자가 내뱉은 말 그 자체보다 그 뒤에 숨은 더 많은 의미를 다중적으로 해석해야 상대의 진정한 의중을 파악할 수 있게 되는 것이다.

넷째, 아랍인은 다원적 시간 문화권에 속한다. 단일 시간monochronics 문화권에 속한 사람들은 한 번에 한 가지씩 시계 중심clock-driven으로 일을 처리하며, 이미 짜인 계획에 집중하는 경향을 보인다. 이들에게는 시간과 스케줄이 사람들 간의 관계보다 중요하며, 일이 개인의 감정보다 중요하다. 즉, 공과 사의 구분이 확실하며, 이때 사람들은 공적인 일에 더 많은 비중을 둔다. 반면 다원적 시간 문화권에 속한 사람들은 일보다 사람과의 관계가 더 중요하다. 이들은 사건 중심event-driven의 시간관을 가지고 있으며, 동시에 여러 가지 일을 처리할 수 있다. 그래서 이러한 문화권에 속한 사람들은 한 가지 일에 몰두하기보다 한 번에 여러 가지 일을 처리하는 경향이 있다. 이들에게는 시간에 맞춰진 계획보다는 시기 timing와 사람들 간의 관계, 즉 외교력이 우선시되는 경향이 있으며 공과 사의 구분은 모호한 편이다. 이러한 문화적 배경 때문에 아랍인들은 비즈니스도 사람들과의 관계가 무르익었을 때 성사되는 것이고 절대 계획에 따라 성사되는 것이 아니라고 여긴다. 다원적 시간 문화는 아랍어의 '인샬라(알라의 뜻이라면)'에도 잘 반영된다. 아랍인들은 모든 일이 알라의 계획에 따라 결정된다고 믿으며, 사람이 계획한 일은 비록 최선을 다하더라도 반드시 이행될 것이라는 보장이 없다고 생각한다. 모든 일은 상황에 따라 유동적으로 변할 수 있기 때문이다. 알 오마리는 아랍인의 문화적 속성을 고려하면서 그들과 비즈니스 관계를 어떻게 맺어야 할지 설명하고 있다. 이는 아랍인과 아랍문화에 익숙하지 않은 우리에게 도움이 되므로 이어서 자세히 소개할 것이다.

# 아랍의 문화코드와 비즈니스 방식

## 집단주의 문화와 아랍인의 비즈니스 방식

앞서 언급했듯이 관계를 중시하는 집단주의 문화권에서는 체면, 합의와 협상의 문화가 발달했으며, 공동체의 유지를 위해 갈등을 표면화하는 것을 피하는 경향이 있다. 그래서 사람들은 분쟁이 있을 때 당사자가 직접 만나기보다 대리인을 고용해 해결한다. 당사자끼리 첨예하게 부딪혀 서로에게 상처를 주면 관계를 회복하기 어렵기 때문이다. 이는 비즈니스에도 적용된다. 아랍 사람들은 상대와 갈등이 생겼을 때 계약서를 들먹이며 상대에게 문제를 제기하기보다 중재자나 '네트워크'를 활용해 문제를 해결하려 한다.

'나'와 '남'의 경계가 모호한 집단주의 문화권에서는 사소한 대화가 매우 중요하다. 어떤 문화권에서는 사업상 만나는 자리에서 사소한 대화나 사적인 대화는 쓸데없는 일 혹은 가치 없는 일로 여겨지거나 상대의 사생활을 침범하는 행위로 간주되기도 한다. 그러나 아랍인들에게 협상 테이블에서 커피 한 잔을 앞에 두고 "결혼은 했나요?", "무슬림인가요?", "아이는 몇인가요?"와 같은 사적인 질문을 하는 것은 관계 맺기의 시작이다. 아랍인들은 대체로 타인에게 집안 배경, 가족 등 자신의 개인적인 상황을 공개하는 것에 거리낌이 없으며, 상대 역시 자신의 사생활을 터놓고 이야기해주기를 기대한다. 사적이고 사소한 대화는 비즈니스 파트너가 본격적인 협상을 시작하기 전 상대방을 미리 파악하는 중요한 단서를 제공할 수도 있다. 따라서 비즈니스 협상에서는 경직되지 말고 느슨하게 진행하는 편이 좋다. 그러나 너무 개인적인 질문, 특히 무슬림에게 금기시되는 여성에 관한 질문, 즉 아내와 성숙한 딸에 관한 질문은 매우 조심해야 한다. 그 밖에 비즈니스 협상에서 협상 주제에 대해서는 강하게 나가더라도 협상 당사자에게는 부드러운 태도와 언어를 보여야 한다. 그리고 거절의 의사를 밝힐 때에도 당사자에게 직접적으로 말하기보다는 "아마도……", "어렵지 않을까……", "내게 맡겨주세요" 등과 같이 완곡하고 간접적인 표현을 사용해 상대의 체면을 지켜주어야 한다.

### 고권력거리 문화와 아랍인의 비즈니스 방식

홉스테드의 권력거리 지수에 따르면, 아랍 국가는 일반적으로 권력거리 지수가 높은 국가군에 속한다(표 8-1 참조). 비록 이슬람교에서는 사람들 간 평등을 가르치지만, 역설적이게도 아랍 사람들은 불평등한 권력관계에 더 익숙한 고권력거리 문화권에 속하는 것이다. 아랍인들은 위계질서에 복종하는 경향이 있으며, 온정주의적 관료주의에 익숙하다. 또한 능력과 업무량보다 직급에 따른 월급의 차등을 인정하며, 비민주적인 통치 형태를 받아들인다.

권위와 권력이 중요한 고권력거리 문화권에서는 상대에게 어떻게 나를 포장하는가도 상당히 중요하다. 물론 체면이라는 문화코드가 숨어 있기는 하지만, 복장이나 명패, 벽에 걸린 증명서, 사무실의 규모가 곧 자신의 권력을 상징하며 상대에게 자신의 지위를 드러낼 중요한 단서로 작용한다. 따라서 상대는 이러한 단서를 통해 상대의 지위를 읽을 수 있다.

이러한 고권력거리 문화권에서 비즈니스를 할 때 중요한 것 중 하나는 누가 결정권자인지 되도록 빨리 알아내는 것이다. 그래야 목표하는 일도 빨리 추진될 수 있기 때문이다. 그러나 일반적으로 결정권자는 앞에 잘 나서지 않기 때문에 결정권자에게 직접 접근하기란 쉽지 않다. 만일 실질적인 결정권자를 만나지 못할 경우 중개인이나 자신의 네트워크를 활용하는 것도 한 방법이다.

표 8-1 **권력거리 지수와 개인주의 지수**

| 국가명 | 권력거리 지수 | 개인주의 지수 |
|---|---|---|
| 말레이시아 | 104 | 26 |
| 중국 | 80 | 20 |
| 이집트 | 80 | 38 |
| 이라크 | 80 | 38 |
| 쿠웨이트 | 80 | 38 |
| 레바논 | 80 | 38 |
| 리비아 | 80 | 38 |
| 사우디아라비아 | 80 | 38 |
| 아랍에미리트 | 80 | 38 |
| 대한민국 | 60 | 18 |
| 일본 | 54 | 46 |
| 미국 | 40 | 91 |
| 호주 | 11 | 55 |

자료: Clearly Cultural.

## 고맥락 문화와 아랍인의 비즈니스 방식

집단주의 문화권은 대부분 고맥락 문화권에도 속한다. 한국도 예외는 아니다. 일례로 우리는 회사에 갓 입사한 신입사원이 상사에게, 갓 결혼한 며느리가 시어머니에게, 음식점 종업원이 손님에게 "잘 모시겠습니다"라는 말로 뭉뚱그려 상황을 얼버무리는 경우를 종종 접하게 된다. 그런데 이 단순한 말은 상황에 따라 다양하게 해석될 수 있으며, 드러나는 문맥 외에 암시하는 사항이 매우 많아 정확히 해석하기가 어렵다. 그래서 고맥락 문화권 사람들의 대화 방식에서 상대방의 의도를 정확하게 짚어내기란 쉬운 일이 아니다. 바로 이 때문에 고맥락 문화권에서는 상대방의 진정한 의도를 파악하기 위해 눈치 문화가 발달했다. 모든 것이 암묵적이고 상황적이기 때문에 상대의 의도를 정확히 파악하려면 다각도로 그리고 여러 사람을 통해서 확인해야 한다. 이 때문에 대화 내용이 원점으로 돌아가는 일이 종종 발생한다. 대화를 시작할 때 상대가 내뱉는 말에만 의존하면 낭패를 보기 쉽다. 말하는 중간중간 상대가 보여주는 몸짓과 표정, 억양, 일화에도 주목해야 한다.

고맥락 문화권에 속한 사람들과 협상할 때에는 많은 인내력과 시간이 요구된다. 상대의 의도를 정확히 읽어내려면 여러 방면으로 확인하는 작업이 필요한 경우가 많기 때문이다. 그래서 양자의 대화 방식은 순환적이고 반복적이기 쉽다. 심지어 지난 만남 때 이미 종결된 문제를 상대가 다시 제기할 수도 있다. 즉, 대화가 원점으로 돌아갈 수 있는 상황에 대해서도 마음의 준비가 필요하다. 계약이 성사되기까지 '최종'이라는 개념은 없다고 생각하면서 항상 융통성을 지녀야 한다.

## 다원적 시간 문화와 아랍인의 비즈니스 방식

다원적 시간 문화권에 속한 아랍인에게는 미리 짜인 계획보다 자신에게 닥친 상황과 환경이 더 중요하다. 그래서 아랍인과 비즈니스를 할 때에는 미리 계획된 미팅 없이도 아랍인 파트너가 불쑥 찾아올 수 있다. 반대로 사전에 예정되었던 미팅이 예고도 없이 취소될 수도 있다. 시간보다 시기가 더욱 중요한 아랍인에게는 일을 시계 중심적으로 처리하기보다 기분에 따라 처리하는 경향이 있기 때문이다. 어떻게 보면 변덕이 심하다고 느낄 수도 있다. 또한 아랍인들은 시간 엄수에 대해 느슨한 태도를 보인다. 이들이 말하는 '5분'은 시계의 분침이 의미하는 '5분'이 아니다. 시기를 의미하는 것이다. 그런데 아랍인 파트너가 늦었다고 같은 식으로 대응해서는 안 된다. 상대방에게는 약속 시간을 지켜주기를 기대하기 때문이다. 따라서 아랍인과 원만히 거래하려면 인내의 마음으로 기다려야 한다. 또한 한 번의 미팅에서 모든 것을 다 보여줘서는 안 되며, 여러 번의 만남을 통해 상대에게 조금씩 자신을 보여줘야 한다.

아랍인의 비즈니스 방식을 요약하면 다음과 같다. 일반적으로 아랍인은 비즈니스에서 '공'과 '사'를 엄격히 구분하는 서구와 달리 지극히 '사적'인 모습을 보인다. 고대부터 아랍 지역은 척박한 기후 탓에 전적으로 농업에만 의지할 수 없었다. 그 결과 실크로드와 연결된 무역로를 통해 다른 문화권 사람과 관계를 맺어왔으며, 비즈니스는 삶의 중요한 부분으로 자리 잡았다. 특히 부족 중심의 생활을 하면서 가족의 단결, 온정주의적 리더십을 강조했으며, 비즈니스와 개인의 삶 간의 연계를 강조했다. 그러한 문화 속에서 아랍의 비즈니스 환경은 느긋하고 태평스러운 모습을 띠게 되었다. 또한 타인과의 관계와 대중의 평가를 중시하기 때문에 상대와 갈등을 피하는 경향이 있다. 비즈니스를 비공식적인 영역으로 인식하는 아랍 무슬림의 시각에서는 계약보다 상대가 구두로 하는 말을 더 신뢰하며, 그래서 상대와 친밀한 관계를 맺는 것을 중요하게 여긴다. 정해진 행정적 절차에 입각해서 일을 추진하기보다 상대방과의 관계에 맞춰 일이 추진하는 경향이 있으며, 그럴 때 계약도 더 원만히 성사된다. 그렇다고 아랍의 비즈니스에서 경쟁이 없다는 뜻은 아니다. 아랍인들은 이윤을 추구하기 위해 모든 수단을 동원해왔다. 아랍인이 비즈니스에서 사적인 관계를 중시하는 것도 이를 통해 상대를 좀 더 확실히 파악하고 상대가 믿을 만한 사람인지 알기 위해서인지도 모른다.

물론 아랍인과 비즈니스를 진행할 때에도 행정 절차상 계약과 서면 동의는 반드시 필요하지만, 이보다 중요한 것이 상호 신뢰와 존중이다. 상대를 불신하게 되면 언제든 비즈니스 관계가 끊길 수 있다. 아랍에는 "친구에게는 법을 해석하지만, 적에게는 법을 적용한다"라는 말이 있다. 집단주의 문화에서 말은 상당한 공신력을 지니며 때로 계약 자체가 되기도 한다. 이들은 비즈니스에서 공과 사를 엄격히 분리하는 서구인들의 비즈니스 방식을 차갑고 직설적이고 동정심 없고 물질 중심적이며 비인간적인 것으로 간주한다.

결국 아랍인에게 비즈니스는 개인적인 일이다. 그래서 아랍인에게 비즈니스 대상은 그가 상대하는 파트너 개인이지 그 파트너가 속한 '추상적인' 회사가 아니다. 따라서 일이 잘 진척되거나 반대로 잘 진행되지 않을 때 신뢰와 비난의 대상도 파트너가 개인적으로 감당해야 한다. 그러므로 개인적인 관계를 형성하고 심화하는 데 많은 시간을 투자해야 한다. 그래서 아랍을 상대로 비즈니스나 외교 업무를 할 때에는 부서 이동이나 파견 근무에 신중해야 할 것이다. 부서가 바뀌거나 새로 부임해 온 사람은 아랍인 상대와 관계를 맺기 위한 노력을 처음부터 다시 해야 할 수 있기 때문이다. 계약보다 신뢰를 우선시하고 협상보다 평판에 의존하는 아랍의 비즈니스 문화를 염두에 두어야 한다.

　이처럼 아랍의 비즈니스 방식, 즉 관계에서 나타나는 집단주의 문화, 결정권자와 관련해서 나타나는 고권력거리 문화, 의중을 파악하기 어려운 고맥락 문화, 일처리 방식에서 나타나는 다원적 시간 개념은 서구 문화에 익숙한 우리에게 새로운 도전이 될 수 있다. 그러나 이들과의 관계 맺기가 어렵고 불가능한 것만은 아니다. 가족과 인간관계를 중시하고, 권력과 불평등의 함수관계를 받아들이며, 상대의 의중을 헤아리기 위해 다방면으로 눈치를 보고, 운명론에 의지하면서 팔자를 운운하는 한국의 문화코드는 어찌 보면 아랍의 문화코드와 상당 부분 겹치기 때문이다.

　아랍인과 관계를 맺는 것이 두렵다면 선물을 이용해보는 것도 좋은 방법이다. 특히 아랍인에게 선물은 마음의 문을 좀 더 쉽게 열어주는 윤활유의 역할을 하며, 언젠가 보답해야 한다는 의무감을 느끼게 해주어 비즈니스 관계를 이어가는 데 중요한 역할을 한다.

# 아랍인과 비즈니스 관계 맺기의 윤활유, 선물[●]

## 선물의 의미와 이슬람교에서 선물

사전에서는 선물을 '타인에게 물품을 주는 행위 혹은 그 물품 자체'로 정의한다. 선물에는 주고받는 물품뿐만 아니라 선물을 주는 사람이 선물을 고르는 과정에 들인 모든 노력과 시간 그리고 제공자의 감정까지도 포함된다. 또한 수혜자가 물품을 전달받고 이를 평가하는 과정 역시 모두 선물의 범주에 포함된다(김정주, 2006: 13). 그런데 이는 선물을 물질로만 한정해 소극적으로 정의한 것으로, 실제 일상생활에서 통용되는 선물의 개념과 범주는 이보다 넓다. 선물에는 유무형의 요소가 모두 포함된다. 선물의 범주에는 의례적 혹은 즉흥적으로 타인에게 주는 유형의 물품뿐만 아니라 타인을 도와주거나 보살피고 접대하는 것 등 무형의 행위도 포함된다. 후자가 선물의 범주에 포함되는 것은 무형의 행위에 유형의 물품으로 답례할 수 있으며, 이러한 교환 행위가 서로 순환적으로 반복되기 때문이다.

그런데 사람들이 주고받는 선물 교환 패턴을 자세히 들여다보면 이는 표면적으로 나타나는 행위 자체보다 그 행위 안에 많은 문화적·사회적 함의가 존재함을 알 수 있다. 이는 선물의 작동 원리를 보면 쉽게 파악할 수 있다. 선물은 표면적으로는 상대에게 대가를 바라지 않는 자발적이고 자유로운 행위로 보인다. 그러나 실제로는 선물을 주는 행위가 큰 강제성을 띠기도 한다. 이와 관련해 마르셀 모스Marcel Mauss(2009)는 선물을 사회적 의무로 규정한다. 그에 따르면 행위자들은 '주어야 할 의무', '받

---

[●] 이슬람교에서의 선물에 관한 이 글은 학술지에 실린 필자의 다음 논문에서 일부를 발췌해 수정한 것이다. 엄익란, 「걸프지역 아랍무슬림들의 '관계맺기'와 선물문화 연구: 아랍에미리트를 중심으로」, ≪한국중동학회지≫, 제31권 1호(2010).

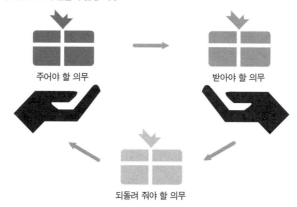

그림 8-2 **마르셀 모스의 선물의 삼중 의무**

주어야 할 의무

받아야 할 의무

되돌려 줘야 할 의무

아야 할 의무', '되돌려 줘야 할 의무'로 서로 얽혀 있다. 즉, 선물을 둘러싼 사람들 간의 삼중 의무가 사회를 유지시키고 구성원 간 사회적 결속력을 더욱 강화하는 작동 원리라는 것이다.

선물의 삼중 의무에 관해 좀 더 자세히 알아보자. 우선 우리는 선물을 교환하면서 서로에게 관심과 결속감을 느낀다. 누군가 나에게 선물을 주면 웬만한 이유가 없는 한 상대가 주는 선물을 받는다. 때로는 선물을 받아야 할 의무를 느끼기도 한다. 선물을 받지 않는다는 것은 상대와 관계를 맺지 않겠다고 선포하는 것과 다름없기 때문이다. 그런데 선물을 받으면 준 사람에게 언젠가 받은 물건에 상응하는 무엇인가를 되돌려 줘야 한다는 의무감을 느끼며, 선물을 준 사람은 은연중에라도 보답을 기대하게 된다. 그리하여 '되돌려 줘야 할 의무'가 생겨난다.

선물 제공자와 수혜자 사이에 발생하는 답례에 대한 시간의 간극은 상황과 물품에 따라 다르게 발생한다. 그러나 답례는 언젠가 반드시 해야 하는 의무감으로 작용한다. 따라서 만일 이를 이행하지 않을 때에는 야박한 사람 혹은 예의를 모르는 사람이라는 부정적인 이미지를 갖게 된다. 즉, 선물 교환이 원활히 이루어지지 않으면 상대와 불편한 관계에 놓이거나 심지어는 관계가 단절될 수도 있다. 결국 사람들은 선물을 주고, 받고, 답례하는 사회적 의무를 이행하는 과정에서 서로 관계를 맺으며 심리적 유대 관계를 재확인하게 된다. 이처럼 어느 사회에서나 선물은 그 형태가 자발적이더라도 실제로는 상당히 강제적이고 타산적인 급부의 성격을 띤다는 것을 알 수 있다.

이슬람에서도 선물은 의무성을 띤다. 이는 사도 무함마드의 언행록인 하디스에 잘 소개되어 있다. 이슬람교에서는 선물을 미덕으로 간주한다. 부카리Al-Bukhari의 전승에는 선물에 얽힌 사도 무함마드의 언행이 다음과 같이 소개된다.

> 선물을 교환하라. 이는 타인에 대한 사랑을 강화할 것이다. 또한 아이샤'Aysha(사도 무함마드의 아내 중 한 명)가 전하길 사도 무함마드는 타인에게 선물을 줘라. 선물은 원한을 없앨 것이다(Ali, 2008: 185).

이처럼 초기 이슬람 사회 때부터 이미 선물은 인간관계를 공고히 하는 수단으로 사용되었고, 사람들 간에 경직된 관계를 완화하는 역할을 했다. 이슬람 사회에서는 누군가 선물을 주면 그 선물이 아무리 가치가 없는 것이라 해도 거절하지 말고 반드시 받아야 한다고 가르친다. 또한 선물을 거절하는 행위를 무례한 행동으로 간주하며, 타인에게서 받은 선물을 무시하는 것도 혐오스러운 행동으로 규정한다. 한편 부카리의 전승에 따르면 사도 무함마드는 선물에 관해 다음과 같이 언급하기도 했다.

> 무슬림 여성들이여, 이웃 여성이 양의 발목(살점이 붙지 않은 부위)을 보냈더라도 보낸 선물을 멸시해서는 안 된다.

양의 발목을 놓고 초대하더라도 나는 이를 받아들일 것이다. 양의 발목 부분이 선물이더라도 나는 이를 받아들일 것이다(Ali, 2008: 184).

여기서도 드러나듯이 이슬람의 전통에서는 선물을 줄 의무와 함께 받을 의무도 강조한다. 받는 의무 또한 소홀히 하면 사람들의 관계가 훼손되기 때문이다. 이와 더불어 이슬람의 전통에서는 받은 선물에 대해 보답할 의무도 충실히 이행할 것을 권한다. 무슬림들은 보답할 때는 받은 것보다 더 좋은 것으로 해야 한다고 인식한다. 아부 다우드Abu Dawood의 전승에 따르면 사도 무함마드는 다음과 같이 말했다.

누구든지 너에게 호의를 베풀면 친절하게 응대하라. 만일 그 방법을 찾지 못하면 좋은 생각이 날 때까지 기도해라.

이는 선물에 대한 호혜성의 원칙을 설명해준다. 그런데 선물에는 문화마다 다른 의미가 담겨 있다. 문화마다 선물에 '담긴encoding' 의미를 '해석decoding'하는 방식이 다르며, 같은 물품에 대한 해석도 다르기 때문이다. 일례로 우리가 무슬림 집에 초대받았다고 가정해보자. 한국 사회라면 남의 집을 방문할 때 포도주는 대개 무난한 선물이 될 수 있을 것이다. 그러나 무슬림에게 이는 굉장히 실례되는 선물이다. 포도주에는 이슬람교에서 섭취를 금기하는 알코올이 들어 있기 때문이다. 그렇다면 과연 언제 어떤 선물이 무슬림과 관계 맺기에 가장 적당할까?

## 아랍인의 선물 교환 시기와 교환 품목
어떤 문화권에서든지 탄생과 결혼, 장례처럼 인간이 통과의례처럼 겪게 되는 일에 선물이 가장 많이 오간다. 이슬람 사회도 마찬가지다. 아랍인들이 주로 선물을 교환하는 시기와 품목은 다음과 같다.

**출산**　우선 아이가 태어나면 우리처럼 아랍인들은 아이 또는 산모에게 선물을 준다. 가족이나 친지처럼 관계가 가까운 경우 현금을 주기도 하지만, 귀고리나 팔찌, 목걸이 등 금붙이나 아이 옷 또는 장난감 등이 좋은 선물이다.

**결혼**　가족과 친구는 신혼집에 필요한 품목을 주로 선물한다. 크게는 냉장고나 청소기, 오븐, TV에서, 작게는 집 안 장식용 인테리어 용품을 선물한다. 가까운 친척들은 신부에게 보석류나 금반지, 금귀거리, 금목걸이나 금팔찌 세트 등 금붙이를 선물하기도 한다. 금붙이는 현금의 효과가 있어 유용한 선물이다.

**장례**　무슬림의 장례식 때는 보통 무형의 선물 교환이 이루어진다. 친지나 친구들은 고인의 집을 방문해 가족들에게 위로의 말을 건네면서 시간을 보낸다. 간혹 우리처럼 부조의 형태로 고인의 가족에게 돈을 주기도 하지만, 이는 매우 이례적이다.

**기타**　생일 역시 선물 교환이 빈번하게 일어나는 날이다. 대개 개인적으로 필요한 물건이나 돈을 선물로 준다. 요즘에는 밸런타인데이와 같이 서구에서 들어온 '연인의 날'에도 부부나 연인 사이에 선물을 주고받는 일이 빈번한데, 이때는 꽃이나 향수, 초콜릿 등 로맨틱한 물품이 주를 이룬다. 그 밖에도 취업을 하면 취업 당사자는 가족과 친구를 식사에 초대하거나 이들에게 아랍 전통 과자를 선물로 보내기도 한다.

요즘에는 아랍에서도 한류가 영향을 미치고 있어 상대가 한국 문화에 관심이 있다면 한국 가수의 CD나 드라마 DVD도 좋은 선물로 환영받는다. 체면을 중시하는 아랍인의 선물 문화는 선물의 개봉 방식에서도 나타난다. 무슬림들은 대체로 선물을 받으면 그 자리에서 바로 개봉하지 않는다. 이는 선물 개봉 시 선물 내용에 대한 평가와 반응이 얼굴 표정에 바로 드러나기 때문이다. 따라서 사람들은 당황스러운 상황을 피하기 위해 선물 개봉을 뒤로 미루는 경향이 있다.

## 아랍인의 문화코드와 그들의 마음을 사로잡는 마케팅

### 이슬람 시장에서 얻은 나이키의 뼈아픈 교훈

1996년 세계적인 스포츠화 회사인 나이키는 마케팅 업계에서 길이 회자될 치명적인 실수를 저질렀다. 신발에 불꽃 무늬 로고를 새겨 전 세계에 출시한 것이다. 그런데 그 불꽃 무늬 로고는 아랍어로 신을 의미하는 '알라Allah'와 상당히 유사한 모습을 띠었다. 실제로 나이키는 이를 통해 아랍 소비자의 마음을 사로잡으려는 계산을 깔고 있었다. 이슬람 시장은 나이키로서도 매우 매력적인 시장이었던 것이다. 더욱이 이슬람권은 종교를 기반으로 강한 동질성을 공유하고 있어 마케팅의 파급력도 클 것으로 여겼다. 하지만 성공을 자신했던 나이키의 예상과 달리 뚜껑을 열어보니 결과는 정반대로 나타났다. 이 로고를 새긴 신발이 출시된 이후 무슬림들은 나이

신발에 박힌 불꽃 무늬 로고와 실제 아랍어 알라 문양(아래 줄 오른쪽)

키 신발 불매 운동을 벌였고, 이후 나이키는 전 세계적으로 약 80만 개에 달하는 신발을 회수하는 수모와 피해를 경험해야 했다. 그렇다면 과연 무슬림들은 왜 그 신발을 경멸했을까?

나이키의 이러한 마케팅이 실패한 원인은 무슬림 저변에 깔린 '발'에 대한 문화코드를 제대로 읽지 못했던 데에 있다. 무슬림에게 발은 불결을 상징한다. 그래서 이들은 다리를 꼬고 앉거나 전통적인 방식으로 음식을 먹기 위해 바닥에 앉을 때 상대에게 절대 발바닥을 보이지 않는 것을 중요한 에티켓으로 간주한다. 발바닥을 상대에게 보이는 것은 상대를 모욕하는 행위이기 때문이다. 그런데 부정적으로 여겨지는 발에 무슬림들이 맹목적으로 숭배하는 신성한 신의 이름과 비슷한 로고를 새겨 넣었으니 무슬림들의 반응은 불 보듯 뻔했던 것이다. 나이키의 교훈을 통해 글로벌 마케팅 회사들은 큰 교훈을 얻을 수 있었다.

나이키 사건이 있은 지 15년 후 다른 스포츠 브랜드인 푸마도 이와 비슷한 실수를 저질렀다. 지난 2011년 푸마는 아랍에미리트 독립 40주년 기념일(12월 2일)을 맞이해 아랍에미리트 국기의 상징인 빨간색·흰색·검은색·녹색이 들어간 한정판 운동화를 출시했다. 이 운동화의 출시와 함께 푸마는 아랍에미리트 현지인들에게서 강한 비난을 받았다. 이 역시 발에 대한 아랍인들의 문화코드를 고려하지 못해서 벌어진 일이었다.

## '신의 이름으로', 이슬람 마케팅의 정의

마케팅의 역사는 자본주의 및 소비문화의 성장과 함께해왔다. 미국 마케팅 협회American Marketing Association가 정의한 마케팅의 의미 역시 시대의 흐름에 따라 변화한다. 미국 마케팅 협회가 마케팅에 대해 내린 최초의 정의는 "생산자로부터 소비자 또는 사용자에게로 재화나 서비스의 흐름이 원활이 이루어지도록 관리하는 기업 생산활동의 총체적인 수단"(1935

년)이다. 즉, 전통적인 마케팅은 기업 활동에 주목하고 있다. 반면 최근의 마케팅의 정의는 좀 더 포괄적으로 확대되어 경제활동에 참여하는 모든 행위자를 포함시키고 있다. 즉, 마케팅이란 "소비자, 고객, 파트너, 그리고 넓게는 사회에 가치를 지니는 창조, 대화, 전달, 교환 과정이자 제도이며 행위"(2008년)로 정의된다. 마케팅의 기본 정의가 '시장의 활성화' 면에서 큰 맥락은 변하지 않았으나, 현대 자본주의가 생산·분배·교환·소비의 모든 분야에 미치는 영향을 고려할 때 마케팅의 정의는 생산자와 소비자의 일차적 관계에서 사회 전반으로 확대됨을 알 수 있다.

마케팅 개념이 확대되고 이슬람 지역이 중요한 시장으로 떠오르면서 '이슬람 마케팅'도 함께 주목받고 있다. 당연한 소리로도 들리겠지만, 이슬람 마케팅은 기본적으로 이슬람의 종교적·문화적·보편적 가치를 인간의 모든 상업 활동인 생산·분배·교환·소비 전반에 반영하는 것이다. 이슬람 마케팅은 이슬람 율법인 샤리아의 준수를 통해 인간의 물질적인 만족뿐만 아니라 정신적인 만족을 추구한다. 알라의 뜻을 상업 행위를 통해 이루면서 이슬람의 기본 교리인 현세 및 내세에서의 평화와 순종을 실현하는 것이다.

이러한 관점에서 이슬람 마케팅은 "생산자와 소비자의 동의와 안녕falah하에 할랄 생산품과 서비스를 통해 현세와 내세에서 물질적이고 정신적인 욕구를 충족하는 모든 과정과 전략"(Alom and Haque, 2011: 75)으로 정의되기도 한다. 여기에서 '전략'이란 부정한 일을 판단하고 올바른 선택을 할 수 있는 지혜를 의미하며, '동의'는 기만이나 속임수, 외압이 아니라 행위자의 자유의지에 따라 결정하는 것을 의미한다. 또한 서구 소비문화 시대에 통용되는 마케팅 개념과 달리 이슬람의 마케팅에서는 '욕구want'가 아닌 '필요need'를 원동력으로 삼는다. 즉, 마케팅은 기본적으로 욕구 창출보다 필요 충족 측면에서 접근해야 한다는 것이다. 한편

'안녕'이란 시장이 비록 생산자와 소비자 간 물품·서비스의 상호 교환이라는 구조로 작동하기는 하지만 현세의 복지와 내세의 보상을 염두에 두고 이윤을 추구하는 윤리적인 교환 시스템이어야 함을 의미한다. 이처럼 이슬람 시장과 마케팅 윤리는 단순히 이윤을 창출하는 자본주의의 비즈니스 윤리보다 사회적 윤리를 더 중시한다는 것을 알 수 있다. 따라서 이슬람 마케팅에서는 근거 없이 높은 가격을 책정하거나 소비자를 기만하는 행위, 그리고 소비자에게 부담을 주는 상행위, 부당하거나 불안전한 물품, 특히 이슬람에서 금지하는 물품이나 서비스를 취급하는 행위, 물질주의 추구 등을 배척한다.

## 무슬림 소비자를 어떻게 설득할 것인가●

잘 만들어진 상품으로 어떻게 아랍 무슬림을 설득할 것인지는 또 다른 도전 과제다. 여기에서 광고는 상품과 소비자를 연결하는 새로운 창구의 역할을 한다. 그런데 광고의 방식은 문화권에 따라 다르다. 광고는 한 지역의 정치적·경제적·사회적·종교적 상황을 반영하는 문화적 산물이기 때문이다. 어떤 사회에서 호소력 있는 광고를 만들기 위해 광고주는 그 사회에 소속된 사람들, 그들의 전통과 습관, 그들이 추구하고 동경하는 것 등과 관련한 자료를 수집하고 분석해 광고에 반영한다. 즉, 광고를 만들 때 해당 사회의 문화를 이해하는 것은 매우 중요하며, 따라서 광고를 보면 한 지역의 문화가 '밝혀질revealed' 수도 있다(Zirinski, 2005: 2). 결국 광고를 통해 무슬림 소비자를 설득하려면 먼저 그들의 문화코드에 정통해야 하는 것이다.

---

● 이슬람 문화와 광고에 관한 이 글은 학술지에 실린 필자의 다음 논문에서 일부를 발췌해 수정한 것이다. 엄익란, 「무슬림의 소비성향을 통해 본 이슬람지역 광고 전략 연구: 걸프 지역을 중심으로」, ≪중동연구≫, 제30권 2호(2011), 151~175쪽.

이슬람 지역에는 19세기 후반 서구로부터 현대식 광고가 유입되기 시작했다. 1890년대에 처음으로 아랍어와 터키어로 된 인쇄광고가 등장했는데, 인간을 형상화하는 데 부정적인 이슬람의 전통에 따라 광고에는 사람의 모습을 드러내지 않았다. 아랍 세계에서 TV광고는 인쇄광고에 비해 출현이 상당히 늦은 편이다. 1986년에야 비로소 TV광고가 허용되었을 정도로 아랍에서 기성세대들은 상업광고에 부정적이었다. 그것이 서구의 물질주의를 선전한다고 인식했기 때문이다. 그러나 이미 그전에도 이슬람 사회에 광고는 존재했다. 많은 종교학자들이 이슬람의 가치와 사상을 선전하는 데 광고를 중요한 도구로 이용했던 것이다. 따라서 광고는 이슬람 사회에 유익하게 작용하는 한 긍정적으로 인식되었다. 하지만 서구의 식민 지배와 소비문화가 유입된 결과, 광고는 아랍의 정체성을 와해하는 한 수단으로 인식되어 부정적으로 받아들여졌다. 이에 아랍 정부는 광고의 표현과 내용을 검열함으로써 상업광고를 규제해왔다. 일례로 이슬람 국가 중 가장 보수적이며 엄격하게 이슬람 교리를 적용하는 사우디아라비아에서는 TV광고에 대해 이슬람 교리와 가르침, 믿음을 준수할 것을 원칙으로 한다(이귀옥, 2002). 이 때문에 문화적·종교적으로 민감한 내용의 광고는 금지되고, 정부의 규제로 광고 시장은 위축되어 있다. 그러나 사우디아라비아 정부의 엄격한 규제에도 불구하고 1990년대 초반에 등장한 인터넷과 위성 TV를 통해 무슬림 젊은 세대는 세계 문화에 노출되었으며, 그들은 기성세대에 비해 상업광고에 개방적인 입장을 취한다.

그러나 여전히 아랍 지역의 광고 문화는 걸음마 단계에 머물러 있다. 중동과 북아프리카 지역의 1인당 TV광고 지출은 미국을 포함한 서구 시장보다 3.5배 정도 낮고, 중국과 같은 아시아 시장보다는 2.5배 정도 낮다. 그럼에도 현재 아랍 지역 광고 시장은 2009년 재정위기와 2011년 아랍의 봄 이후 꾸준한 성장세를 보이고 있다. 현재 이 지역 TV광고 비용은 300만 명당 15억 달러로 추정된다(Warc, 2013년 4월 9일 자). 게다가 온라인 시장의 발달로 아랍의 온라인 광고 시장은 급속도로 성장하고 있으며, 스마트폰 보급 확대와 무선통신 속도 향상으로 이 시장은 앞으로 더욱 확대될 전망이다. 다만 주지할 점은 이슬람 세계에서는 서구의 광고와 상품을 비롯한 소비문화를 그대로 받아들이지 않고, 자신의 문화적 맥락에 맞게 소화하는 경향이 뚜렷하게 나타난다는 것이다.

이슬람 세계는 새롭게 떠오르는 시장으로 주목받고 있다. 이제는 한국 기업들도 이슬람 세계에 대해 적극적인 마케팅을 펼쳐야 할 때다. 그렇다면 우리는 어떤 식으로 이 세계에 접근해야 할까?

## 광고보다 더 중요한 사람들의 입, '말'의 정치학

이슬람 시장에 진출할 때 염두에 두어야 할 것은 바로 '말의 힘'이다. 앞서도 보았듯이 이슬람 사회는 전통적으로 사람들 간 네트워크와 신뢰를 중시한다. 그래서 이슬람 사회에 진입할 때 가장 중요한 열쇠는 어떤 경로로, 즉 누구의 소개로 관계를 시작하느냐다. 이슬람 사회에서는 '남'에 대한 배척이 심하며, 반대로 지인에게는 지나칠 정도로 관대하다. 그래서 무슬림은 항상 관계를 맺는 것과 이를 유지하는 데 많은 힘을 쏟는다. 더욱이 관계란 항상 유동적이어서 한순간만 상대에게 소홀해도 금세 흔들릴 수 있다.

바로 이러한 이유 때문에 아랍 지역에서 광고는 사람들의 입소문과 평가로 그 효과를 극대화할 수 있다. 무슬림은 자기가 좋은 것을 경험하면 지인에게 이를 알리는 데 적극적이다. 더욱이 IT의 발달로 '말'이 전파되는 속도는 엄청나게 빨라졌다. 그렇다면 광고에 어떤 가치를 담는 것이 효과적일까?

첫째, 광고 제작 시 이슬람교의 금기 사항을 고려해야 하지만, 그렇다고 너무 이슬람교의 가르침에 초점을 맞춘 광고는 매력적이지 않다. 또한 지나치게 과장된 광고보다는 도덕적인 메시지나 감정에 호소하는 광고가 무슬림에게 더욱 호소하는 경향이 있다. 일례로 이슬람 지역에서 다국적기업 네슬레와 경쟁하는 파키스탄의 유제품 브랜드 올퍼스Olpers는 광고를 통해 이슬람 세계에서 좋은 이미지를 쌓았다. 이슬람의 가치를 광고 도입부와 말미에 잠깐 언급하고 나머지를 어른과 이웃을 돕는 것, 상대방을 헤아리는 것, 모든 인간은 평등하다는 것과 같은 기본적인 인류애에 호소하는 내용으로 채웠다. 이 광고는 큰 성공을 거뒀는데, 그 비결은 그러한 광고 내용이 보편적인 인간애에 호소하는 동시에 이슬람 공동체인 움마 안에서 형제애를 구축할 것을 가르치는 이슬람교의 가치와도 잘 부합해 무슬림과 비무슬림 모두에게 호소한다는 데 있다.

둘째, 전통을 중시하는 무슬림의 마음을 읽어 이를 광고에 반영해야 한다. 새로운 가치와 상품이 밀려드는 현대화 과정에서도 무슬림은 전통문화에 집착하는 모습을 보인다. 전통에 대한 집착이 그들의 DNA에 깊이 박힌 듯이 보이기도 한다. 무슬림은 전통을 힘의 원천으로 여기며, 전통의 영역 안에서 자기가 보호되고 있다고 느낀다. 이들에게 전통이란 변화의 물결에 맞서 자신을 지키는 데 필요한 무기이자 근원이다. 전통적인 생활 방식을 지키는 사람들은 사회로부터 거부당하거나 따돌림을 당하지 않는다(하마디, 2000: 156). 아랍인들이 왜 그토록 전통문화를 고수하는 데 집착하는지는 『마호메트 평전』(2001)에서도 짐작해볼 수 있다. 이에 따르면, "유목 생활은 위험하기 때문에 보수적일 수밖에 없었다. 예를 들어 전통적인 길을 무시하고 조상의 우물을 찾아가는 새로운 길을 찾겠다는 꿈을 꿀 사람은 아무도 없을 것이다". 즉, 그들은 생존을 위해 선조들이 갔던 길을 따라 갔던 것이다. 거친 유목 생활에서 새로운 길을 모색한다는 것은 자신의 목숨을 걸어야 하는 것이나 다름없었다.

이렇게 형성된 문화 속에서 무슬림에게 사회 변화와 혁명은 위험한 것으로 여겨졌고, 추구해야 할 가치는 안정과 전통이었다. 이 때문에 이슬람 사회에서는 전통적인 가치에 익숙한 나이 든 사람들을 존경하고 지혜롭다고 여긴다. 그래서 젊은 사람들은 연장자에게 순종하는 것을 명예로운 것으로 생각하기도 한다. 그런데 여기서 잊지 말아야 할 것은 무슬림들이 전통적 가치를 수호하려는 것과 별개로 기술에 대해서는 항상 새로운 것과 이른바 트렌디한 것을 선호한다는 것이다. 그래서 새로운 기술이 반영된 가전제품이나 휴대전화 등은 아랍 세계에서 불티나게 잘 팔리는 경향이 있다. 따라서 광고에도 이러한 아랍인의 특징을 잘 적용해야 한다. 즉, 광고에서 최신 기술과 전통 가치를 잘 연결한다면 무슬림 사회에 더욱 효과적으로 호소할 수 있다.

셋째, 무슬림은 가족을 그 무엇보다 중요하게 여긴다. 이를 반영하듯 아랍에는 "가족이 없는 남자는 등뼈가 없는 것과 같다", "피는 물이 되지 않는다", "나무껍질만큼 나뭇가지를 동정해주는 것은 없다"(하마디, 2000: 93) 등등 가족의 중요성을 강조하는 속담이 많다. 그러므로 광고에도 가족 중심적 가치를 적극 활용해볼 만하다. 다만 광고에 여성의 이미지를 활용할 때는 주의해야 한다. 서구의 광고에서 여성의 몸을 상품화하는 것을 쉽게 볼 수 있다. 그러나 아랍의 문화코드에서는 공적인 영역에 여성의 이미지를 등장시키는 것을 껄끄럽게 여긴다. 이 때문에 광고에 여성의 이미지가 필요할 때는 주로 만화 형식을 빌리거나 서구 여성을 등장시킨다. 불가피하게 아랍 여성이 등장할 때에는 대부분 히잡을 착용한다. 비록 이슬람 사회도 개방의 물결을 타고 광고에 여성이 등장하는 추세이지만, 아랍 여성을 둘러싼 서구와 중동, 현대와 전통, 성聖과 속俗의 요소 간에 여전히 긴장감이 존재한다.

# Chapter 9

# 이슬람과
## 할랄 비즈니스

### 할랄 비즈니스의 부상 배경과 발전 가능성

최근 들어 무슬림의 할랄 시장에 대한 세계의 관심이 더욱 커지고 있다. 할랄 시장이란 무슬림에게 허용된 시장으로, 샤리아에 부응하는 물건이나 서비스를 취급하는 시장을 총칭한다. 샤리아는 무슬림의 선거권 등 정치 문제, 금융거래나 비즈니스 계약 등 경제 문제, 상속과 결혼 및 이혼을 포함한 가족법 등 이슬람교를 믿는 일반인들의 생활 규범을 관장하는 총체적인 법제도다. 그리고 이슬람교는 세계 제3대 종교로, 지난 1,400년 동안 무슬림의 신앙이자 생활양식으로 존재해왔다.

---

\* 이번 장의 내용은 학술지에 실린 필자의 다음 논문에서 일부를 발췌해 수정한 것이다. 엄익란, 「이슬람 식품 시장의 할랄 인증제도 의무화에 따른 한국 기업의 대응 방안」, ≪한국 이슬람학회 논총≫, 제23권 3호(2013), 33~56쪽.

2010년 에이티커니에서 발표한 통계에 따르면, 이슬람 할랄 시장 규모는 이미 2조 1,000억 달러 규모로 성장했다. 그렇다면 오늘날 이슬람 시장이 급부상한 원인은 무엇일까? 또한 기독교나 불교 사회에서와 달리 왜 이슬람 사회에서는 마케팅에 종교성이 강조될까? 알서한Baker Ahmad Alserhan(2011)은 그 배경을 다음과 같이 설명한다.

첫째, 전 세계적으로 일어나고 있는 '이슬람 회귀주의 운동'에서 그 배경을 찾아볼 수 있다. 이에 대해서는 제3장에서 이미 살펴본 바 있다. 이슬람교는 실용적이고 생활 밀착형인 종교다. 따라서 무슬림이 일상생활에서 준수해야 할 종교 규범을 구체적으로 제시한다. 즉, 이슬람교는 종교의 '신화myth'적 차원에서 머물지 않고, '현실reality'에 바로 적용되고 있는 것이다(Temporal, 2011). 최근 이슬람교의 성향도 이를 보여준다. 이슬람교는 젊은 세대에게 더 다가가려고 권위주의를 탈피하는 경향을 보이고 있으며, 재미와 오락의 형식을 빌려 일반 대중과 소통의 폭을 넓히고 있다. 한편으로 9·11 사태 발생 이후 심해진 차별과 냉대 속에서 무슬림은 더욱더 안으로 자신의 정체성을 지키려는 이슬람 회귀주의 경향을 보인다. 그 결과 무슬림의 정체성 그리고 그들의 종교적 신념과 가치는 무슬림의 소비에도 영향을 미치고 있으며, 이는 결과적으로 다른 종교에서는 볼 수 없는 이슬람 특유의 시장을 형성했다.

둘째, 2008년 세계 경제위기에도 이슬람 경제는 굳건했다. 또한 석유경제를 바탕으로 한 자본력과 교육받은 무슬림의 확대로 부유한 소비 계층이 급격히 늘어났다. 이들이 이슬람교의 종교적 가치를 중시하는 동시에 현대적 소비문화에도 관심을 갖는 새로운 소비 트렌드를 주도했으며, 그 결과 이슬람 마케팅이 부상했다. 이를 통해 시장에서는 이슬람의 종교적 가치와 자본주의 정신이 혼합되는 경향이 나타나고 있다. 할랄 상품 상당수를 비무슬림이 취급하고 있다는 사실에서 그러한 경향을 더욱 뚜렷하게 볼 수 있다.

셋째, 이슬람 국가 내 경제의 안정성이 점차 확보되면서 이슬람 국가에 투자되는 외국자본이 늘었으며, 이를 계기로 이슬람 지역 경제블록이 형성되고 구체화되기 시작했다. 게다가 오늘날 경제의 국경이 허물어지면서 이슬람의 경제 시스템도 세계경제 속으로 편입되는 추세다.

이슬람 시장은 향후 발전 가능성이 크다. 가장 큰 이유는 증가하는 무슬림 인구수와 그들의 소비 파워에 있다. 현재 무슬림 인구는 전 세계 약 57개국에 많게는 약 16억, 적게는 약 13억이 분포된 것으로 추정된다. 전세계 무슬림 인구수는 앞으로 점차 증가해 10년 후면 전 세계 인구의 약 30%를 차지할 것으로 예상된다. 유로모니터는 인구구성에 따른 소비패턴 변화의 향방에 주목한 바 있다(Euromonitor, 2012. 2. 13.). 유로모니터의 연구에 따르면, 2012년 30세 미만 인구는 전 세계 인구의 50.5%를 차지하며, 이들은 주로 중동과 아프리카, 인도에 집중될 것으로 보인다. 노령화 사회로 들어가는 타 지역과 달리 이 지역은 노동시장에서 가처분소득을 창출할 수 있는 젊은이들을 앞세워 세계 소비문화에 지대한 영향을 미칠 것으로 전망된다. 같은 맥락에서 유엔은 이들을 '세계를 재구성할 새로운 글로벌 파워'로 지목하기도 했던 것은 이미 앞 장에서도 언급한 바 있다.

그런데 주목할 점은 할랄 비즈니스가 무슬림에게만 인기 있는 것이 아니라는 점이다. 할랄 제품은 비무슬림에게도 큰 인기를 끌고 있다. 가장 큰 이유는 이슬람의 종교적 가치인 청결, 건강, 웰빙이 인류의 보편적인 가치에 부합하기 때문이다. 한편 무슬림 시장의 가능성을 예견한 다국적 기업들은 이미 이 시장에 뛰어들었으며, 그 결과 무슬림 시장에서도 서비스와 질이 향상되었다. 이는 할랄 시장이 발달하는 데 선순환적 기능을 하고 있으며, 비무슬림 소비자의 할랄 제품 소비를 유발하는 중요한 배경으로 작용한다. 예컨대 유럽에서는 동물의 인도적인 도축과 유통을 강조하는 할랄 육류 제품을 비무슬림도 많이 소비한다. 영국에서 할랄 육류를 구매하는 소비자의 약 10%는 비무슬림이다. 또한 동물실험을 하지 않거나 동물성 재료를 섞지 않은 윤리적 가치를 강조하는 식물성 원료를 주재료로 한 할랄 화장품은 일반 소비자에게도 인기다. 게다가 오일머니를 바탕으로 눈부신 경제 성장을 이룩한 걸프 지역 국가에서는 자국의 가치를 높이기 위해 자국의 브랜드를 걸고 관광, 스포츠, 금융, 식품 분야 등 다양한 영역을 망라해 다방면에서 수준 높은 상품을 내놓고 있다. 일례로 1985년에 설립된 아랍에미리트 항공은 두바이의 지정학적 위치와 저렴한 가격을 앞세워 국제 항공 산업의 허브로 떠올랐으며, 이를 통해 이슬람 문화권의 상품도 국제화될 수 있음을 증명했다.

## ☾ 할랄 비즈니스의 시장 윤리

이슬람 시장의 할랄 비즈니스 영역은 상당히 넓다. 여기에는 이슬람 국가에서 만들어진 모든 재화나 서비스뿐 아니라 이슬람의 가치에 맞게 제작되어 무슬림 시장에서 유통되는 재화와 서비스도 포함된다. 다시 말해 무슬림이 소유한 회사에서 생산되는 물품뿐 아니라 무슬림 시장을 겨냥해 비무슬림이 생산하고 분배하는 모든 생산품과 서비스가 포함되는 것이다. 무슬림 시장이 이슬람 국가에만 한정된 것이 아니라 전 세계 각지에 흩어져 사는 글로벌 무슬림 이민자가 모두 포함된다는 점을 고려할 때 이슬람 시장의 영역과 향후 발전 가능성은 상당히 크다고 볼 수 있다.

할랄 비즈니스에서 가장 기본적인 원칙은 이슬람 율법인 샤리아에 근

**그림 9-1 할랄 비즈니스의 윤리관 지침 틀**

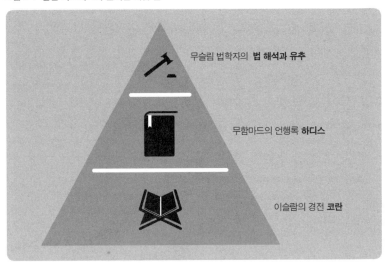

무슬림 법학자의 **법 해석과 유추**

무함마드의 언행록 **하디스**

이슬람의 경전 **코란**

거한 윤리관에 부합해야 한다는 것이다. 샤리아는 기본적으로 알라의 말씀인 '코란', 사도 무함마드의 언행록인 '하디스', 그리고 무슬림 법학자의 법 해석과 유추 등으로 구성된다.

할랄 비즈니스 유통에서 가장 기본이 되는 원칙은 '할랄halal'과 '하람haram'의 구분이다. 할랄은 '허용된 것'을 뜻하며, 샤리아 법에 부합함을 의미한다. 반대로 하람은 이슬람 율법에서 금지하는 행위를 일컫는다. 할랄에는 의무적인 '와집wajib(지키지 않으면 죄가 되는 것)', '만둡manduub (권하는 것, 행하지 않는다고 죄가 되지는 않는 것), 그리고 혐오스럽기 때문에 가능하면 피해야 하는 '마크루makruuh', 그리고 하람일지 모르니 삼가야 할 것이 있다(Alerhan, 2011).

할랄 과정은 '생산, 가격 책정, 유통, 광고, 소비' 등 모든 과정이 샤리아에 부합해야 한다. 우선 생산과정에서 기업은 할랄 제품을 생산해야하며, 가격 측면에서 소비자를 기만하거나 속여서는 안 된다. 이슬람에서는 힘을 들이지 않거나 일하지 않고 이익만 챙기는 불로소득을 금기시한다. 이 때문에 이자 수취도 금지된다. 생산된 물품의 유통에서도 할랄과 하람을 엄격히 구분한다. 만일 어떤 회사가 반이슬람적인 물건을 생산한다면 이 회사에서 생산하는 특정 물품이 할랄에 부합하더라도 무슬림을 대상으로 그 상품을 판매하기는 어렵다. 왜냐하면 할랄 물품이 하람 물품과 섞이면서 오염된다고 보기 때문이다. 그래서 최근에는 이슬람 물류가 화두로 떠오르고 있다. 무슬림 소비자들이 그 물건이 얼마나 좋은지보다 생산과정에 더 많은 관심을 기울이는 것도 이 때문이다. 마케팅과 광고의 내용 역시 이슬람에서 허용하는 수준으로 해야 하며, 상품을 과장하거나 잘못된 정보를 전달하거나 오해를 불러일으킬 만한 내용의 광고는 피해야 한다.

결국 이슬람의 가장 근본적인 비즈니스 윤리는 단순한 이익 창출이 아니라 이슬람 세계를 존중하고 이슬람교가 제시한 규칙과 규율을 준수하는 것이다. 이슬람 세계에서 비즈니스의 성공 여부는 물질적인 측면, 즉 얼마나 많은 이익을 냈느냐가 아니라, 알라의 규율을 얼마나 잘 따랐느냐에 의해 평가되기 때문이다. 비록 정치적 문제가 개입되기는 했으나 코카콜라가 아랍 시장에 진출하기까지는 약 14년이 걸렸다. 1977년부터 1991년까지 아랍연맹국이 이스라엘에 대한 보이콧을 철회하기까지 아랍인들은 코카콜라가 이스라엘을 지지했다는 정치적 문제를 이유로 코카콜라를 마시지 않았다. 그래서 1991년 아랍과 이스라엘 간 대화가 시작되기 전까지 아랍의 슈퍼마켓에서 코카콜라를 찾아볼 수 없었으며, 코카콜라는 이후 아랍 시장에서 새로운 이미지를 구축하는 데 많은 자원을 투자해야 했다. 한편 코카콜라가 없는 동안 펩시는 아랍 시장에서 점유율을 높이고 있었다(Alserhan, 2011).

이슬람 브랜드 및 마케팅 컨설팅 회사인 오길비누어OgilvyNoor 의 보고

표 9-1 **상품에 따른 무슬림의 할랄 인지도와 구분**

| 구분 | 상품 | 설명 |
|---|---|---|
| 1단계 상품군 | 음식, 음료, 낙농 유제품, 구강 관리 용품 | 반드시 샤리아에 부합하는 상품으로, 할랄 인지도가 가장 높은 제품군 |
| 2단계 상품군 | 패션 액세서리, 화장품, 일상적인 금융 상품 | 할랄인지 아닌지 한번쯤 훑어보게 되는 제품군 |
| 3단계 상품군 | 항공 · 호텔 · 여행 · 관광 상품, 대출 · 보험 상품 | 할랄이 아니어도 소비하는 제품으로, 할랄 인지도 면에서 가장 관대한 제품군 |

자료: Ogilvynoor(2012)..

서에서는 상품에 따른 무슬림의 할랄 인지도를 세 단계로 분류했다 (OgilvyNoor, 2012). 첫 번째 단계의 상품군은 샤리아를 반드시 엄격하게 준수해야 하는 제품으로, 몸에 직접적으로 사용하는 상품, 특히 위생이나 안전과 관련한 제품이 여기에 속한다. 대표적으로 음식, 낙농 유제품, 음료, 구강 관리 제품 등이 있다. 두 번째 단계의 상품군은 샤리아에 부합하는 것을 중요시해야 하는 제품이다. 소비자는 제품을 고를 때 할랄인지 아닌지 한번쯤은 훑어보게 되는 제품군이 이에 속한다. 스킨케어·헤어케어·바디케어 용품, 옷이나 액세서리를 비롯한 패션 용품, 일상적인 금융 상품 등이 대표적이다. 세 번째 단계의 상품군은 샤리아를 준수하지 않아도 소비하는 제품으로, 비정기적으로 사용하는 제품이 여기에 포함된다. 항공·호텔·여행·관광·대출·보험 상품 등이 대표적이다.

## 할랄 비즈니스 영역

최근 할랄 시장에서는 할랄 산업의 범주가 확대되는 현상이 나타난다. 과거에는 할랄 산업이 무슬림의 먹고 마시는 문제, 즉 무슬림의 식음료 분야에만 주로 한정되었다. 그러나 최근에는 그 영역이 패션 상품, 의약품, 화장품, 관광, 금융, 물류 산업에까지 확장되는 추세다. 이러한 흐름에 부응하기 위해 한국 기업도 할랄 시장에 많은 관심을 보이고 있다. 그러나 한국 기업은 할랄 인증 절차의 까다로움, 이슬람 문화 이해와 접근의 어려움, 막대한 투자비용 등의 문제로 할랄 시장 진입에 난항을 겪고 있다. 하지만 현재 전 세계 무슬림 인구의 꾸준한 증가세와 무슬림 소비자의 구매력 향상을 고려할 때, 앞으로 할랄 시장은 한국 기업에도 틈새시장을 넘어 주요 전략시장이 될 것으로 예측할 수 있다. 그럼 할랄 시장을 상품 분야별로 분석해보고 이에 어떻게 접근해야 할지 알아보자.

## 음식 및 의약품 시장과 할랄 비즈니스

할랄 시장의 대표적인 상품은 먹거리다. 21세기 지구촌 먹거리 시장의 가장 큰 특징 중 하나는 그동안 비주류였던 무슬림의 '할랄 시장' 규모가 점차 확대되는 추세라는 것이다. ≪할랄저널 Halal Journal≫에 따르면, 할랄 음식 시장은 2004년 58억 달러에서 2009년 64억 2,000만 달러로 성장했다. 이는 전 세계 먹거리 시장의 약 16%를 차지하는 규모다. 이런 큰 규모에 앞으로 무슬림 인구가 늘어날 것으로 예상된다는 점까지 고려하면, 할랄 음식 시장은 블루오션이라 해도 과언이 아니다. 다만 현재 전 세계적으로 통일된 할랄 인증기관이 부재해 기업들이 할랄 음식 시장에 진입하는 데 많은 어려움이 있다. 동물의 피, 돼지고기, 알코올 섭취처럼 코란에 명백하게 규정된 할랄과 하람의 구분에 대해서는 대부분의 무슬림이 동의하지만, 그 이외의 음식에 대해서는 규정이 모호하다. 이는 법학파와 지역에 따라 할랄 인증 기준이 서로 다르기 때문이다. 게다가 과학화와 산업화로 음식이 대량으로 생산되는 현재의 상황에서 유전자 조작, 첨가제와 보조제 사용에 대해 법학자마다 견해가 달라 할랄과 하람

| 미국 | 말레이시아 | 인도네시아 |

| 싱가포르 | 오스트레일리아 | 브루나이 |

**세계적으로 권위 있는 할랄 인증기관 로고**

의 구분 역시 명확하지 않다.

가축의 먹이, 도축 방식, 포장 방법 등에 관한 할랄 및 하람 규정은 국가뿐 아니라 심지어 지방에 따라 달라지는데, 이에 따라 전 세계적으로 약 200개 이상의 할랄 인증 단체가 있다. 이 때문에 무슬림의 먹거리 해석에 많은 혼동과 오해를 낳기도 한다. 따라서 세계적으로 통합된 할랄 인증 기준을 마련하는 것이 시급한 과제로 떠올랐다.

할랄 인증에 관한 또 다른 문제점은 인증 가격이 천차만별이라는 점이다. 표준화된 인증 가격이 부재한 상황에서 대부분의 국가에서 할랄 인증을 종교적 문제로 간주하기 때문에 정부가 개입하기를 꺼린다. 그런데 이러한 틈새시장을 파악하고 할랄 시장을 선점한 국가가 바로 말레이시아다. 최근 말레이시아는 이슬람 국가라는 지위를 이용해 국가적 차원에서 표준 할랄 인증 제도 도입에 나섰다. 말레이시아는 할랄 인증에 대한 가장 까다로운 기준을 제시하고 이를 표준화해 전 세계 할랄 인증의 중심이 되려는 프로젝트를 정부 차원에서 주도하고 있다. 이에 맞서 최근 아랍 국가에서는 아랍에미리트가 이슬람이 태동한 아랍 국가라는 정통성, 역내 입지, 경제적 위상, 물류 창고의 허브로서의 장점을 내세워 이슬람회의기구Organization of the Islamic Conference: OIC의 57개 이슬람 회원국에 모두 통용될 수 있는 표준 할랄 인증 제도 제정을 주도하고 있다. 할랄 인증이 통합되면 인증에 드는 시간과 비용이 전체적으로 30~50% 정도 줄어들 것으로 전망된다(*Gulf News*, 2012년 12월 10일 자).

한편 아랍 시장에서는 경제력이 가장 큰 걸프 지역 국가의 할랄 음식 시장 규모가 486억 달러로 가장 크다. 더욱이 이곳은 식량의 90% 이상을 수입에 의존한다. 아시아의 할랄 시장도 성장 잠재력이 크다. 아시아의 무슬림 인구가 전 세계 무슬림의 62%를 차지하기 때문이다. 유럽의 할랄 음식 시장 규모도 665만 달러에 달하며, 유럽 무슬림의 교육수준과 구매력을 고려할 때 향후 유럽의 할랄 시장 또한 크게 성장할 것으로 예상된다(Temporal, 2011).

할랄 인증을 받으려면 재료 준비부터 처리, 살균, 저장, 포장, 유통까지 전 과정이 기준에 맞게 이루어져야 한다. 이러한 엄격한 관리 덕분에 할랄 음식은 비무슬림 사이에서도 인기가 많다. 할랄 음식이 단순히 이슬람교에서 허용된 원료만을 사용한 것이 아니라 HACCP, GMP, ISO 등 식품에 관한 국제 표준 인증 기준을 상회하는 높은 수준의 품질 기준을 만족하도록 엄격한 검증 절차를 거친 것이어서 안정성에 대한 신뢰가 높기 때문이다.

현재는 다국적기업인 네슬레가 할랄 시장을 가장 선도하는 기업으로 꼽힌다. 네슬레는 481개의 공장 중 75개에서 할랄 물품을 생산하며, 이는 네슬레의 전체 수입의 약 5%(50억 달러)를 차지한다(Masud, 2010).

또한 할랄 음식 시장과 함께 할랄 의약품 시장도 주목받고 있다. 그런데 의약품에 할랄 기준을 적용하기란 매우 까다로운 일이다. 전문가조차 시중에 유통되는 다양한 형태의 수많은 약품의 원료와 가공 방법을 일일이 밝혀내기란 현실적으로 불가능하다(Hussain-Gambles, 2010). 이슬람에서는 하람의 섭취에 대해 그것이 '고의가 아니거나 불가항력적인 경우일 때' 관대한 입장을 취한다. 다만 의약품의 경우에는 특히 유연한 입장을 취하는데, 이와 관련해 코란에는 다음과 같은 구절이 있다.

> 죽은 고기와 피와 돼지고기를 먹지 말라 또한 하나님의 이름으로 도살되지 아니한 고기도 먹지 말라 그러나 고의가 아니고 어쩔 수 없이 먹을 경우는 죄악이 아니라 했거늘 하나님은 진실로 관용과 자비로 충만하심이라(제2장 173절)

> 죽은 고기와 피를 금지하셨고 돼지고기와 하나님의 이름으로 도살되지 아니한 것도 금지하셨으되 필요에 의한 불가항력으로 한계선을 넘지 아니한 것에 대하여 하나님은 관용과 자비를 베푸시니라(제6장 115절)

하지만 의약품의 할랄 문제에 관한 논란은 여전히 존재한다. 그래서 무슬림 소비자들은 제조업체가 할랄 의약품을 생산하는지 따져보거나 할랄 인증을 받은 약을 구매한다. 그러나 현재는 소수의 회사들만 의약품에 할랄 인증을 받고 있으며, 말레이시아의 할랄 의약업체인 CCM이 그 선두주자다. 한편 해당 지역에 할랄 의약품과 관련한 표준이 없을 때 제조업체는 음식에 대한 할랄 규정을 적용하기도 한다.

아랍 지역의 의약품 시장과 관련해 최근 발표된 「GCC 제약 산업 보고서The GCC Pharmaceutical Industry report」에 따르면, 걸프 지역 전체 의약품 시장 규모는 2011년 77억 달러에서 2012년 85억 달러로 성장했다. 또한 걸프 지역 중에서는 사우디아라비아가 최대의 의약품 시장이며, 아랍에 미리트가 두 번째로 큰 시장인 것으로 나타났다. 사우디아라비아의 의약품 시장 규모는 51억 달러에 달했고 1인당 의약품 지출액은 175달러를 기록했다(*Al Bawaba*, 2013년 4월 1일 자).

## 패션 및 미용 시장과 할랄 비즈니스

무슬림의 가치소비가 늘면서 무슬림 패션 시장도 성장하고 있다. 한 연구에 따르면, 무슬림 패션 시장의 연간 매출액은 5억 6,000만 달러에 달하며, 이는 할랄 음식 시장과 금융 시장 다음으로 큰 규모다(*Independent*, 2010년 5월 9일 자).

무슬림 패션 시장에서는 이슬람에서 강조하는 가치인 '겸손'을 주요 콘셉트로 한다. 주로 여성 무슬림 고객을 대상으로 하는 의류 시장은 멋스러우면서도 편안하고 고급스러우면서도 겸손함을 내세운다. 물론 겸손의 정도와 수준은 개인에 따라 다르지만, 이슬람의 가치에 따라 일반적으로 용인되는 수준은 지나칠 정도로 몸매와 피부를 드러내지 않는 것이다.

「2013년 글로벌 이슬람 경제 보고서 The Global Islamic Economy Report 2013」에 따르면, 무슬림이 옷과 패션에 지출하는 비용은 2012년 2,240억 달러에서 2018년 3,220억 달러로 성장할 것으로 예측된다. 2012년을 기준으로 무슬림 패션 시장 규모는 터키가 250억 달러로 가장 크며, 그 뒤를 이어 이란이 210억 달러, 인도네시아가 17억 달러, 이집트가 16억 달러, 사우디아라비아가 15억 달러, 파키스탄이 14억 달러 수준이다. 그리고 서유럽과 북미 지역의 무슬림 패션 시장 규모는 210억 달러에 달한다. 무슬림 패션 시장은 미국 패션 시장(494억 달러) 다음으로 큰 시장이다(*Al*

그림 9-2 **전 세계 무슬림 패션 시장 규모** (단위: 억 원)

자료: www.aabuk.com

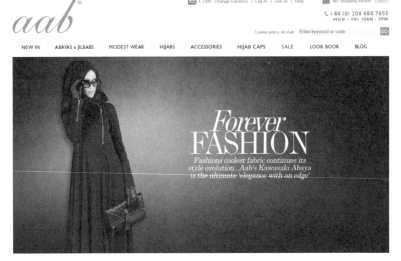

**에이에이비 홈페이지**

*Bawaba*, 2013년 11월 26일 자).

특히 비이슬람 국가에서도 이슬람 패션 시장이 성장하고 있는데, 그 배경에는 온라인 마켓의 성장이 있다. 온라인에서 무슬림 패션 상품을 판매하는 회사 중 하나인 에이에이비Aab는 천연소재를 사용해 고급스럽고 편안하면서도 겸손한 이미지를 내세운 상품으로 여성에게 인기를 끌고 있다. 이와 동시에 공정무역과 환경보호를 강조해 의식 있는 무슬림 여성에게 많은 호응을 얻고 있다.

한편 화장품 시장은 아직 할랄 시장에서 차지하는 규모가 그리 크지는 않다. 그러나 무슬림 소비자들의 생활수준이 향상되고 기호가 다양해지면서 이 시장 역시 앞으로 크게 성장할 것으로 예측된다.

할랄 화장품 시장이 등장한 배경에는 할랄 음식 시장이 있다고 할 수 있다. 무슬림 여성의 구매력 향상과 더불어 할랄 음식에 대한 까다로운 선택이 화장품 구매에도 영향을 미쳤기 때문이다. 할랄 화장품의 유명세와 인지도는 말레이시아 정부에서 2010년 6월 할랄 화장품에 대한 할랄 화장품 표준인 'MS 2200:2008' 규정 도입과 함께 더욱 높아졌다. 할랄 화장품은 샤리아에 부합하는 성분과 방식으로 제조된 것으로, 제품의 청결과 안전을 중요시한다. 즉, 알코올과 돼지에서 추출한 재료 대신 식물 추출물과 천연 미네랄을 주로 사용해 만들어진다. 또한 할랄 화장품은 동물실험을 하지 않고 윤리적으로 만들어진 상품이라는 인식 때문에 무슬림은 물론 비무슬림에게도 인기가 있다. 영국의 할랄 화장품 회사인 샤프 퓨어 스킨케어는 식물성을 주원료로 하고 동물성 원료를 배제했으며, 천연재료를 사용하기 때문에 이 회사 제품 구매자의 75%가 비무슬림이다(Temporal, 2011). 즉, 무슬림을 위한 할랄 제품이라는 것과 더불어 윤리적·친환경적 상품이라는 이미지를 함께 지닌 덕분에 할랄 화장품은 무슬림과 비무슬림에게 모두 호응을 얻고 있다.

두바이의 아메인포AMEinfo에서 최근 발표한 자료에 따르면, 아랍 지역 할랄 화장품 시장은 2008년 15억 7,000만 달러에 달했고, 매년 12% 정도 성장하고 있다(Temporal, 2011). 아랍 국가 중에서는 사우디아라비아와 아랍에미리트의 할랄 화장품 시장의 규모가 가장 크다. 뷰티세계박람회

Beauty World Exhibition의 연구에 따르면, 사우디아라비아 여성이 화장품 구매에 연간 약 1,400리얄(한화 약 38만 원)을 지출하는 것으로 나타났다. 사우디아라비아에 이어 아랍에미리트는 아랍 국가 중 두 번째로 큰 화장품 소비시장으로, 화장품 소비에 연간 약 1,100디르함(한화 약 32만 원)을 쓴다(*7days in Dubai*, 2013년 4월 23일 자).

한편 아랍에서는 여성용 화장품뿐 아니라 남성용 화장품 소비도 늘고 있다. 유로모니터에 따르면, 아랍에미리트 남성들은 고급 헤어 관리 제품을 많이 소비하고 있다. 덥고 습한 날씨와 강한 햇볕 때문에 탈모 현상이 잦기 때문이다. 아랍 지역에서는 소비자의 요구 사항이 특화되고 전문화되어 화장품 시장 또한 이에 맞춰 세분화되고 있다. 이에 따라 피부 노화 방지, 보습, 피부 미백 등 전문 시장이 발달했다.

화장품 시장뿐 아니라 매니큐어와 같은 미용 제품도 할랄 시장의 글로벌화와 함께 성장하고 있다. 하루 다섯 번 기도해야 하는 무슬림 여성을 대상으로 폴란드에서는 통기성 매니큐어를 선보였다. 이 제품은 공기와 물을 통과시키면서도 매니큐어 고유의 기능을 잃지 않는 것으로, 여성들의 입소문과 인터넷을 통해 빠르게 보급되고 있다. 통기성 매니큐어가 인기를 끄는 이유도 이슬람의 규율에서 찾을 수 있다. 비록 코란에서 매니큐어에 관해 특별히 언급한 바는 없지만, 많은 무슬림 여성은 그동안 매니큐어 사용과 관련해 종교적인 문제를 겪어왔다. 무슬림 법학자들은 물이 손톱의 겉에 닿아야 올바른 세정 행위라고 주장했는데, 이에 따라 무슬림 여성은 매니큐어를 사용하기가 쉽지 않았고, 일부는 마지막 기도가 끝난 다음 매니큐어를 바르고 새벽 기도 시간 전에 지우곤 했다. 그러나 통기성 매니큐어에 대해 이슬람 학자인 무스타파 오마르Mustafa Umar가 '할랄'이라고 판정하자 이 제품은 무슬림 여성의 수요를 못 따라잡을 정도로 불타나게 팔리기 시작했다(*KFLY*, 2013년 2월 27일 자).

그 밖에 선실크Sunsilk에서는 히잡을 쓴 여성을 위한 이른바 '떡진 머리 방지' 기능 샴푸를 출시했으며, 콜게이트 팔모리브colgate-Palmolive도 말레이시아에서 알코올 성분을 뺀 할랄 인증을 받은 치약과 구강청결제를 출시했다.

**관광 산업과 할랄 비즈니스**

할랄은 무슬림을 대상으로 한 관광 산업에도 영향을 미친다. 이는 주로 소비력이 향상된 무슬림 소비자를 대상으로 종교적이면서 동시에 세속적인 편안함을 즐기려는 무슬림에게 호소하려는 데서 나타난다. 일례로 두바이에 새로 들어선 타마니 호텔 마리나Tamani Hotel Marina는 국제 표준에 부합하는 호텔로서의 경쟁력을 갖춘 동시에 이슬람의 가치에 부합하는 서비스를 제공해 무슬림에게도 큰 인기를 얻고 있다. 할랄 호텔의 모든 방에는 기도 방향이 표시되어 있으며, 알코올이 함유된 음료는 제공하지 않고 할랄 음식만 제공한다. 그 밖에 일부 할랄 관광 패키지에 있는 호텔들은 무슬림의 의무인 기부를 실천하도록 이익 중 일부를 사회에 환원하기도 한다. 또한 할랄 관광 상품 패키지를 다양화해 가족을 대상으로 한 여행 상품과 미혼 남녀의 분리가 적용된 상품 등을 출시하고 있다.

흥미로운 점은 할랄 관광 산업이 이슬람 지역보다 뉴질랜드나 호주처럼 비이슬람 지역에서 더 활기를 띠고 있다는 점이다. 비이슬람 국가들은 할랄 관광의 성장 잠재력을 인식하고 이를 산업적으로 더욱 잘 활용하는데, 일례로 일본은 공항에 무슬림 예배실을 갖추고, 호텔에서 할랄 미디어를 서비스하고 있을 뿐만 아니라, 할랄 기준에 맞는 일본 음식도 등장하고 있다. 또한 일본을 찾은 무슬림 관광객들이 언제 어디서나 편리하게 할랄 음식점을 찾을 수 있도록 돕는 앱도 개발되어 있다. 우리나라에도 무슬림 관광객을 위해 기도소를 설치한 음식점이 등장하기도 했으나 아직 극소수에 불과하다.

2012년 톰슨로이터스Thomson Reuters에서 발표한 자료에 따르면, 이슬람협력기구OIC 회원국 중 외국인 관광객 수가 가장 많은 나라는 터키(3,560만 명)이며, 말레이시아(2,500만 명), 사우디아라비아(1,360만 명), 아랍에미리트(900만 명) 등이 그 뒤를 잇는다. 터키는 서구와 이슬람 문화를 한 번에 즐길 수 있다는 장점이 있으며, 말레이시아는 저렴한 가격으로 이슬람과 조우한 아시아 문화를 즐길 수 있다는 점이 매력이다. 사우디아라비아에서는 성지순례를 위해 찾는 관광객이 주를 이루며, 아랍에미리트는 서구와 이슬람, 아랍의 문화를 한꺼번에 즐길 수 있고 미래도시의 편안함과 안락함을 맛볼 수 있다는 장점이 있다. 한편 세계에서 이용객 수가 가장 빨리 증가하고 있는 상위 5개 공항 중 4개가 이스탄불, 쿠알라룸푸르, 두바이, 자카르타에 위치해 있다는 점에서, 이슬람 국가가 세계적인 관광지로 성장하고 있음을 엿볼 수 있다(ABNA, 2013년 12월 4일 자).

이슬람 국가 중 관광 지출비가 가장 많은 국가는 이란(182억 달러)이며, 사우디아라비아(171억 달러), 아랍에미리트(101억 달러), 쿠웨이트(74억 달러), 인도네시아(72억 달러), 카타르(57억 달러) 등이 그 뒤를 잇는다. 2012년 기준으로 전 세계 무슬림의 관광 지출비는 대순례인 핫즈와 소순례인 우므라와 관련한 비용을 제외하고 1,370억 달러로, 이는 전 세계 관광 지출비(1조 950억 달러) 가운데 약 12.5%를 차지하는 규모다(ABNA, 2013년 12월 4일 자). 무슬림의 관광 지출비는 2018년에 이르면 1,810억 달러에 달할 것으로 전망된다. 아랍 국가 중에서도 걸프 지역 국가의 관광 지출비가 가장 많으며, 그 규모는 전 세계 무슬림 관광 지출비의 31%에 이른다. 한편 무슬림 관광객을 대상으로 한 의료 관광도 호황을 누리고 있다. 이들은 저렴한 값에 질 좋은 의료 및 편의 시설을 제공하는 태국, 말레이시아, 미얀마 등지로 의료 관광을 떠나고 있으며, 우리나라도 질 좋고 편안한 의료 서비스로 각광받고 있다.

## 금융 시장과 할랄 비즈니스

할랄 비즈니스가 세계적으로 관심을 끌면서 가장 주목받고 있는 분야가 바로 이슬람 금융이다. 이슬람 금융은 샤리아에 부합하는 체계를 갖춘 금융으로, 2000년 이후 연평균 20% 이상의 성장세를 보이며 2012년 기준 총자산 규모가 약 1조 6,000억 달러에 달했다. 현재는 세계 70여 개국에서 300개 이상의 이슬람 금융기관이 운영되고 있다(한국수출입은행 해외경제연구소, 2011). 이자를 금지하는 이슬람 금융의 원형은 1950년대와 1960년대에 파키스탄, 이집트, 말레이시아에서 처음으로 등장했다. 오일붐의 여파로 1974년 두바이 이슬람 은행 Dubai Islamic Bank 을 시작으로 중동 각지에서 이슬람 금융기관이 잇달아 설립되었고, 1983년 말레이시아에서는 이슬람 은행법도 제정되었다. 이후 이슬람 은행은 2000년대 들어 급성장을 이루었고, 서구의 국제 금융기관이 이슬람 금융 사업에 본격적으로 착수하면서 국제화가 진행되었다. 현재는 말레이시아, 싱가포르, 홍콩, 런던이 이슬람 금융의 허브를 지향하고 있다.

이슬람 금융의 가장 큰 특징은 무엇보다 이자 수취를 금지하는 이슬람 교리에 따라 금리의 개념이 없다는 것이다. 또한 불확실하거나 실체가 없는 거래를 피하기 때문에 원칙적으로 선물, 옵션, 스와프와 같은 파생상품을 판매하지 않고, 금융 상품은 대체로 부동산이나 기계 설비 등 실체가 있는 거래에 투자한다. 다만 최근 들어서는 샤리아에 대한 유연한 해석으로 좀 더 다양한 상품이 등장하고 있다. 한편 돼지고기나 알코올, 도박, 무기, 포르노 관련 사업 등 샤리아에 반하는 사업에 대한 금융거래가 금지되기 때문에 예컨대 주조 회사에 대한 융자나 무기 제조업에 대한 출자는 허락되지 않는다(에츠아키, 2008). 오늘날 주로 사용되는 이슬람 금융과 관련한 개념은 다음과 같다.

**무라바하**murabaha  소비자 금융의 일종으로, 상품 거래 시 매수인과 매도인 사이에 은행이 개입해 매매를 대행하면서 금융 기능을 담당하는 구조다. 이슬람 금융거래 중 가장 많이 사용되는 형태다.

**무다라바**mudarabah  출자자의 자금을 모아서 사업가가 자금을 투자하고 운용해 이윤을 얻고 그것을 출자자에게 배당하는 구조다. 자본을 제공하는 투자자는 자본만 제공하고 사업가는 경영만 담당하며, 사업 손실은 전적으로 투자자에게만 귀속된다.

**무샤라카**musharakah  공동 출자 방식으로, 일반 금융의 벤처펀드 출자와 구조가 비슷하다.

**이스티스나**istisna  공산품 조달이나 건설 프로젝트에서 제품이나 건설 안건에 관한 상세 지시를 근거로 은행이 발주자인 고객을 대신해 업자에게 선지급하는 방식의 금융거래다. 대금 지불은 일시불, 할부, 공정도에 따른 지불 등이 모두 가능하며, 일반 금융의 프로젝트 파이낸싱PF과 같은 형식이다.

**이자라**ijarah  일반 금융에서 말하는 리스와 거의 동일한 거래로, 건설기계나 부동산 등을 대상 자산으로 하여 은행의 고객인 이용자가 리스 요금을 지급하는 구조다.

**수쿠크**sukuk  원래 채권은 금리 개념을 이용한 증권이며, 이는 샤리아에 위배된다. 이 때문에 증권 배후에 실체 거래를 추가해 샤리아에 부합하는 구조를 개발했는데, 이것이 바로 이슬람 채권인 수쿠크다. 현재 글로벌 수쿠크 발행은 2011년에 64%나 성장했으며, 걸프 지역 국가의 수쿠크 발행은 아랍에미리트, 사우디아라비아, 카타르에서의 엄청난 수요 덕택에 약 375억 달러에 달한다(*CPI Financial*, 2013년 10월 9일 자).

**타카풀**takaful 타카풀은 이슬람식 보험으로 1979년 수단에서 처음으로 등장했다. 기존의 보험 계약에 있는 금리, 과도한 불확실성, 투기 등 샤리아에 맞지 않는 요소를 없앴다. 가입자는 보험료를 상호부조와 각출의 개념으로 납부하며, 타카풀 운용사는 이를 관리하고 수수료를 선불로 받는다. 글로벌 타카풀 시장 규모는 2015년 말 250억 달러를 기록할 것으로 추정된다.

이슬람 금융을 소개한 요시다 에츠아키(2008)는 이슬람 금융이 2000년대 들어 급성장한 배경을 다음과 같이 설명한다. 첫째로, GCC 국가를 중심으로 한 오일머니의 영향력을 들 수 있다. 오일머니를 바탕으로 GCC 국가에서 급성장한 이슬람 금융은 2013년 그 규모가 약 4,340억 달러에 달해, 2010년 620억 달러와 비교했을 때 크게 성장한 것으로 나타났다(*CPI Financial*, 2013년 10월 9일 자).

둘째로, 이슬람 금융의 중동 회귀 현상을 들 수 있다. 이슬람 금융은 9·11 사태 이후 성장세를 보이기 시작했는데, 이는 미국 금융 당국의 자산 동결을 우려한 무슬림들이 자산을 중동 국가로 되돌리기 시작한 것과 상관성이 있다.

셋째로, 이슬람 금융 이용자가 비무슬림으로 확대되는 것을 들 수 있다. 이슬람 금융은 비무슬림도 이용할 수 있으며 금융기관 담당자가 비무슬림인 경우도 많다. 반대로 무슬림이라고 해서 꼭 이슬람 금융만 이용하는 것 역시 아니다. 그런데 최근 무슬림의 투자가 확대되는 분위기에서 자금이 필요한 사람은 무슬림이든 비무슬림이든 적은 이자로 이슬람 금융을 이용하는 경향이 늘고 있다.

넷째, 이슬람 금융의 인프라 정비와 구조적 안전성을 들 수 있다. 다방면으로 이슬람 금융 서비스 체제가 확립되자 잠재적 수요가 드러나고 있다. 또한 이슬람 금융은 실물거래를 중심으로 하여 구조적 안정성이 비교적 높다.

모든 무슬림 투자자가 전액을 이슬람 방식으로 운용하지는 않지만, 이슬람식 가치소비의 부상과 함께 자산 운용 면에서 이슬람 금융을 선호하는 경향이 뚜렷해졌다는 것은 부인할 수 없다.

그 밖에 이슬람 금융이 성장하는 요인으로는 모든 손실과 이익을 공유하는 이슬람 은행의 윤리관을 꼽을 수 있다. 2007년 이후 세계경제 침체 속에서 소비자들은 기존 은행에 대한 신뢰를 상실했으며, 이러한 상황에서 튼튼한 경제력을 과시하던 아랍 국가와 이슬람 은행의 윤리관이 주목받기 시작했다. 여기에 무슬림 인구와 중산층 증가, 이슬람 금융에 대한 인식 변화가 이슬람 금융이 성장하는 데 긍정적인 영향을 미쳤다.

이슬람 금융의 급성장과 함께 세계의 관심도 이에 쏠려 있다. 영국에서 이슬람 금융을 취급하는 은행이 2010년 말 기준 22개이며, 2006년 당시 고든 브라운 영국 총리는 '영국은 이슬람 금융의 게이트웨이'라고 선언하기도 했다. 전 세계 이슬람 채권 발행의 60%를 차지하는 말레이시아는 정부의 전폭적인 지원하에 이슬람 금융의 허브로서 입지를 구축했으며, 싱가포르 역시 이슬람 금융과 국제 금융의 접점 역할을 하며 이슬람 채권을 활발히 발행하고 있다. 일본은 2007년 재무성 산하에 이슬람 금융 연구회를 설치했고, 2011년에는 이슬람 채권을 발행할 수 있도록 관련 법을 개정했다(≪한국경제≫, 2012년 3월 8일 자). 반면에 한국은 2009년부터 이슬람 금융 도입을 위한 법률 및 세제 개편을 시도했으나 수차례 국회 승인이 이루어지지 않아 현재로서는 이슬람 금융 도입이 불투명한 상황이다. 향후 한국 기업이 이슬람 채권을 통해 이슬람 지역의 자금을 끌어오고, 한국과 아랍 등 이슬람 국가 간 관계 발전을 위해서라도 이에 대해 유연하게 대처할 필요가 있다.

이슬람 금융이 지속적으로 발전하기 위해 해결해야 할 과제도 있다.

이슬람 금융이 전 세계적으로 확장되고 있지만 이와 관련한 국제 표준이 아직 부실하고, 이슬람 금융 전문가와 샤리아 학자 등 관련 전문 인력이 부족한 점도 넘어야 할 산이다.

## 물류 시장과 할랄 비즈니스

할랄 시장의 부상과 함께 이슬람의 교리를 따르려는 소비자들의 까다로운 요구는 시장의 새로운 과제로 등장했다. 그중 하나가 바로 물류 분야다. 오늘날 할랄 시장에서 소비자들은 상품의 재료와 생산단계뿐만 아니라, 제품의 보관, 운송, 관리를 포함하는 모든 과정에서도 할랄 기준을 세심하게 따지고 있다.

글로벌 리서치 회사인 엘비비 인터내셔널LBB International의 무슬림 소비자 의식 연구에 따르면, 무슬림은 비용을 더 치르더라도 할랄 방식으로 취급된 할랄 상품을 구매할 의사가 있다고 밝혔다. 할랄 방식으로 취급된 할랄 상품이란, 음식이나 화장품, 의약품 등을 포함한 모든 할랄 제품의 물류 작업이 생산지에서 소비자에게 전달되기까지 할랄이 아닌 것과 구분되어 취급된 것을 가리킨다(Halal Logistics, 2010년 1월 1일 자).

현재 전 세계적으로 통용되는 할랄 물류 규정은 없다. 다만 국제 할랄 연합International Halal Integrity Alliance: IHI에서 제시한 할랄 운송의 표준 규정에 따르면, 할랄 제품은 처리·운송·보관 등을 포함한 모든 물류 작업을 비할랄 제품과 철저하게 구분해서 처리하여 교차 오염을 방지하고, 지속적으로 무슬림 소비자의 기대에 부응해야 한다(Bruil, 2010).

할랄 시장의 부상과 함께 할랄 물류 산업도 급성장하고 있다. 아시아에서는 말레이시아가 정부의 지원하에 크랑Klang 할랄 항구를 개장하는 등 글로벌 할랄 유통의 중심지로 거듭나고 있다. 유럽에서는 네덜란드의 로테르담 항구가 2005년 유로프리고Eurofrigo, VAT 로지틱스VAT Logistics와 함께 할랄 물류 서비스를 시작해 유럽 할랄 유통의 관문으로서 기능하고 있다. 또한 프랑스에서는 2012년부터 말레이시아와 협력하여 마르세유 항구에 할랄 유통 센터를 개발하고 있다.

## 한류와 할랄 비즈니스, 다시 문화적 소통으로

한국과 무슬림의 교류의 역사는 신라 시대까지 거슬러 올라간다. 아랍의 역사서에 신라가 소개되고, 경주 방문객을 맞이하는 처용상의 부리부리한 눈과 오뚝한 코는 서역에서 온 아랍인의 모습을 형상화한 것으로 추정된다. 고려가요 〈쌍화점〉에 등장하는 인물인 '회회 아비'는 무슬림을 가리키는 것으로 짐작되고, 조선 시대의 『세종실록』에도 우리 땅에 거주했던 무슬림의 존재가 기록되어 있다(정수일, 2002).

근대 들어 한국과 아랍이 서로에게 중요했던 가장 큰 이유는 석유와 건설에서 찾을 수 있다. 한국은 산업화가 본격화되자 정치적 우방과는 별개로 에너지의 안정적 수급과 외화 확보라는 경제적 이유에서 아랍 산유국과의 친교가 절실했다. 한국전쟁을 겪은 한국이 산업화를 통해 경제 성장을 이룰 수 있었던 배경에는 중동의 건설 시장 붐이 있었으며, 이는 한국 경제가 성장하는 데 종잣돈 역할을 했다. 반대로 아랍 국가에서는 경쟁력 있는 가격에 높은 기술력과 우수한 인력을 필요로 했다. 그래서 1970년대 오일 붐 시대를 맞으면서 한국과 아랍은 상호 보완적 관계로 발전해왔다. 1973년 중동 건설 시장에 우리 건설 업체가 처음 진출한 이후 2012년까지 누적 수주 금액은 3,241억 달러를 넘었다.

한국은 1980년대 유가 하락에 따른 중동의 경제 불황으로 중동과의 거래가 급감하면서 교류도 잠시 주춤했으나, 2000년대 들어 양 문화권의

표 9-2 **국가별 중동 인프라 구축 수주 순위**

| 순위 | 2002년 | 2006년 | 2010년 |
|:---:|:---:|:---:|:---:|
| 1 | 이탈리아 | 미국 | 미국 |
| 2 | 프랑스 | 일본 | 한국 |
| 3 | 일본 | 한국 | 중국 |
| 4 | 미국 | 프랑스 | 이탈리아 |
| 5 | 한국 | 중국 | 터키 |
| 6 | 중국 | 영국 | 일본 |

자료: ≪동아일보≫, 2012년 1월 10일 자에서 재인용.

그림 9-3 **한국의 주요 산유국별 원유 수입량** (단위: 달러)

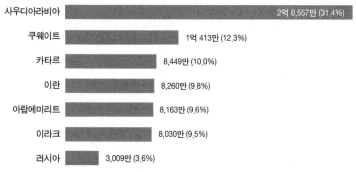

주: 2011년 1~11월 기준이며, 괄호 안은 비중.
자료: ≪동아일보≫, 2012년 1월 10일 자에서 재인용

관계는 원유와 건설을 넘어 다양한 분야에서 이루어지고 있다. 이러한 변화는 중동이 석유에 의존한 산업구조에서 탈피해 산업 다각화를 시도 하고, 한국의 문화 콘텐츠 수출이 활성화되면서 중동에서도 한류가 일고 있다는 데에서 그 배경을 찾을 수 있다. 대한무역투자진흥공사KOTRA에 서 발표한 「글로벌 한류 동향 및 활용전략」(2011년)에서는 한류의 성장 단계를 '미도입, 도입, 인지, 성장, 성숙'의 다섯 단계로 나누었다. 이 중 아랍 지역의 한류는 '도입' 단계로 일부 마니아층을 중심으로 나타나고 있는 상태다. 아랍에서 한류는 2006년 이란에서 방영된 드라마 〈대장 금〉이 인기를 끌면서 시작해 이웃 아랍 국가로 확산되었다. 사우디아라

비아의 배급사가 국내 드라마 판권을 구입해 이집트, 레바논, 이라크, 알제리, 바레인, 레바논, 아랍에미리트, 요르단 등 아랍어권 18개국에 공급하기 시작하면서 아랍권의 한류 문화를 선도하게 된 것이다. 특히 한국 드라마의 콘텐츠는 이슬람의 가치에 반하는 이성교제, 동성애, 성적 묘사 등의 측면에서 그 수위가 비교적 낮으며, 아랍인들이 중시하는 가족애를 많이 다룬다는 점에서 서구의 콘텐츠보다 아랍 시청자들에게 좀 더 가깝게 다가갈 수 있었다. 아랍 한류 팬들은 디지털 미디어와 인터넷의 발달로 현재는 기존의 방송사 중심의 일방적인 수신체계에서 벗어나 유튜브, 페이스북, 트위터 등 인터넷 소셜 네트워크 서비스 등을 통해 다양한 한류를 즐기고 있다(방송통신위원회, 2008).

방송에서 시작된 한류는 음식, 교육, 의료, 관광 등 다양한 분야로 진화하고 있다. 의료 한류를 보면, 한국은 최근 중동 국가와의 협력을 통해 수많은 환자와 유료 연수생을 국내로 유치하는 성과를 거두기도 했다. 일례로 아랍에미리트의 아부다비 보건청 및 통합군사령부와 국비 지원 환자 유치협약을 체결해 아랍의 환자들이 한국을 찾는 기회가 점차 많아지고 있다. 게다가 2013년에는 사우디아라비아 보건부와 '의료기관 간 쌍둥이 프로젝트Twinning Project'를 진행해 사우디아라비아 의료진이 한국에서 선진 의료기술을 전수받을 수 있게 되었다. 그 결과 한국은 미국, 캐나다, 프랑스에 이어 세계에서 네 번째로 규모가 큰 사우디아라비아의 의사 유료연수 국가로 선정되었다(≪동아일보≫, 2013년 12월 17일 자).

그렇다면 이처럼 아랍인과의 교류가 다변화된 오늘날, 그들과 더욱 깊은 비즈니스 관계를 맺고, 그러한 관계를 지속시킬 방법은 무엇일까? 앞서 몇 차례 이야기했듯이 아랍인을 움직이는 것은 진실한 마음을 바탕으로 이루어지는 '소통'이다. "친구에게는 법을 적용하지 않고 법을 해석한다"라는 아랍인의 속담처럼 아랍인들에게 인간관계란 제도 위에 존재하며 제도를 지배한다. 이는 신뢰를 바탕으로 구축한 관계가 비즈니스의 모든 것을 결정할 수도 있음을 의미한다. 결국 문화적 소통이 아랍과의 비즈니스에서도 큰 관심사로 떠오르고 있는 것이다.

**걸프협력회의** Gulf Cooperation Council: GCC　1979년에 발생한 이란혁명을 계기로 설립되었다. 지역의 정치적 불안에 공동으로 대응하기 위해 1981년 사우디아라비아의 수도 리야드에서 사우디아라비아, 쿠웨이트, 아랍에미리트, 카타르, 오만, 바레인 6개국이 참여해 결성했다. 결성 이후에는 경제적 측면에 더 관심을 기울여 회원국 간 관세 철폐, 상품·인력·자본 이동 자유화, 공동시장 창설, 단일통화 도입 등을 목표로 활동이 이루어졌다. 일반적으로 GCC 지역이라 함은 예멘을 제외한 아라비아반도에 위치한 국가군을 지칭한다.

**구슬** ghusl　예배와 같은 종교 의례를 행하기 위해 깨끗한 물로 몸 전체를 씻는 것을 말한다. 성교, 사정, 월경, 출산, 시체 접촉 등 이슬람에서 불순하다고 여기는 행위를 했을 때 그 더러움을 제거하기 위해 행한다. 구슬은 또한 이슬람으로 개종할 때나 순례 시 이흐람에 들어갈 때에도 행해진다.

**까르드** Qard　이슬람 율법에 맞춘 카드 개념 중 하나다. 까르드는 은행이 카드 사용자에게 대출자의 역할을 담당하며, 소비자가 카드로 결제하면 은행은 미리 선불 결제하고 일정 기간 내에 사용자가 이를 결제하는 개념이다.

**라마단** ramadan　아랍어로 '더운 달'이라는 뜻으로, 이슬람력에서 9월을 가리킨다. 이슬람에서는 9월을 사도 무함마드가 코란을 계시받은 신성한 달로 여겨 이 기간에 일출부터 일몰 시점까지 금식을 행한다. 금식하는 동안에는 음식 섭취뿐 아니라 물과 담배, 성관계까지 삼간다. 라마단이 끝난 다음 날부터 이드 알 피뜨르라는 축제가 3일간 열려 맛있는 음식과 선물을 주고받는다.

**레반트** Levant　비옥한 초승달 지역으로도 불리며, 아랍 지역의 이라크, 시리아, 레바논, 요르단, 팔레스타인이 이 지역에 속한다.

**리바** riba　돈이나 물건을 빌려주는 대가로 얻는 이득을 말하며, 이슬람 율법에서는 리바를 금기시한다. 이는 금리 개념이 있는 일반적인 금융거래에도 제약을 가하는데, 오늘날 무슬림이 이러한 율법에 어긋나지 않으면서 금융제도를 이용할 수 있도록 이슬람 금융에서는 무다라바 개념 등을 제안한다.

**마그레브** maghreb   아랍 지역의 서쪽에 위치한 국가로 알제리, 모로코, 튀니지를 지칭한다.

**무다라바** mudarabah   이자 수취를 금지하는 이슬람 교리에 따라 생겨난 금융거래 개념 중 하나로, 출자자의 자금을 모아서 사업가가 자금을 투자하고 운용해 이윤을 얻고 그것을 출자자에게 배당으로 돌려주는 구조이다. 자본을 제공하는 투자자는 자본만을 제공하고 사업가는 경영만을 담당하며, 사업 결과 수익이 발생하지 않으면 손실은 전적으로 투자자가 부담한다.

**무라바하** murabaha   소비자 금융의 일종으로 상품 거래 시 매수인과 매도인 사이에 은행이 개입해 매매를 대행하면서 금융 기능을 담당하는 구조이다. 이슬람 금융거래 중 가장 많이 사용되는 형태다.

**무샤라카** musharakah   공동 출자 방식으로 일반 금융의 벤처펀드 출자와 비슷한 구조이다.

**바이 알 이나흐** bay al inah   카드가 사용되는 동시에 은행이 구매자의 역할을 담당한다. 은행이 사용자에게 수수료를 부과해 이윤을 남기는 형식으로 시간이 지나면서 결제가 완전히 끝날 때 은행의 소유권은 자동적으로 소비자에게 넘어간다.

**부르끼니** burqini   무슬림 여성들이 입는 베일의 한 형태인 부르까(burqa)와 비키니(bikini)의 합성어다. 머리부터 발목까지 가리는 형태의 수영복으로 무슬림 여성을 위해 고안되었다.

**사다까** sadaqah   희사는 무슬림의 다섯 가지 의무 중 하나로, 크게 의무적 희사와 자발적 희사로 나뉜다. 그중 사다까는 개인이 자유 헌납 형식으로 불우한 사람을 도와주는 형태의 자발적 희사를 의미한다.

**샤리아** shari'ah   코란을 바탕으로 성립된 이슬람 법체계다. 코란에서 언급되지 않은 문제에 관해서는 하디스를 근거로 한다. 하디스에도 언급되지 않았다면 무슬림 법학자들의 해석과 유추를 기본으로 한다. 이슬람 국가의 지도자는 샤리아를 시행하고 유지하는 것을 중요한 의무로 여긴다.

**샤하다** shahaadah   무슬림의 다섯 가지 의무 중 첫 번째로, 신앙고백을 의미한다. 신앙고백의 내용은 "알라 외에는 신이 없고, 무함마드는 알라의 사자"이다.

**수끄** souq   아랍어로 시장을 뜻한다.

**수쿠크** sukuk   이슬람 국가에서 발행하는 채권이다. 원래 채권은 금리 개념을 이용한 증권인데, 이는 샤리아에 위배된다. 따라서 증권 배후에 부동산 등 실체 거래를 추가해 샤리아에 부합하는 구조를 개발한 것이 수쿠크다. 수쿠크는 투자자들에게서 받은 투자금을 이슬람 율법에 어긋나는 분야, 예컨대 술이나 돼지고기, 무기, 도박 등의 사업을 제외한 특정 사업에 투자한 뒤, 여기서 발생한 수익을 이자 대신 배당금 형태로 돌려준다.

**싸움** sawum  무슬림의 다섯 가지 의무 중 하나로, 금식하는 것을 가리킨다. 무슬림은 이슬람력으로 9월인 라마단 한 달 동안 해가 뜰 무렵부터 질 때까지 금식을 행한다. 금식을 행하는 동안에는 음식 섭취뿐만 아니라 물과 담배, 성관계까지 삼간다.

**쌀라** salaah  무슬림의 다섯 가지 의무 중 하나로, 하루 다섯 번의 기도를 행하는 것이다. 기도시간은 새벽 동 트기 직전, 정오, 그림자가 실제 건물의 두 배가 되는 오후, 해가 진 직후, 저녁이다.

**아바야** abaya  걸프 지역 여성들이 입는 검은색 전통 복장을 일컫는다.

**우두** wudu  전체 세정인 구슬과 달리 우두는 손과 발, 얼굴 부위 등을 씻는 부분 세정이다. 쌀라, 즉 예배를 드리기 전에 마음의 안정과 몸의 청결을 유지하기 위해서 행한다. 우두를 행할 때는 일정한 형식과 절차에 따르며, 원칙적으로 흐르는 깨끗한 물이 피부에 닿게 해야 한다.

**우므라** 'umra  정해진 기간에 정해진 순서와 방법으로 집단적으로 행하는 순례인 핫즈와 달리 규정된 기간 이외에 특정한 절차를 따라 개인적으로 행하는 순례를 가리킨다.

**움마** ummah  이슬람 공동체를 의미한다.

**이드 알 피뜨르** eid al-fitr  이드 알 아드하(또는 이드 알 카비르)와 더불어 이슬람교의 2대 축제 기간 중 하나로, 라마단이 끝나면 3일 동안 지속된다. 특히 이 기간에는 선물을 주거나 자선을 베풀어 많은 소비가 이루어지기도 한다.

**이스티스나** istisna  공산품 조달이나 건설 프로젝트에서 제품이나 건설 안건에 관한 상세 지시를 근거로 은행이 발주인인 고객을 대신해 업자에게 선지급하는 방식의 금융거래다. 대금 지불은 일시불, 할부, 공정도에 따른 지불 등이 모두 가능하며, 일반 금융의 프로젝트 파이낸싱과 같은 형식이다.

**이자라** ijarah  일반 금융에서 말하는 리스와 거의 동일한 거래로, 건설기계나 부동산 등을 대상 자산으로 하여 은행의 고객인 이용자가 리스 요금을 지급하는 구조다.

**이프따르** iftaar  라마단 기간 중 보통 일몰 직후 하루의 금식을 마치고 먹는 첫 식사를 말한다. 무슬림은 '이프따르'에 가족이나 이웃, 친지를 초대해 함께 식사 나눈다.

**이흐람** ihraam  본격적인 순례를 하기에 앞서 갈아입는 순례복을 가리킨다. 바느질하지 않은 두 조각의 흰 천으로 구성된다.

**자카** zakah  무슬림의 의무 중 하나로, 종교부금을 뜻한다. 자카는 일반적인 기부 개념과 일맥상통한다. 무슬림은 보통 연간 수입의 2.5%를 자발적으로 공동체를 위해 환원한다.

**지야라** ziyaarah   임의의 기간에 몇 가지 절차만을 행하는 순례를 가리킨다.

**카팔라** kafalah   은행이 소비자의 카드 결제에 대해 안전을 보장하는 보증자의 역할을 하는 것이다. 은행은 선불카드를 발급하고 사용자는 선불카드를 미리 충전하면 사용자가 결제 시 이 금액 내에서 출금된다. 이때 이자는 발생하지 않는다.

**쿨으** khulu   이슬람에서 여성이 남편에게 요구하는 이혼권을 가리키는 법적 용어다. 이를 규정한 법에 따라 무슬림 여성은 이혼이나 남편의 사망 시 여성의 몫으로 지정된 후불 혼납금을 포기하는 조건으로 이혼권을 행사할 수 있다.

**타카풀** takaful   이슬람식 보험으로 상호부조적 개념이다. 기존의 보험 계약에 있는 금리, 과도한 불확실성, 도박의 요소를 없애고 1979년 수단에서 처음으로 등장했다. 보험료는 일종의 기부금 성격이다.

**하디스** hadith   사도 무함마드의 언행록으로, 샤리아에서 코란 다음으로 중요한 법원으로 작용한다.

**하람** haram   아랍어로 '금지된 것'을 뜻한다. 먹는 것 중에는 술과 마약처럼 정신을 흐리게 하는 것, 돼지고기와 개, 고양이 등의 동물, 자연사했거나 잔인한 방법으로 도살된 짐승의 고기, 그리고 이를 재료로 만든 상품이 이에 해당한다.

**할랄** halal   아랍어로 '허락된 것'을 뜻한다. 대표적으로 알라의 이름으로 도축된 짐승(소, 닭, 염소 등)의 고기, 이를 재료로 만든 상품이 할랄에 해당한다.

**할랄 시장**   무슬림에게 허용된 시장으로, 이슬람 문화권에서 적용되는 샤리아에 부응하는 물건이나 서비스를 취급하는 시장을 총칭한다.

**핫즈** hajj   무슬림의 다섯 가지 의무 중 하나로, 성지순례를 뜻한다. 이슬람력 12월 8일부터 10일간 3일에 걸쳐 행하며, 이슬람에서는 건강과 경제 사정이 허락하는 한 모든 무슬림에게 일생에 한 번은 순례를 하는 것을 의무로 규정한다.

참고문헌 _____

김기환·윤상오·조주은. 2009. 「디지털세대의 특성과 가치관에 관한 연구」. ≪정보화정책≫, 제
    16권 2호(여름), 140~162쪽.

김난도 외. 2011. 『트렌드 코리아 2011』. 미래의 창.

김정주. 2006. 『선물의 문화사회학: 우리는 왜 선물을 주고받는가』. 삼성경제연구소.

니콜슨, R.A.(R. A. Nicholson). 1995. 『아랍문학사』. 사회만 옮김. 민음사.

≪동아일보≫. 2007. 3. 3. "유럽의 미래는 유라비아?".

_____. 2013. 12. 17. "의료 한류, 중동환자 원스톱서비스."

_____. 2012. 1. 10. "'UAE産 잡아라' 국내 정유업계 대체 원유".

드 무이, 마리케(Marieke de Mooij). 2007. 『글로벌 브랜드 커뮤니케이션』. 김유경·전성률 옮
    김. 나남.

라파이유, 클로테르(Clotaire Rapaille). 2007. 『컬처코드』. 김상철·김정수 옮김. 리더스북스.

루이스, 버나드(Bernard Lewis). 2010. 『이슬람 1400년』. 김호동 옮김. 까치.

마하잔, 비제이(Vijay Mahajan). 2013. 『아랍파워』. 이순주 옮김. 에이지.

모스, 마르셀(Marcel Mauss). 2009. 『증여론』. 이상률 옮김. 한길사.

≪문화일보≫. 2011. 12. 12. "튀니지·이집트·모로코, 이슬람 정당 장악".

≪매일경제≫. 2008. 3. 13. "중동 알파걸을 잡아라: 신흥시장 新 소비층 … 아프리카 흑인 중산
    층 부상".

박은숙. 2008. 『시장의 역사: 교양으로 읽는 시장과 상인의 변천사』. 역사와 비평사.

방송통신위원회. 2008. 「한류확산을 위한 로드맵 구축연구」.

베일가드, 헨릭(Henrik Vejlgaard). 2008. 『트렌드를 읽는 기술』. 비즈니스북스.

서재근. 2007. 「가치의 소비자, 소비자의 가치: 규범화를 거부하는 소비자」. ≪광고정보≫, 제
    314호.

손승호. 2011. 「이슬람 금융의 현황과 활용방안」. 한국수출입은행 해외경제연구소.

암스트롱, 카렌(Karen Armstrong). 2001. 『마호메트 평전』. 유혜경 옮김. 미다스북스.

언더힐, 파코(Paco Underhill). 2008. 『몰링의 유혹: 세계를 사로잡은 새로운 소비 트렌드』. 송희령 옮김. 미래의 창.

엄익란. 2009. 「걸프지역 내 쇼핑몰의 확산과 아랍 무슬림의 소비 문화코드 연구」. ≪한국이슬람학회 논총≫, 제19권 2호, 159~180쪽.

_____. 2010. 「걸프지역 아랍무슬림들의 '관계맺기'와 선물문화 연구: 아랍에미리트를 중심으로」. ≪한국중동학회지≫, 제31권 1호, 167~188쪽.

_____. 2011a. 「무슬림의 소비성향을 통해 본 이슬람지역 광고 전략 연구: 걸프지역을 중심으로」. ≪중동연구≫, 제30권 2호, 151~175쪽.

_____. 2011b. 『할랄, 신이 허락한 음식만 먹는다: 아랍음식과 문화코드 탐험』. 도서출판 한울.

_____. 2013. 「이슬람 식품 시장의 할랄 인증제도 의무화에 따른 한국 기업의 대응 방안」. ≪한국이슬람학회 논총≫, 제23권 3호.

≪연합뉴스≫. 2010. 8. 12. "UAE 진출 한국기업, 라마단 마케팅 다채".

_____. 2013. 4. 16. "사우디 억만장자 왕자 '여성 운전 허용지지'".

에츠아키, 요시다. 2008. 『이슬람 금융이 뜬다』. 이진원 옮김. 예지.

이귀옥. 2002. 「신의 말씀 아래에서만 자유로운 광고: 이슬람 광고」. ≪광고정보≫, 제253호.

이동철 외. 2008. 『글로벌 시대의 문화 마케팅』. 법문사.

이승현·신형원·정태수. 2002. 「글로벌 D세대의 소비트렌드」. 삼성경제연구소.

이종원·김영인. 2009. 「세대간 의식구조 비교를 통한 미래사회 변동 전망 II」. 한국청소년정책연구원. retrieved from http://lib.nypi.re.kr/pdfs/2009/13.pdf

일레인 볼드윈 외. 2008. 『문화코드 어떻게 읽을 것인가: 문화연구의 이론과 실제』. 도서출판 한울.

정수복. 2007. 『한국인의 문화적 문법: 당연의 세계 낯설게 보기』. 생각의 나무.

정수일. 2002. 『이슬람 문명』. 창비.

≪조선일보≫. 2006. 11. 28. "오일소비로 불타는 중동·아프리카".

_____. 2007. 11. 6. "쇼핑족이여, 이젠 '몰링'하라".

_____. 2013. 1. 20. "중국보다 더 큰 여성시장… 기업들 女心잡기 러브콜".

≪주간무역≫. 2007. 8. 21. "이슬람층 겨냥한 '무슬림 마케팅'붐".

≪중앙일보≫. 2010. 5. 13. "윤증현 장관 이색 만찬사에 한·UAE 공동위 '훈훈'".

_____. 2008. 6. 13. "커버스토리: 몰족".

_____. 2011. 8. 27. "'이슬람 = 빈 라덴'일까요, 그건 아주 짧은 생각".

코트라(KOTRA). 2008. 「부상하는 이슬람권 여성소비시장 공략 포인트」.

_____. 2009. 『중동 · 북아프리카 비즈니스 & 문화가이드』. 넥서스.

_____. 2011. 「(문화한류에서 경제한류로의 도약을 위한) 글로벌 한류 동향 및 활용 전략」.

_____. 2012. 8. 1. "라마단 맞은 UAE, 기부행진 줄이어". retrieved from http://www.ois.go.kr
/portal/page?_pageid=93,721498&_dad=portal&_schema=PORTAL&p_deps1=info&p_d
eps2=&oid=1120803163937625577

_____. 2012. 8. 12. "이슬람의 최대 종교행사 라마단(금식월)과 비즈니스 시사점". retrieved
from http://www.ois.go.kr/portal/page?_pageid=93,721216&_dad=portal&_schema=P
ORTAL&p_deps1=info&p_deps2=&oid=1100812091847996000

하마디, 사니아(Sania Hamady). 2000. 『아랍인의 의식구조: 아랍, 아랍인 바로 알기』. 손영호
옮김. 큰산.

≪한겨레≫. 2007. 3. 23. "이제는 '몰링'시대…'쇼핑'에서 '엔터테인먼트'까지".

≪한국경제≫. 2012. 3. 8. "중동은행들 아시아로 오는데…'이슬람 금융'에 문 닫은 한국".

한국콘텐츠진흥원. 2011. 「중동 지역의 온라인 게임시장 및 결제환경조사」.

한석우. 2010. 「이슬람의 최대 종교행사 라마단(금식월)과 비즈니스 시사점」. KOTRA 심층보
고서(KEB 10-021).

후라니, 앨버트(Albert Hourani). 2010. 『아랍인의 역사』. 김정명·홍미정 옮김. 심산.


7Days in Dubai. 2013. 4. 23. "UAE Residents Spend on Average over Dhs 1,100 on Beauty
Products."

Abaza, Mona. 2001. "Shopping Malls, Consumer Culture and the Reshaping of Public Space
in Egypt." Theory, Culture and Society, Vol. 18, No. 5, pp. 97~122.

_____. 2006. The Changing Consumer Cultures of Modern Egypt: Cairo's Urban Reshaping.
Cairo: American University in Cairo Press.

Abdullah, Joy. 2010. "Marketing 101 for the Global Muslim Community." retrieved from
http://dailybaraka.eu/2010/09/marketing-101-for-the-global-muslim-community

ABNA. 2013. 12. 4. "Halal Tourism More Developed in Non-Muslim Countries."

Adair, John. 2010. The Leadership of Muhammad. London: Kogan Page.

Al Arabiya. 2013. 5. 2. "Arab Advertising Market Set to Top $5bn as Digital Booms."

Al Bawaba. 2012. 7. 11. "Face-veils Aside: Saudi and Emirati Women the Vainest in the
World."

_____. 2013. 4. 1. "No Bittersweet Pill for Saudi: Kingdom Remains Gulf's Largest Pharma

Market."

_____. 2013. 11. 26. "The Future of the Islamic Fashion Industry: Sector Projected to Reach $322 Billion by 2018."

Ali, Maulana Muhammad. 2008. *A Manual of Hadith*. London: Forgotten Books.

Alom, Mahabub and Shariful Haque. 2011. "Marketing: An Islamic Perspective." *World Journal of Social Science*, Vol. 1, No. 3, pp. 71~81.

Al-Omari, Jehid. 2008. *Understanding the Arab Culture: A Practical Cross-cultural Guide to Working in the Arab World*, 2rev ed. London: How to Books.

Alserhan, Baker Ahmad. 2011. *The Principles of Islamic Marketing*. Burlington: Gower.

Alterman, Jon B. 1998. "From New Media, New Politics? From Satellite Television to the Internet in the Arab World." Washington Institute for Near East Policy. retrieved from http://arabworld.nitle.org/texts.php?module_id=13&reading_id=1032.

American Marketing Association. 2008. 1. 14. "American Marketing Association Releases New Definition for Marketing." retrieved from http://www.marketingpower.com/about ama/documents/american%20marketing%20association%20releases%20new%20defini tion%20for%20marketing.pdf

*Arab News*. 2005. 7. 28. "Boredom Drives Children to Mall Culture."

_____. 2008. 7. 16. "Jumbo Shopping Centers on the Rise."

_____. 2013. 3. 25."KSA Female Employment Rate among Lowest in MENA Region."

_____. 2013. 6. 19. "Mideast Women Have 67.4% Less Disposable Income than Men."

_____. 2013. 8. 31. "Saudi E-commerce Value Estimated at SR15bn per Year."

*Arabian Business*. 2013. 1. 6. "Saudi Reaps $16.5bn from Religious Tourism."

_____. 2013. 11. 24. "Saudi Woman Invents First Arabic Coffee Machine."

*Arabian Gazette*. 2012. 7. 15. "UAE Coffee Consumption Twice as Much as Other GCC States."

Armbrust, Walter(ed.). 2000. *Mass Mediations: New Approaches to Popular Culture in the Middle East and Beyond*. Berkeley: University of California Press.

AT Kearney Report. 2007. "Addressing the Muslim Market." retrieved from http://www.atkea rney.com/images/global/pdf/AddressingMuslimMarket_S.pdf

Ayish, Muhammad I. 2001. "The Changing Face of Arab Communications: Media Survival in the Information Age." in Kai Hafez and David L. Paletz(ed.). *Mass Media, Politics, and Society in the Middle East*, pp. 111~136. New York: Hampton Press.

Barakat, Halim. 1985. "The Arab Family and the Challenge of Social Transformation." in
Elizabeth Warnock Fernea(ed.). *Women and the Family in the Middle East: New Voices of
Change*. Austin: University of Texas Press.

Basyouny, Iman Farid. 1998. *"Just a Gaze": Female Clientele of Diet Clinics in Cairo: An
Ethnomedical Study*, Cairo Papers in Social Science, Vol. 20, Monograph 4, Winter 1997.
Cairo: American University in Cairo Press.

Bayat, Asef. 2003. "From Amr Diab to Amr Khaled." retrieved from http://weekly.ahram.org.e
g/2003/639/fe1.htm

*BBC News*. 2006. 1. 30. "Nordic firm hit by Arab boycott."

Billing, Soren. 2008. "Marketing to Muslim." retrieved from http://www.arabian business.
com

Booz & Company. 2012. "Empowering the Third Billion." retrieved from http//www.booz.com
/media/file/BoozCo_Empowering-the-Third-Billion_Full-Report.pdf

Boubekeur, Amel. 2005. "Cool and Competitive: Muslim Culture in the West." retrieved from
http://www.isim.nl/files/Review_16/Review_16-12.pdf

Bourdieu, Pierre. 2002(1979). *Distinction: A Social Critique of the Judgement of Taste*. translated
by Richard Nice. London and New York: Routledge and Kegan Paul.

*Brand Channel*. 2009. 5. 4. "The Purchasing Power of Middle Eastern Moms."

Bruil, Rudy. 2010. "Halal logistics and the Impact of Consumer Perceptions." retrieved from
http://essay.utwente.nl/59945/1/MA_thesis_R_Bruil.pdf

Center for South Asian and Middle Eastern Studies Report. "Middle Eastern Dolls are Role
Models for Arab Girls." retrieved from http://www.csames.illinois.edu/documents/out
reach/Dolls.pdf

Clearly Cultural. "Power Distance Index." retrieved from http://www.clearlycultural.com/ge
ert-hofstede-cultural-dimensions/power-distance-index/

Contineo Media Interactive Network. 2010. 1. 1. "Halal Logistics." retrieved from http://
www.logasiamag.com/article/halal-logistics/1744

Corrigan, Peter. 1997. *The Sociology of Consumption: An introduction*. London: SAGE.

*CPI Financial*. 2013. 10. 9. "AUMs in Islamic Finance Reached $1.76 trillion in 2012, Claims
Markaz."

*Daily Life*. 2013. 8. 19. "The Bra Blog Empowering Middle Eastern Women."

Douglas, Mary and Baron Isherwood. 1996. *The World of Goods: Toward an Anthropology of*

*Consumption*, 2nd ed. London and New York: Routledge.

Ehulool. 2013. 1. 6. "Global Online Advertising Spending."

Eickelman, Dale F. 2002. *The Middle East and Central Asia: An Anthropological Approach*. Upper Saddle River, NJ: Prentice Hall.

Eickelman, Dale F. and Jon W. Anderson. 1999. "Redefining Muslim Public." in Dale F. Eickelman and Jon W. Anderson(eds.). *New Media in the Muslim World: the Emerging Public Sphere*. Bloomington: Indiana University Press.

Euromonitor International. 2014. "Ready Meals Market Research." retrieved from http://www.euromonitor.com/ready-meals

Featherstone, Mike. 1991. *Consumer Culture & Postmodernism*. London: SAGE Publications Ltd.

Fischer, Johan. 2008. *Proper Islamic Consumption: Shopping among the Malays in Modern Malaysia*. Copenhagen: Nias Press.

Freedom House. 2010. "Women's Rights in the Middle East and North Africa: Progress amid Resistance."

Gallup. 2011. "Young Arabs More Connected in 2010: Cell Phone Access Jumps in Low- and middle-income Countries." retrieved from http://www.gallup.com/poll/147035/young-arabs-connected-2010.aspx

Gilsenan, Michael. 1982. *Recognizing Islam: An Anthropologist's Introduction*. London: Croom Helm.

Gooch, Liz. 2010. "Advertisers Seek to Speak to Muslim Consumers." retrieved from http://www.nytimes.com/2010/08/12/business/media/12branding.html

*Guardian*. 2011. 1. 28. "Muslim Populations by Country: How Big Will Each Muslim Population Be by 2030?." retrieved from http://www.theguardian.com/news/datablog/2011/jan/28/muslim-population-country-projection-2030

*Gulf Business*. 2013. 12. 10. "UAE's E-Commerce Industry Ranks 25th On Global Index."

*Gulf News*. 2008. 2. 19. "Number of Malls in Dubai to Double."

_____. 2008. 5. 19. "It's All in the Mall."

_____. 2008. 8. 19. "Tourism Boom in the GCC."

_____. 2008. 11. 4. "Dubai Mall: A Milestone Harks Back to Humble Origins."

_____. 2012. 2. 13. "Special Report: The World's Youngest Populations."

_____. 2012. 5. 28. "Sharia-compliant Cards: Plastic for the Principled."

\_\_\_\_\_. 2012. 12. 10. "UAE Kicks off Halal Standardisation Worldwide."

\_\_\_\_\_. 2013. 6. 29. "Gender Income Gap Constrains the Consumer Market in Africa and the Middle East."

Guthrie, Shirley. 2001. *Arab Social Life in the Middle Ages*. London: Saqi Books.

Haenni, Patrick. 2009. "The Economic Politics of Muslim Consumption." in Johanna Pink (ed.). *Muslim Societies in the Age of the Mass Consumption: Politics, Culture and Identity Between the Local and the Global*, pp. 327~342. Newcastle: Cambridge Scholars Publishing.

Hamadeh, Dima. 2008. "Ads Should Tap Muslim Consumer Market." retrieved from http://www.emirates247.com/eb247/companies-markets/media/ads-should-tap-muslim-consumer-market-2008-06-29-1.221525

Hammond, Andrew. 2007. *Popular culture in the Arab World: Arts, Politics, and the Media*. Cairo and New York: American University in Cairo Press.

*Harvard Business Review*. 2013. "Understanding the Arab Consumer."

Heine, Peter. 2004. *Food Culture in the Near East, Middle East and North Africa*. Westport, Conn.: Green Wood Press.

Herrera, Linda and Asef Bayat. 2010. *Being Young and Muslim: New Cultural Politics in the Global South and North*. Oxford: Oxford University Press.

*Huffington Post*. 2013. 11. 4. "The Real Arab Spring Is About Women and Economic Development."

Hussain-Gambles, Mahvash. 2010. "Halal Pharmaceuticals: A Complex Alien World." *Halal Journal*, Iss. 10 (Jan/Feb).

*Independent*. 2010. 5. 9. "Global Halal Cosmetics Market Booms."

Joseph, Suad. 1999. "Introduction: Theories and Dynamics of Gender, Self, and Identity in Arab Families." in Suad Joseph(ed.) *Intimate Selving in Arab Families: Gender, Self, and Identity*. Syracuse: Syracuse University Press.

Kandiyoti, Deniz. 1991. "Islam and Patriarchy: A Comparative Perspective." in Nikkie R. Keddie and Beth Baron(eds.). *Women in Middle Eastern History: Shifting Boundaries in Sex and Gender*. New Haven and London: Yale University Press.

Kandiyoti, Deniz and Ayşe Saktanber. 2002. *Fragments of Culture, The Everyday of Modern Turkey*. New Brunswick: Rutgers University Press.

*KFLY*. 2013. 2. 27. "Breathable Nail Polish a Surprise Hit with Muslims."

*Khaleej Times*. 2013. 9. 19. "First women-only laundry opens."

Kokoschka, Alina. 2009. "Islamizing the Market? Advertising, Products, and Consumption in an Islamic Framework in Syria." in Johanna Pink(ed.). *Muslim Societies in the Age of the Mass Consumption: Politics, Culture and Identity Between the Local and the Global*. Newcastle: Cambridge Scholars Publishing.

Kuppinger, Petra. 2009. "Barbie, Razane and Fulla: A Tale of Culture, Globlaization, Consumerism, and Islam." in Johanna Pink(ed.). *Muslim Societies in the Age of the Mass Consumption: Politics, Culture and Identity Between the Local and the Global*. Newcastle: Cambridge Scholars Publishing.

Le Grice, James. 2011. "Egypt, Revolution and the rise of the digital generation." retrieved from http://www.the-latest.com/egypt-revolution-and-rise-digital-generation

Lindsay, James E. 2005. *Daily Life in Medieval Islamic World*. Cambridge: Hackett Publishing Company.

Masud, Saud. 2010. "10 Facts about the Muslim Consumer." retrieved from http://www.elant hemag.com/index.php/site/blog_detail/10_facts_about_the_muslim_consumer-nid87114 9774/

McCracken, Grant. 1990. *Culture and Consumption: New Approaches to the Symbolic Character of Consumer Goods and Activities*. Bloomington: Indiana University Press.

Miles, Steven. 1998. *Consumerism: As a Way of Life*. London: SAGE.

*Muslim Consumer*. 2007. 4. 11. "Online Marketing: Key to Global Ambitions for Muslim World Based Corporations."

O'Neill, Michael. 2010. "Meet the New Muslim Consumer." retrieved from http://halalfocus.n et/2010/12/02/meet-the-new-muslim-consumer/

Ogilvynoor. 2010. "Brands, Islam and the New Muslim Consumer." retrieved from http://ww w.in-cosmeticsasia.com/files/brandsislamandthenewmuslimconsumer.pdf

_____. 2012. "How Brands Can Reach the Muslim Consumer." retrieved from http://www.slid eshare.net/Adrienna/how-brands-can-reach-the-muslim-consumer

Ortner, Sherry B. and Harriet Whitehead(eds.). 1981. *Sexual Meanings: The Cultural Construction of Gender and Sexuality*. Cambridge: Cambridge University Press.

Pew Research Center. 2011a. "Muslim-Western Tensions Persist: Common Concerns About Islamic Extremism." retrieved from http://pewresearch.org/pubs/2066/muslims-western ers-christians-jews-islamic-extremism-september-11

_____. 2011b. "The Future of the Global Muslim Population." retrieved from http://pewresear ch.org/pubs/1872/muslim-population-projections-worldwide-fast-growth

_____. 2012. 12. 18. "The Global Religious Landscape: Muslim." retrieved from http://www. pewforum.org/2012/12/18/global-religious-landscape-muslim/

_____. 2013. 6. 7. "World's Muslim Population More Widespread than You Might Think." retri eved from http://www.pewresearch.org/fact-tank/2013/06/07/worlds-muslim-populati on-more-widespread-than-you-might-think/

Pink, Johanna(ed.). 2009. *Muslim Societies in the Age of the Mass Consumption: Politics, Culture and Identity Between the Local and the Global*. Newcastle: Cambridge Scholars Publishing.

Pitt-Rivers, Julian. 1977. *The Fate of Shechem or the Politics of Sex: Essays in the Anthropology of the Mediterranean*. Cambridge: Cambridge University Press.

Prothro, Edwin Terry and Lutfi Najib Diab. 1974. *Changing Family Patterns in the Arab East*. Beirut: American University of Beirut.

Rogak, Lisa. 2008. 7. 29. "Shariah-compliant Credit Cards Become More Common." retrieved from http://www.creditcards.com/credit-card-news/shariah-compliant-credit-cards-1273. php

Roudi-Fahimi, Farzaneh and Mary Mederios Kent. 2008. "Challenges and Opportunities—Th e Population of the Middle East and North Africa." retrieved from http://www.prb.org/P ublications/PopulationBulletins/2007/ChallengesOpportunitiesinMENA.aspx

Rugh, William A. 2004. *Arab Mass Media: Newspapers, Radio, and Television in Arab Politics*. London: Praeger.

Sisler, Vit. 2009. "Video Games, Video Clips, and Islam: New Media, and the Communication of Values." in Johanna Pink(ed.). *Muslim Societies in the Age of the Mass Consumption: Politics, Culture and Identity Between the Local and the Global*, pp. 241~269. Newcastle: Cambridge Scholars Publishing.

Stearns, Peter N. 2001. *Consumerism in World History: The Global Transformation of Desire*. London and New York: Routledge.

Stewart, Dona J. 1999. "Changing Cairo: the Political Economy of Urban Form." *International Journal of Urban and Regional Research*, Vol. 23, Iss. 1, pp. 103~127.

Stewart, Frank Henderson. 1994. *Honor*. Chicago: University of Chicago Press.

Swarup, Ram. 2002. *Understanding the Hadith: The Sacred Traditions of Islam*. New York: Prometheus Books.

Temporal, Paul. 2011. *Islamic Branding and Marketing: Creating a Global Islamic Business*. Singapore : John Wiley & Sons.

*The News International*. 2012. 10. 25. "Number of foreign Hajis grows by 2,824 percent in 92 years."

*Times of India*. 2012. 10. 18. "Women to be the World's Biggest Emerging Market over Next Decade." http://timesofindia.indiatimes.com/city/mumbai/Women-to-be-the-worlds-biggest-emerging-market-over-next-decade/articleshow/16864559.cms

*Trade Arabia*. 2013. 10. 30. "Saudi Labour Law Helps Lift Consumer Spending."

*Travel Daily News*. 2013. 5. 24. "More and More New Luxury Hotels in Mecca."

Vohra, Monita, Gagan Bhalla and Aurobindo Chowdhury. 2009. "Understanding the Islamic Consumer." retrieved from http://www.wpp.com/NR/rdonlyres/0EE122EE-C956-431A-BFC9-78BED42011D1/0/marketing_to_muslims.pdf

*Wall Street Journal*. 2004. 12. 29. "New Obesity Boom in Arab Countries Has Old Ancestry."

Warc. 2013. 4. 9. "TV Adspend Could Rise by 50% in MENA."

Weiss, Walter M. 1998. *The Bazaar: Markets and Merchants of the Islamic World*. London: Thames & Hudson.

Williams, Raymond. 1983. *Keywords: A Vocabulary of Culture and Society*. New York: Oxford University Press.

World Bank. 2013. "Gender Statistics." retrieved from http://data.worldbank.org/news/women-less-likely-than-men-to-participate-in-labor-market

_____. 2014. "GDP per Capita." retrieved from http://data.worldbank.org/indicator/NY.GDP.PCAP.CD

World Economic Forum. 2013a. "The Global Gender Gap Index 2013." retrieved from http://reports.weforum.org/global-gender-gap-report-2013

*Zawya*. 2012. 10. 29. "Foreign Pilgrims Spent on Average More than SR 20,000 Each Last Year."

Zirinski, Roni. 2005. *Ad hoc Arabism: Advertising, Culture and Technology in Saudi Arabia*. New York: Peter Lang Publishing.

# 찾아보기

용어

지은이

|

**엄익란**

2004년 영국 엑서터 대학(University of Exeter)에서 중동지역학(Doctor of philosophy in Middle East Studies)으로 박사학위를 받고 귀국 후 중동의 사회와 문화, 젠더와 관련된 연구 및 강의를 진행해왔다. 현재는 단국대학교 GCC국가연구소에서 연구교수로 재임 중이며, 한국연구재단이 발주한 신흥지역연구 프로젝트와 관련해 '걸프 지역 신성장 전략과 인적자원 활용'에 대한 연구를 진행하면서 사우디아라비아와 아랍에미리트 여성 인력을 집중적으로 연구하고 있다.

주요 저서로는 『이슬람의 결혼문화와 젠더』(2007), 『무슬림 마음속에는 무엇이 있을까』(2009), 『할랄, 신이 허락한 음식만 먹는다』(2011) 등이 있다.

**이슬람 마케팅과 할랄 비즈니스**
문화코드를 알면 이슬람 시장이 열린다

ⓒ 엄익란, 2014

**지은이** 엄익란 | **펴낸이** 김종수 | **펴낸곳** 도서출판 한울 | **편집책임** 최규선

**초판 1쇄 인쇄** 2014년 7월 25일
**초판 1쇄 발행** 2014년 8월 11일

**주소** 413-756 경기도 파주시 광인사길 153 한울시소빌딩 3층
**전화** 031-955-0655 | **팩스** 031-955-0656 | **홈페이지** www.hanulbooks.co.kr
**등록번호** 제406-2003-000051호

Printed in Korea.
ISBN 978-89-460-4893-5  03320

※ 책값은 겉표지에 표시되어 있습니다.